2024
年度版

スッキリ

うかる

賃貸不動産経営管理士

テキスト&重要過去問

これ一冊でスッキリ学習！

明海大学不動産学部教授
（公財）日本賃貸住宅管理協会 監事
中村 喜久夫

TAC出版
TAC PUBLISHING Group

はじめに

■5問免除講習講師によるテキストです

　筆者は大学（不動産学部）の教員として、賃貸管理の問題には長年関心を寄せてきました。主要業界団体の監事も務めています。賃貸不動産経営管理士協議会発行のテキストを使った「賃貸不動産経営管理士講習」（5問免除講習）の講師も担当しています。試験で求められる知識については熟知していると自負しています。

■効率重視のテキストです

　賃貸不動産経営管理に関し、お伝えしたいことはたくさんありますが、読者の皆さんの関心は試験合格でしょう。本書は試験対策に絞ったメリハリのある内容となっています。出題が多く、差がつきやすいところには多くのページを割きました。一方、実務的には重要であっても、出題頻度が低いものや努力が報われにくい分野は大胆に割愛しました。

■考え、理解しながら読むことが大切です

　試験で問われることは多岐にわたりますが、一つ一つの知識はそれほど難しいものではありません（難しいものも出題されますが、そこでは差がつきません）。

　ただし、形を変えて出題されても対応できるよう、しっかりと理解することが求められます。一問一答も含めて、なぜそのような規定があるのか、理解するように務めてください。「覚えよう」に直接記載がなくても、「覚えようの知識をもとに考えれば解ける」ということを実感していただければと思います。

■合格を信じて勉強しましょう

　令和5年度の合格率は28.2％でした。合格点は36点、ずいぶん難しい試験です。しかし、だからこそ合格に価値があるといえます。

　賃貸不動産経営管理士試験に限りませんが、ほとんどの試験は「正しい勉強法」を続ければ合格します。良いテキストを選びしっかりと読む。過去問演習を繰り返す。それだけのことです。「自分は合格できる」と信じれば、勉強を続けることができます。勉強を続ければ合格します。

　皆さんも自分の合格を信じて勉強を続けてください。大丈夫です。必ず合格します。頑張りましょう！

令和6年5月

明海大学不動産学部教授

（公財）日本賃貸住宅管理協会　監事

中村　喜久夫

本書の利用法

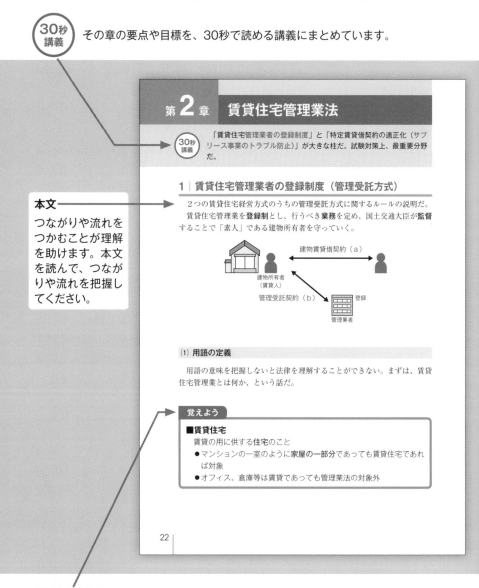

本文

つながりや流れを
つかむことが理解
を助けます。本文
を読んで、つなが
りや流れを把握し
てください。

（図中のテキスト）

第2章 賃貸住宅管理業法

30秒講義 「賃貸住宅管理業者の登録制度」と「特定賃借契約の適正化（サブリース事業のトラブル防止）」が大きな柱だ。試験対策上、最重要分野だ。

1 | 賃貸住宅管理業者の登録制度（管理受託方式）

2つの賃貸住宅経営方式のうちの管理受託方式に関するルールの説明だ。

賃貸住宅管理業を**登録制**とし、行うべき**業務**を定め、国土交通大臣が**監督**することで「素人」である建物所有者を守っていく。

建物賃貸借契約（a）
建物所有者（賃貸人）
管理受託契約（b）
登録
管理業者

(1) 用語の定義

用語の意味を把握しないと法律を理解することができない。まずは、賃貸住宅管理業とは何か、という話だ。

覚えよう

■賃貸住宅
賃貸の用に供する**住宅**のこと
● マンションの一室のように家屋の一部分であっても賃貸住宅であれば対象
● オフィス、倉庫等は賃貸であっても管理業法の対象外

22

覚えよう

文字通り、合格に必要な覚えるべき知識がこの枠に入っています。
確実にマスターしてください！

「覚えよう」の内容を補足する説明です。覚えるために理解して
おくべきポイントや、周辺知識もふんだんに盛り込んでいます。

- ウィークリーマンションは、旅館業として宿泊させているならば賃貸住宅ではない。一方、マンスリーマンションは、滞在が長期間（生活の本拠）、衛生管理の責任が利用者にあるなど、旅館業法に基づく営業を行っていないならば賃貸住宅に該当する。

- 「人の生活の本拠として使用する目的以外の目的」で使われているものは賃貸住宅ではない。具体的には以下の３つだ。
  (ⅰ)旅館業法の許可に係る住宅、(ⅱ)国家戦略特別区域法の認定事業用の住宅（特区民泊）、(ⅲ)住宅宿泊事業用の住宅（民泊）。「**旅館と民泊は賃貸住宅ではない**」と覚えておけばよい。

> 第**2**章 賃貸住宅管理業法

║║║║║║║║║║║║║║║║║║║║║║ 過去問出題例 ║║║║║║║║║║║║║║║║║║║║║║

1. 賃貸人から委託を受けて、分譲マンションの一室のみの維持保全を行う業務については、共用部分の管理が別のマンション管理業者によって行われている場合には、「賃貸住宅管理業」には該当しない。（R4-33-ウ）

   解答 × 分譲マンションの１室の専有部分を受託管理し、維持保全を行う場合も賃貸住宅管理業に該当する。

2. 賃貸人から委託を受けて、マンスリーマンションの維持保全を行う業務については、利用者の滞在時間が長期に及び、生活の本拠として使用される場合には、「賃貸住宅管理業」に該当する。（R4-33-エ）

   解答 ○ マンスリーマンションであっても、そこが「生活の本拠として利用されている」または「衛生管理責任が利用者にある」など、旅館業法に基づく営業を行っていないのであれば、賃貸住宅に該当する。その維持保全を行う業務は賃貸住宅管理業に該当する。

覚えよう

■管理業務・賃貸住宅管理業
① 賃貸住宅管理業
   賃貸住宅の賃貸人から**委託（依頼）**を受けて、**管理業務**を行う事業。自主管理は、管理業ではない。

図はいずれもサンプルです。

過去問の出題例です。大事な知識を学習したら、すかさず
チェックして、知識を確実に身につけましょう。

重要過去問題にチャレンジ！

この章の論点に該当する重要な過去問題と解答・解説が見開きになっています。チェックシートで解答を隠しながら問題を解き、解答・解説でじっくり確認しましょう。

B 問1 Aを賃貸人、Bを賃借人とする建物賃貸借契約においてBが死亡した場合に関する次の記述のうち、最も適切なものはどれか。ただし、それぞれの選択肢に記載のない事実及び特約はないものとする。 [R3-24]

1 Bの内縁の妻Cは、Bとともに賃貸住宅に居住してきたが、Bの死亡後（Bには相続人が存在するものとする。）、Aから明渡しを求められた場合、明渡しを拒むことができない。

2 Bの内縁の妻Cは、Bとともに賃貸住宅に居住してきたが、Bの死亡後（Bには相続人が存在しないものとする。）、Aから明渡しを求められた場合、明渡しを拒むことができない。

3 Aが地方公共団体の場合で、賃貸住宅が公営住宅（公営住宅法第2条第2号）であるときに、Bが死亡しても、その相続人は当然に使用権を相続によって承継することにはならない。

4 Bが死亡し、相続人がいない場合、賃借権は当然に消滅する。

B 問2 建物賃貸借契約における必要費償還請求権、有益費償還請求権及び造作買取請求権に関する次の記述のうち、適切なものの組合せはどれか。 [R3-25]

（ア）賃貸物件に係る必要費償還請求権を排除する旨の特約は有効である。

（イ）賃借人が賃貸物件の雨漏りを修繕する費用を負担し、賃貸人に請求したにもかかわらず、賃貸人が支払わない場合、賃借人は賃貸借契約終了後も賃貸人が支払をするまで建物の明渡しを拒むことができ、明渡しまでの賃料相当損害金を負担する必要もない。

（ウ）賃借人が賃貸物件の汲取式トイレを水洗化し、その後賃貸借契約が終了した場合、賃借人は有益費償還請求権として、水洗化に要した費用と水洗化による賃貸物件の価値増加額のいずれか一方を選択して、賃貸人に請求することができる。

（エ）賃借人が賃貸物件に空調設備を設置し、賃貸借契約終了時に造作買取請求権を行使した場合、賃貸人が造作の代金を支払わないときであっても、賃借人は賃貸物件の明渡しを拒むことができない。

1 ア、イ　　2 イ、ウ　　3 ウ、エ　　4 ア、エ

重要度マーク

次のマークにしたがって重要度を分けています。学習の習熟度に合わせて問題を選択しましょう。

A→絶対にマスターしておく問題
B→できればマスターしておく問題
C→無理してマスターしなくてよい問題

4つの肢すべて**重要**や肢1、4が**重要**など、その問題の肢ごとの重要性を表示しています。知識の確認にご利用ください。

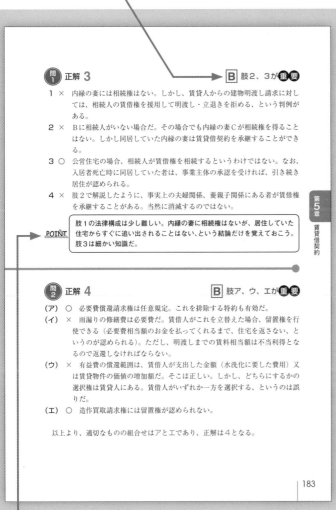

問1 正解 **3**　　　　　　　　　　　　　　　B 肢2、3が**重要**

1 × 内縁の妻には相続権はない。しかし、賃貸人からの建物明渡し請求に対しては、相続人の賃借権を援用して明渡し・立退きを拒める、という判例がある。

2 × Bに相続人がいない場合だ。その場合でも内縁の妻Cが相続権を得ることはない。しかし同居していた内縁の妻は賃貸借契約を承継することができる。

3 ○ 公営住宅の場合、相続人が賃借権を相続するというわけではない。なお、入居者死亡時に同居していた者は、事業主体の承認を受ければ、引き続き居住が認められる。

4 × 肢2で解説したように、事実上の夫婦関係、養親子関係にある者が賃借権を承継することがある。当然に消滅するのではない。

POINT 肢1の法律構成は少し難しい。内縁の妻に相続権はないが、居住していた住宅からすぐに追い出されることはない、という結論だけを覚えておこう。肢3は細かい知識だ。

問2 正解 **4**　　　　　　　　　　　　　　　B 肢ア、ウ、エが**重要**

（ア）○ 必要費償還請求権は任意規定。これを排除する特約も有効だ。

（イ）× 雨漏りの修繕費は必要費だ。賃借人がこれを立替えた場合、留置権を行使できる（必要費相当額のお金を払ってくれるまで、住宅を返さない、というのが認められる）。ただし、明渡しまでの賃料相当額は不当利得となるので返還しなければならない。

（ウ）× 有益費の償還範囲は、賃借人が支出した金額（水洗化に要した費用）又は賃貸物件の価値の増加額だ。そこは正しい。しかし、どちらにするかの選択権は賃貸人にある。賃借人がいずれか一方を選択する、というのは誤りだ。

（エ）○ 造作買取請求権には留置権が認められない。

以上より、適切なものの組合せはアとエであり、正解は4となる。

第5章 賃貸借契約

183

図はいずれもサンプルです。

POINT
問題ごとに、注目すべき点をピックアップしています。関連知識や肢ごとの目の付け所など、習得すべきノウハウを解説しているので、必ず確認してください。

Contents

30秒
講義

　所有する土地に賃貸アパートを建てる。投資用の賃貸マンションを購入する。賃貸住宅経営のスタートだ。とはいえ、建物所有者は不動産について詳しい知識があるとは限らない。家賃徴収や建物の維持管理が面倒だと考える人もいる。そのため業者にサポートを求めることが多い。その際、2つの方式がある。管理受託方式とサブリース方式だ。賃貸住宅管理業者の社会的責務と役割についても確認しておこう。

1 | 管理受託とサブリース

　まずは管理受託方式とサブリース方式の違いを把握しよう。この試験の基本中の基本だ。

覚えよう

■**管理受託方式**

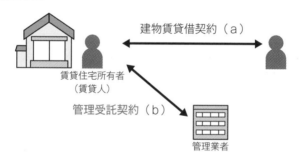

① 　建物所有者は、入居者と直接、建物賃貸借契約（a）を結ぶ。
② 　建物所有者は、建物の維持修繕や家賃の徴収などの業務を管理業者に委託する。このとき建物所有者と管理業者との間で結ばれる契約が管理受託契約（b）だ。

補足説明

● 自宅を転勤の間だけ賃貸に出す、投資用マンションを購入した、などといった場合を考えてみよう。管理業務（建物の維持保全や家賃の徴収など）を管理業者に頼むのだ。

● 業者に管理を依頼しているとはいうものの、建物所有者は賃貸借契約の当事者（貸主）だ。管理受託契約の範囲外のトラブルなどが発生した場合には、自分で対応しなければならない。

覚えよう

■サブリース方式

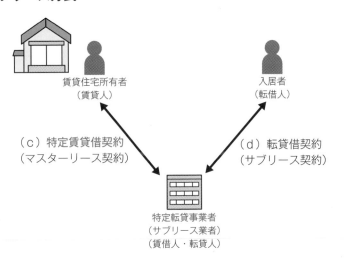

① 建物所有者は、サブリース業者に建物を貸す。サブリース業者は、その建物を転貸（また貸し＝サブリース）して利益を得る。

② サブリース業者と入居者との間の転貸借契約を**サブリース契約**という（d）。

③ サブリースをするために、建物所有者とサブリース業者とで結ばれる建物賃貸借契約を**特定賃貸借契約**（マスターリース契約・原賃貸借契約）という（c）。

補足説明

● サブリース業者に建物を貸すので、建物所有者と入居者との間に契約関係は発生しない。建物賃貸借に伴う面倒なことをサブリース業者に任せてしまおう、という賃貸住宅経営方式だ。

● 注意すべきは、特定賃貸借契約（マスターリース）では、建物所有者が貸主、サ

ブリース業者が借主という関係になる、ということ。借地借家法という法律で借主の権利が守られているため、プロであるサブリース業者が、素人の建物所有者よりも法律上は保護されているという逆転現象が生じてしまう。そこでサブリース業者に対する様々な規制が定められている（第2章で学ぶ）。

2 | 賃貸住宅管理の意義

(1) 賃貸住宅管理の意義と重要性

市場環境の変化から、**優良な賃借人に長く契約を継続してもらう**というニーズが大きくなり、**入居者・利用者の利益**や、周辺環境や**街並み形成**に資する賃貸住宅管理が求められている。建物所有者の利益だけを考えるのではないということは、しっかり覚えておこう。

覚えよう

■賃貸住宅管理に対するニーズの変遷

〈過去〉
賃貸人のための管理

〈現在〉
賃借人に配慮／地域社会との関連にも配慮した管理

①伝統的な管理　→　②新たな管理の視点　→　③消費者保護観点からの管理

段階	市場／背景	管理形態
①	・賃貸人優位の市場 ・賃借人保護の法制度（借地借家法）	自主管理が中心 ・専門家の業務は家賃収納業務など限定的
②	・市場の成熟化、グローバリゼーション化（不動産活用の多様化） ・多様な契約形態（定期建物賃貸借、終身建物賃貸借等） ・不動産の証券化	専門家による管理 ・専門的な知見に基づく管理 ・不特定多数の投資家を前提とした収益確保のための管理

③	・消費者保護の要請 ・賃借人有利の市場	専門家による管理 ・賃借人の立場を配慮した管理 　（優良な賃借人に長く借りて 　もらう） ・公共の福祉に貢献する管理 　（周辺の環境や街並み形成に 　資する）

補足説明

● 賃貸住宅管理業法では、「管理業務」について「❶委託に係る賃貸住宅の維持保全を行う業務」、または、「❷賃貸住宅に係る家賃、敷金、共益費その他の金銭の管理を行う業務（❶に掲げる業務と併せて行うものに限る。）」と定義している。詳細は第2章で学ぶ。

● 管理業者には、賃貸人や賃借人との信頼関係の構築が求められる。契約違反は論外だが、直接の契約違反にはあたらなくても、契約の趣旨からみて不適切な行為をしないような管理業務の遂行が望まれる。

● 建物賃貸借の**代理・媒介**を業として行うには、**宅地建物取引業免許**が必要だ（管理業者が入居者（賃借人）募集を行うことがある。その場合には、宅地建物取引業法が適用される）。

■不動産業の分類

宅地建物取引業法の規制する範囲

```
                         建物売買        （例）
                         土地売買 ─────  宅地分譲
                不動産                    戸建・マンション分譲
                取引業                    中古住宅売買

                         代理・仲介 ───  分譲販売の代理
                                          持家売却（中古）の仲介
                                          賃貸住宅の仲介
不動産業
                         不動産賃貸業 ──  ビル・店舗の賃貸業

                         貸家、貸間業 ──  マンションの賃貸業
                不動産                    戸建住宅の賃貸業
                賃貸業・
                管理業    駐車場

                         不動産管理業 ──  ビル・店舗の管理業

                                          分譲マンション管理業
                                          （マンションの管理の適正化の推進に関する法律）
                                          賃貸住宅管理業（※サブリース業含む）
                                          （賃貸住宅の管理業務等の適正化に関する法律）
                                          住宅宿泊管理業
                                          （住宅宿泊事業法）
```

「日本標準産業分類」（平成25年10月改定）による分類

● 「日本標準産業分類」によれば、不動産業は、不動産取引業と不動産賃貸業・管理業の２つに大別されている。このうち、不動産取引業は宅建業法の規制を受ける。

● 賃貸住宅管理業は、マンション管理業、ビル管理業とともに、不動産賃貸業・管理業に含まれる。ただし、同じく管理といっても、業務内容が異なっている。

━━━━━━━━━━━━━━ **過去問出題例** ━━━━━━━━━━━━━━

1. 日本標準産業分類（平成25年10月改定）によれば、賃貸住宅管理業は、不動産賃貸業・管理業に区分される。（R2-1-1）

　解答　○　「日本標準産業分類」によれば、不動産業は、不動産取引業と不動産賃貸業・管理業の２つに大別されている。賃貸住宅管理業は、不動産賃貸業・管理業に含まれる。

3 | 賃貸住宅管理業者の社会的責務と役割

　賃貸住宅管理業者の役割は多岐にわたる。以下の内容に目を通すとともに、重要なフレーズ（太字の部分）をしっかり記憶しよう。

覚えよう

■賃貸住宅管理業者の社会的責務

①	資産運営のプロとしての役割	・収益的に安定した賃貸借の仕組みを維持→いかに収益を上げるかという観点で賃貸住宅管理のあり方を構成する ・賃貸人の賃貸住宅経営を総合的に代行する
②	循環型社会への移行に貢献（社会的責務）	・個々の建物が地域の環境形成に重要な役割→管理を通じ街並み景観、まちづくりにも貢献する
③	業務に関する専門知識の研鑽と人材育成	・専門知識の研鑽に努め、専門的知識と能力を身につけた人材を育成する

■賃貸住宅管理業者に求められる役割

④	依頼者の資産有効活用の促進、安全維持と最大限の収益確保	専門家としての管理業者の役割が極めて大きくなっている
⑤	賃借人保持と快適な環境整備	優良な賃借人に長く住んでもらうことが大切→管理業者は、賃借人の保持と快適な環境整備の役割を担う
⑥	透明性の高い説明と報告	管理業者は、依頼者である賃貸人や投資家等に対し、透明性の高い説明と報告をする役割を担う
⑦	経営基盤の強化、経営者と従事者の品位、資質、知識と業務遂行能力	不動産は、社会的にも貴重な財産→管理業者には社会的信用・品位・資質・知識・業務遂行能力が求められる

⑧	新たな経営管理手法の研究と提案等	不動産の証券化等の本格的導入＝適切なコスト管理・賃借人確保等による高いパフォーマンスが求められる →新たな経営管理手法を研究し、使いこなす高度な賃貸不動産管理が求められている
⑨	能動的・体系的管理の継続（エンドレスの業務）	（一時的な対応ではなく）総合的・体系的な管理が必要 →能動的・体系的管理の継続が求められる
⑩	善管注意義務の遂行、公共の福祉と社会貢献	賃貸人（投資家）と賃借人など利害関係人との間に入り、中立公平に利害調整を行い、不動産の適切な活用を促進することが求められる
⑪	入居者（賃借人）の快適な生活空間の作出と非常事態におけるそのサポート	他の管理業者が担当する賃貸住宅についても入居者（賃借人）の利益を考慮して業務を行わなければならない事態が生じることもある

過去問出題例

1. 貸主の資産の適切な運用という観点から、貸主の有するあらゆる資産の組合せの中で、いかに収益を上げるかという視点で賃貸管理のあり方を構成していくことは、管理業者としては越権であり控えるべき姿勢である。（R2-2-2）

　解答　✕　資産運営のプロとして、いかに収益を上げるかという視点で賃貸管理のあり方を構成していくことが求められている。

2. コンプライアンスの観点から見ると、管理業者は、貸主や借主との関係において、もっぱら契約に明示的に規定された事項を遵守することに努めるべきである。（H28-1-4）

　解答　✕　契約に明示的に規定された事項を遵守するだけでなく、直接の契約違反にはあたらなくても、契約の趣旨からみて不適切な行為をしないような管理業務の遂行が望まれる。

4 | 現在の社会的情勢

(1) 賃貸住宅をとりまく社会情勢

　賃貸住宅経営は、**個人経営や小規模なものが多く**、そのために賃貸不動産経営管理士等による適切なアドバイスが必要となる。

覚えよう

■賃貸住宅ストックの状況
（「平成30年住宅・土地統計調査」による）

① 総住宅数は6,240万7,000戸。持ち家率は61.2%。前回調査より、総住宅数は増加したが、持ち家率は減少している

② 空き家は848万9,000戸、空き家率は13.6%と平成25年より0.1%上昇、うち、賃貸用の住宅は432万7,000戸と50%超を占めている

③ 民間主体が保有する賃貸住宅のストック数は増加傾向にあり、平成30年時点では住宅ストック総数（約5,360万戸）の4分の1強（28.5%：1,530万戸）を占める。

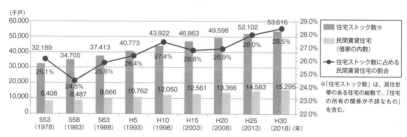

出所：総務省「平成30年住宅・土地統計調査」

■賃貸住宅着工（フロー）の動向

④ 平成3年の生産緑地法改正により農地の宅地化が進み貸家の供給が増加した。

⑤ 令和4年の貸家着工は34.5万戸（持家・分譲住宅などを含めた全体の着工戸数は86万戸）。2年連続の増加。

■委託管理の状況

⑥　民間賃貸住宅の約８割が個人経営。

⑦　管理業者に業務を委託する賃貸住宅所有者が増加している。

 賃貸住宅所有者の状況

○会社員等と兼業の者が多い

主な業種

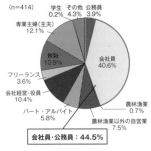

(n=414)

学生 0.2%　その他 4.3%　公務員 3.9%

専業主婦(主夫) 12.1%

無職 10.9%

フリーランス 3.6%

会社経営・役員 10.4%

パート・アルバイト 5.8%

会社員 40.6%

農林漁業 0.7%

農林漁業以外の自営業 7.5%

会社員・公務員：44.5%

○経験年数の浅い者が多い

賃貸住宅経営の経験年数

(n=414)

賃貸住宅経営の経験が1年未満 5.3%

賃貸住宅経営の経験が20年以上ある 20.0%

賃貸住宅経営の経験が1～4年 16.7%

賃貸住宅経営の経験が10～19年 30.2%

賃貸住宅経営の経験が5～9年 27.8%

賃貸住宅経営の経験が 10年未満：49.8%

○50歳以上の者が半数以上を占める

年齢構成

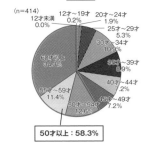

(n=414)

12才未満 0.0%　12才～19才 0.2%　20才～24才 1.9%

25才～29才 5.3%

30才～34才 10.9%

35才～39才 8.9%

40才～44才 7.2%

45才～49才 7.2%

50才～54才 12.6%

55才～59才 11.4%

60才以上 34.3%

50才以上：58.3%

出所：国土交通省資料「賃貸住宅管理業者に関するアンケート調査（家主）」（令和元年度）

賃貸住宅所有者の属性の変化

○管理業務を自ら全て実施する者が大きく減少
75%（H４年度）→ 18.5%（R元年度）

○管理業務を委託するオーナーが大きく増加
25%（H４年度）→81.5%（R元年度）

所有する賃貸住宅の管理方法

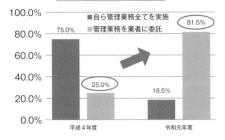

■自ら管理業務全てを実施
■管理業務を業者に委託

75.0%　25.0%　18.5%　81.5%

100.0%　80.0%　60.0%　40.0%　20.0%　0.0%

平成４年度　令和元年度

出所：国土交通省資料

|||||||||||||||| **過去問出題例** ||||||||||||||||

1. 民間主体が保有する賃貸住宅のストック数は近年、減少傾向にある。（R4-29-1）

    解答 ×　民間主体が保有する賃貸住宅のストック数は増加傾向にあり、平成30年時点では住宅ストック総数（約5,360万戸）の４分の１強（28.5％：1,530万戸）を占める。

2. 賃貸住宅の経営主体は、個人と法人の比率がほぼ同じである。（H30-37-1）

    解答 ×　民間賃貸住宅の約８割が個人経営だ。

3. 国土交通省資料「賃貸住宅管理業者に関するアンケート調査（家主）」（令和元年度）によれば、賃貸住宅経営の経験年数は、10年以上が７割を占める。（予想）

    解答 ×　賃貸住宅経営の経験が10年未満の者が49.8％を占める。経験年数の浅い者が多い。

4. 国土交通省資料「賃貸住宅管理業者に関するアンケート調査（家主）」（令和元年度）によれば、賃貸住宅の所有者は、30歳代と40歳代の合計が６割を占め、若年化が進んでいる。（予想）

    解答 ×　50歳以上が半数以上を占めている。

5. 近年では、建物所有者自ら賃貸住宅管理業務のすべてを実施する者が増加し、賃貸住宅管理業者に業務を委託する所有者が減少している。（R4-29-2）

    解答 ×　管理業者に業務を委託する賃貸住宅所有者が増加している。

(2) 賃貸住宅に関する国の政策

　住宅政策の目標は、住宅の量から質に移り、新築供給中心だった政策は、住宅ストックの改良と市場整備に移行している。基本方針として「住生活基本計画」を、具体的施策として「空き家対策」を確認しておこう。

■住生活基本計画

住生活基本法に基づき、計画期間を10年として策定し、5年ごとに見直しが行われている。

① 高齢者の住まい支援（サービス付き高齢者向け住宅の供給促進等）

② 子育て世帯の住まい支援（職住、職育が近接する環境の整備等）

③ 住宅セーフティネット機能（住宅確保要配慮者の住まいの確保）
　　※住宅確保要配慮者＝低額所得者、高齢者、障害者、外国人等

④ 空き家の適切な管理・除却・利活用（環境に悪影響を及ぼす空き家の除却／DIY型賃貸借、セカンドハウス、多地域居住の推進）

⑤ 安全な住宅・住宅地の形成（ハザードマップの整備・周知）

補足説明

● 令和3年住生活基本計画

「社会環境の変化」の視点	目標1：「新たな日常」やDX※の進展等に対応した新しい住まい方の実現
	目標2：安全な住宅・住宅地の形成等
「居住者・コミュニティ」の視点	目標3：子どもを産み育てやすい住まいの実現
	目標4：高齢者等が安心して暮らせるコミュニティの形成等
	目標5：セーフティネット機能の整備
「住宅ストック・産業」の視点	目標6：住宅循環システムの構築等
	目標7：空き家の管理・除却・利活用
	目標8：住生活産業の発展

※デジタルトランスフォーメーション。デジタル技術の活用によるさまざまな変革のこと。

覚えよう

■空き家対策

空き家の増加は、資源（土地・建物）の不活用であり、防災・防犯上の懸念もあることから、空き家対策の推進が近年の大きな課題となっている。

① 空き家対策としては「撤去」と「有効活用」とがある。

②　空き家の賃貸住宅としての活用が注目されている。賃貸住宅管理
業者には、空き家オーナーに対し情報提供・助言することが求め
られる（最良のアドバイスができるよう研鑽することが期待され
る）。

■**賃貸住宅管理に関する個別の施策**

持家ストックの賃貸化等を通じたストックの質の向上も視野に、
「定期借家制度」の普及についての取組みがなされている。民間住宅
のセーフティネットの観点から居住支援協議会が構成され、住宅情報
の提供等の支援がなされている。

■**不動産業ビジョン2030**

国土交通省は、不動産最適活用（価値創造の最大化）を図ることが
重要であり、不動産業には、**不動産最適活用の実現をサポート**してい
くことが求められる、としている。

官民共通の目標	ストック型社会の実現、安心・安全な不動産取引の実現、多様なライフスタイル・地方創生の実現、**エリア価値の向上**、新たな需要の創造、すべての人が安心して暮らせる住まいの確保、不動産教育・研究の充実
民の役割	（管理業界には）資産価値の維持向上を通じた**ストック型社会の実現**、コミュニティ形成、高齢者見守りなどの付加価値の提供、**エリアマネジメントの推進**、といった役割が求められている

補足説明

●『賃貸住宅の計画的な維持管理及び性能向上の推進について　～計画修繕を含む
投資判断の重要性～』（国土交通省）では、高経年建物の増加・居住者ニーズの
多様化等による賃貸住宅の「空室率の上昇」や「家賃の引下げ」を前提に、中長
期的な視点のもとでの投資判断の重要性が述べられている。

1. 住生活基本計画の目標として「高齢者が自立して暮らすことができる住生活の実現」「住宅の確保に特に配慮を要する者の居住の安定の確保」「新築住宅の建設促進による安全で質の高い住宅ストックの形成」等が掲げられている。(R1-1-改)

   解答 × 「新築住宅の建設促進による安全で質の高い住宅ストックの形成」は、目標となっていない。新たに作ることよりも、既存の住宅ストックの活用がより大切なのだ。

2. (住生活基本計画の目標と民間賃貸住宅に関する記述) 高齢者が自立して暮らすことができる住生活を実現する目標に対して、高齢者の需要に応じ、サービス付き高齢者向け住宅等の供給数を抑制する。(R2-46-3改)

   解答 × 住生活基本計画では、「高齢者が自立して暮らすことができる住生活の実現」という目的を達成するために、サービス付き高齢者向け住宅等の供給促進を基本的な施策としている。抑制ではない。

3. 住生活基本計画では、急増する空き家の適切な管理・除却・利活用を推進することを目標に、DIY型賃貸借、セカンドハウス、多地域居住等の多様な賃貸借の形態を活用することを施策としている。(R2-46-4改)

   解答 ○ 空き家の利活用として、DIY型賃貸借、セカンドハウス、多地域居住の推進などがあげられている。

4. 住生活基本計画では、「頻発・激甚化する災害新ステージにおける安全な住宅・住宅地の形成と被災者の住まいの確保」を目標に、ハザードマップの整備・周知等による水災害リスク情報の空白地帯の解消、豪雨災害等の危険性の高いエリアでの住宅立地を抑制、住宅・市街地の耐震性の向上等の施策を定めている。(予想)

   解答 ○ 令和3年住生活基本計画では、「安全な住宅・住宅地の形成等」も目標に加えられた。

5. 「不動産業ビジョン2030〜令和時代の『不動産最適活用』に向けて〜」(国土交通省平成31年4月24日公表)は、ストック型社会の実現に向けて、今後、不動産管理業者は、『不動産最適活用』を根源的に支える役割を担うと位置づけた。(R2-1-3)

解答 ○　これからの不動産業は、「不動産最適活用」の実現をサポートしていくことが必要とされている。

問 賃貸住宅管理に関する次の記述のうち、不適切なものはいくつあるか。

[R5-48]

（ア）　空き家を有効活用する場合、賃貸不動産として利用することは有力な選択肢であるが、建物所有者に賃貸住宅経営の経験がないケースが多いこと、修繕義務の所在など契約関係について特別な取り扱いが考慮される場合があること、現在賃貸市場に供給されていない不動産であることなどが阻害要因となる。

（イ）　民間賃貸住宅のセーフティネット機能の向上を図る観点から、住宅確保要配慮者の民間賃貸住宅への円滑な入居の促進を図るため、地方公共団体、関係業者、居住支援団体等により居住支援協議会が構成され、住宅情報の提供等の支援が実施されている。

（ウ）　「住生活基本計画」（令和3年3月19日閣議決定）は、「新たな日常」やDXの進展に対応した新しい住まい方の実現、頻発・激甚化する災害新ステージにおける安全な住宅・住宅地の形成と被災者の住まいの確保、子どもを産み育てやすい住まいの実現、脱炭素社会に向けた住宅循環システムの構築と良質な住宅ストックの形成などの目標を掲げている。

（エ）　引き続き成長産業として期待される不動産業の中・長期ビジョンを示した「不動産業ビジョン2030～令和時代の『不動産最適活用』に向けて～」（国土交通省平成31年4月24日公表）は、官民共通の目標としてエリア価値の向上を設定し、地域ニーズを掘り起こし、不動産最適活用を通じてエリア価値と不動産価値の相乗的な向上を図るとした。

1　なし
2　1つ
3　2つ
4　3つ

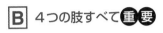

 正解 1

B 4つの肢すべて **重要**

(ア) ○ 空き家が賃貸住宅として活用されない要因として、本肢にあるように、「所有者に事業経験がないケースが多い」「賃貸市場に出ていない物件である」といったこと等があげられる。

(イ) ○ 賃貸住宅管理に関する個別の施策の一つとして居住支援協議会による、住宅情報の提供等の支援がなされている。

(ウ) ○ 「住生活基本計画」では、「新たな日常」やDXの進展に対応した新しい住まい方の実現を目標として掲げている（目標1）。

(エ) ○ 「不動産業ビジョン2030」は、官民共通の目標としてエリア価値の向上があげられている。

　以上より、不適切なものはなしであり、正解は1となる。

問2 賃貸住宅管理に関する次の記述のうち、最も適切なものはどれか。

[R 4 -44]

1 「賃貸住宅の計画的な維持管理及び性能向上の推進について～計画修繕を含む投資判断の重要性～」（国土交通省平成31年3月公表）では、高経年建物の大幅な増加や居住者側のニーズの多様化を背景に、空室率の上昇や家賃水準の引下げのおそれがあることから、賃貸住宅の貸主が中長期的な視点のもとで計画修繕するなどの投資判断を行うことの重要性が述べられている。

2 地価の二極化が進む中で不動産市場が活力を失い、借り手市場となって空室対策に苦しむエリアにおいて、入居率を維持し賃貸収入を確保するためには、借主の入替えに伴う新規入居者からの一時金収入と賃料引上げに期待する考え方を強化することが大切になっている。

3 既存の賃貸住宅経営の観点から優良な借主に長く契約を継続してもらうニーズが大きくなり、借主の立場を重視した管理のあり方が要請されているが、借主は借地借家法で保護されていることから、借主を消費者と位置付けて消費者保護の観点から賃貸借関係を捉える必要はない。

4 「不動産業ビジョン2030～令和時代の『不動産最適活用』に向けて～」（国土交通省平成31年4月24日公表）は、不動産流通業の役割として、資産価値の維持・向上を通じたストック型社会の実現、コミュニティ形成、高齢者見守りなど付加価値サービスの提供やエリアマネジメント推進を指摘した。

問2 正解 1 **B** どれも基本知識（肢4で引っかからないように）

1 ○ 「『賃貸住宅の計画的な維持管理及び性能向上の推進について ～計画修繕を含む投資判断の重要性～』（国土交通省）では、高経年建物の増加・居住者ニーズの多様化等による賃貸住宅の「空室率の上昇」や「家賃の引下げ」を前提に、中長期的な視点のもとでの投資判断の重要性が述べられている。

2 × 借り手市場では賃料引き上げは期待しにくい。また、新規入居者からの一時金収入や賃料引き上げに期待するのではなく、優良な借主に長く住んでもらうことが重要である。

3 × 消費者保護の要請のもと、借主を消費者と位置付けて、借主の立場に配慮した管理を行う必要がある。

4 × 「ストック型社会の実現」「コミュニティ形成」「高齢者見守りなど付加価値サービスの提供」などは賃貸住宅管理業の役割である。不動産流通業の役割ではない。

賃貸住宅の管理に関する次の記述のうち、最も適切なものはどれか。

[R 3 -42]

1 募集の準備等の契約前業務、賃料の収納と送金等の契約期間中の業務、期間満了時の契約更新業務、明渡しや原状回復等の契約終了時の業務、建物の維持管理や清掃等の維持保全業務は、いずれも居室部分を対象とする業務である。

2 貸主が賃貸住宅管理業者に管理業務を委託する管理受託方式の賃貸住宅経営において、賃貸住宅管理業者は、借主の募集、賃料の収受や契約条件の交渉、建物の維持管理の業務を、いずれも貸主の代理として行う。

3 賃貸住宅管理業者は、建物管理のプロとしての役割を果たす、循環型社会への移行に貢献する、管理業務に関する専門知識の研鑽と人材育成に努める、といった社会的責務を負うが、貸主の賃貸住宅経営を総合的に代行する資産運営の専門家というわけではない。

4 借主保持と快適な環境整備、透明性の高い説明と報告、新たな経営管理手法の研究と提案、能動的・体系的管理の継続、非常事態における借主のサポートは、いずれも賃貸住宅管理業者に求められる役割である。

 管理業者の役割に関する次の記述のうち、最も不適切なものはどれか。

[R 1 -37]

1 借主保持と快適な環境整備に関しては、昨今の借り手市場のもとでは、できるだけ優良な借主に長く借りてもらうことが大切である。

2 新たな経営管理手法の研究と提案は、管理業者の役割というよりも、アセットマネージャーの役割である。

3 透明性の高い説明と報告に関しては、貸主だけでなく投資家に対しても行わなければならない場合がある。

4 一定の業務のみ行ったり、一時的な対応にとどまるのではなく、能動的、体系的管理の継続が求められる。

問3 正解 **4**  **A** 4つの肢すべて **重要**

1 × 建物に関する共用部分等の維持保全業務、災害対策なども管理業者の重要な業務だ。居室部分のみが対象となるわけではない。

2 × 建物の維持管理の業務は、賃貸人から委託を受けて、管理業者自らが行う場合もあるし、修繕業者と貸主の契約を媒介する場合もある（代理とは限らない）。また、借主の募集は宅建業者が代理または媒介として関与する。

3 × 資産運営の専門家という側面もある。

4 ○ 管理業者の社会的責務と役割としてどれも重要な事項だ。「非常事態における借主のサポート」も含まれている。貸主のサポートだけをするわけではない。

問4 正解 **2** **B** 4つの肢すべて **重要**

1 ○ 優良な賃借人に長く住んでもらうことが大切だ。

2 × 新たな経営管理手法の研究と提案も管理業者（プロパティマネージャー）の役割だ。なお、アセットマネジメント（AM）とプロパティマネジメント（PM）については7章で学ぶ。

3 ○ 管理業者は、依頼者である賃貸人や投資家等に対し、透明性の高い説明と報告をする役割を担う。

4 ○ 一時的な対応ではなく、能動的・体系的な管理の継続が求められる。

第1章 賃貸住宅管理総論

第2章 賃貸住宅管理業法

「賃貸住宅管理業者の登録制度」と「特定賃貸借契約の適正化（サブリース事業のトラブル防止）」が大きな柱だ。試験対策上、最重要分野だ。

1│賃貸住宅管理業者の登録制度（管理受託方式）

　2つの賃貸住宅経営方式のうちの管理受託方式に関するルールの説明だ。

　賃貸住宅管理業を**登録制**とし、行うべき**業務**を定め、国土交通大臣が**監督**することで「素人」である建物所有者を守っていく。

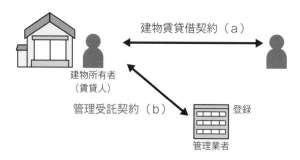

(1) 用語の定義

　用語の意味を把握しないと法律を理解することができない。まずは、賃貸住宅管理業とは何か、という話だ。

覚えよう

■賃貸住宅

賃貸の用に供する**住宅**のこと

- マンションの一室のように**家屋の一部分**であっても賃貸住宅であれば対象
- オフィス、倉庫等は賃貸であっても管理業法の対象外

補足説明 ‥‥‥‥‥‥‥‥‥‥‥‥‥‥‥‥‥‥‥‥‥‥‥‥‥‥‥‥‥‥‥‥‥

- ウィークリーマンションは、旅館業として宿泊させているならば賃貸住宅ではない。一方、マンスリーマンションは、滞在が長期間（生活の本拠）、衛生管理の責任が利用者にあるなど、旅館業法に基づく営業を行っていないならば賃貸住宅に該当する。

- 「人の生活の本拠として使用する目的**以外の目的**」で使われているものは賃貸住宅ではない。具体的には以下の３つだ。
  (ⅰ)旅館業法の許可に係る住宅、(ⅱ)国家戦略特別区域法の認定事業用の住宅(特区民泊)、(ⅲ)住宅宿泊事業用の住宅(民泊)。「**旅館と民泊は賃貸住宅ではない**」と覚えておけばよい。

|||||||||||||||||| **過去問出題例** ||||||||||||||||||

1. 賃貸人から委託を受けて、分譲マンションの一室のみの維持保全を行う業務については、共用部分の管理が別のマンション管理業者によって行われている場合には、「賃貸住宅管理業」には該当しない。(R4-33-ウ)

   > **解答** ✕ 分譲マンションの１室の専有部分を受託管理し、維持保全を行う場合も賃貸住宅管理業に該当する。

2. 賃貸人から委託を受けて、マンスリーマンションの維持保全を行う業務については、利用者の滞在時間が長期に及び、生活の本拠として使用される場合には、「賃貸住宅管理業」に該当する。(R4-33-エ)

   > **解答** ◯ マンスリーマンションであっても、そこが「生活の本拠として利用されている」または「衛生管理責任が利用者にある」など、旅館業法に基づく営業を行っていないのであれば、賃貸住宅に該当する。その維持保全を行う業務は賃貸住宅管理業に該当する。

覚えよう

■管理業務・賃貸住宅管理業
① 賃貸住宅管理業
   賃貸住宅の賃貸人から**委託（依頼）を受けて**、**管理業務**を行う事業。自主管理は、管理業ではない。

② 管理業務
   (i)賃貸住宅の維持保全を行う業務
   (ii)((i)と併せて行う)賃貸住宅に係る家賃、敷金、共益費その他の
      金銭の管理を行う業務。家賃の徴収の代行業務などだ。
③ 賃貸住宅管理業者
   (国土交通大臣の)登録を受けて賃貸住宅管理業を営む者

補足説明 ....

● ②：賃貸住宅の維持保全を行う業務とは、住宅の**居室**について、点検、清掃等の**維持**を行い、必要な**修繕**を一貫して行うことだ。

● (居室の維持修繕とあわせて)マンションの共用部分(玄関・通路・階段等)、設備(電気・水道設備・エレベーター等)について維持修繕するのも「(i)賃貸住宅の維持保全」に含まれる。居室部分のみを対象としているわけではない。

● 「(ii)金銭の管理」は、「(i)賃貸住宅の維持保全」と併せて行う場合にのみ、管理業務に該当する。

(i)維持保全業務	(ii)金銭の管理	管理業務にあたるか
○ (行う)	○ (行う)	○ (管理業務)
○ (行う)	× (行わない)	
× (行わない)	○ (行う)	× (管理業務ではない)
× (行わない)	× (行わない)	

後述する「サブリース業者」が入居者から家賃を受領しても(ii)金銭の管理にはあたらない(管理業務としての金銭受領ではない)。サブリース業者は貸主(転貸人)として家賃等を受領するからだ。

● 管理業務に該当する例
   ・分譲マンションの1室の専有部分を受託管理し、維持保全を行う
   ・賃貸人(所有者)のために**維持保全業務の媒介・取次・代理**といった行為を行う

●管理業務に該当しない例

> ・定期清掃業者、リフォーム工事業者等が、維持又は修繕の「いずれか一方の み」を行う場合(一貫して行っていない)
> ・エレベーター事業者が、賃貸住宅のエレベーター部分についてのみ維持・修 繕を行う場合(居室の維持保全を行っていない)
> ・入居者からの苦情対応のみを行い、維持・修繕を行っていない場合
> ・信託会社が受託者として賃貸住宅の管理を行う場合(自己所有の賃貸住宅の 管理だから)
> ・家賃債務保証会社が金銭管理業務のみを行う場合
> ・賃貸借契約の「更新」や「終了」に係る事務

●③:賃貸住宅管理業を「営む」とは、営利の意思をもって反復継続して賃貸住宅 管理業を行うことをいう。委託された管理業務が無償であったとしても、その点 のみをもって直ちに営利性がないとは言い切れない。

●国及び地方公共団体には、**賃貸住宅管理業法は適用されない**。例えば東京都が 200戸以上の賃貸住宅について賃貸住宅管理業を営むとしても、登録を受ける 必要はない。

●AM(アセットマネジメント)事業者が、資産運用業務の一環として賃貸住宅管 理業者に管理業務を行わせている場合、AM事業者は、賃貸住宅管理業者との関 係では、建物所有者等と同視できる。そのため**AM事業会社は賃貸住宅管理業の 登録を受ける必要はない**。AMについては第8章で学ぶ。

||||||||||||||||||||||||||| 過去問出題例 |||||||||||||||||||||||||||

1. 賃貸人から委託を受けて、賃貸住宅の居室及び共用部分の点検・清掃・修繕を 行っているが、入居者のクレーム対応は行わない場合、賃貸住宅管理業に該当 しない。(R5-32-3)

> **解答** ✕ 賃貸住宅の点検・清掃・修繕(維持保全)を行うのであれば、賃貸 住宅管理業に該当する。入居者のクレーム対応を行わなくても賃貸 住宅管理業だ。

2. 本来賃貸人が行うべき賃貸住宅の維持保全を、オーナーに代わって行う実態が あったとしても、契約書など明示的に委託を受けてないのであれば、賃貸住宅 管理業には該当しない。(予想)

> **解答** ✕ 委託は明示的なものでなくてもよい(契約書がなくてもよい)。オー ナーに代わって維持保全を行う実態があれば、賃貸住宅管理業に

該当する。

3. 公営住宅も賃貸住宅管理業法の賃貸住宅に該当する。（H29-3-4改）

    解答　○　賃貸住宅とは賃貸の用に供する住宅のことをいう。公営住宅も賃貸
    住宅にあたる。賃貸人（地方公共団体等）から委託を受けて、管理
    業務を行えば賃貸住宅管理業に該当する。

4. サブリース方式による賃貸住宅経営において、特定転貸事業者（サブリース業
    者）が入居者から家賃、敷金、共益費等を受領する場合には、当該家賃等は、
    賃貸住宅管理業法第2条第2項第2号の「家賃、敷金、共益費その他の金銭」
    には該当しない。（予想）

    解答　○　特定転貸事業者（サブリース業者）が**賃貸人の立場として受領する**
    家賃等は、管理業務における「家賃、敷金、共益費その他の金銭」
    には該当しない。

(2) 登録制

　繰り返しになるが建物所有者を守る必要がある。そのため、管理業者を登
録制とした。登録を受けない事業者は賃貸住宅管理業ができないのだ（小規
模事業者は登録不要）。また、悪い会社・いい加減な人が登録できないよう
欠格事由（登録拒否事由）が定められている。

覚えよう

■登録制による業規制

①　【登録】賃貸住宅管理業を営むには、**国土交通大臣の登録**が必要
　　（管理戸数が200戸以上の場合）
②　【有効期間】登録の有効期間は5年。更新する場合には、登録の有
　　効期間の満了の日の90日～30日前までに更新申請する。
③　【申請書】登録するには、以下の事項を記載した申請書を国土交通
　　大臣に提出する。

　　一　**商号**（名称、氏名）**及び住所**
　　二　法人である場合においては、その役員の氏名

　　　三　未成年者である場合においては、法定代理人の氏名及び住
　　　　　所（法定代理人が法人であれば商号又は名称及び住所並び
　　　　　にその役員の氏名）

　　　四　営業所（又は事務所）の名称及び所在地

④　【登録簿】国土交通大臣は申請があったときは、（登録拒否事由に該
　　当する場合を除き）、上記③の事項と登録年月日・登録番号を賃貸
　　住宅管理業者登録簿に登録する。また登録した旨を遅滞なく申請者
　　に通知する。登録簿は、**一般の閲覧**に供される。

⑤　【変更の届出】賃貸住宅管理業者登録簿に登載されている内容に変
　　更があった場合には、その日から30日以内に国土交通大臣に届け
　　出る。

補足説明

● **管理戸数は賃貸借契約の数**で数える。管理戸数が200戸未満であれば、登録な
しで管理業務ができる（登録を受けることもできる）。一時的にでも200戸以上
となった場合には、登録が必要。

● ②：適切な更新手続きをしたのに、処分されない（更新も更新拒絶もない）場合
には、従前の登録が効力を有する（有効期間が延びる）。その後、登録の更新が
された際の有効期間は、従前の登録の有効期間の満了の日の翌日から起算して5
年間（従前の登録＋更新後の登録＝10年間となり、全体の期間が延びるわけで
はない）。

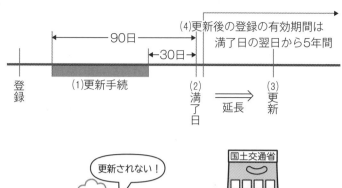

- ●③:申請に際しては、申請日時点の管理戸数と契約件数を記載した書面(業務等の状況に関する書面)、貸借対照表及び損益計算書等を添付する。

- ●⑤:登録の変更の届出は、**賃貸住宅管理業登録等電子申請システム**を利用して行うのが原則。

- ●無登録で賃貸住宅管理業を営んだ者、不正の手段により登録を受けた者、名義貸しの禁止に違反した者は、1年以下の懲役もしくは100万円以下の罰金又はこれの併科となる。

- ●変更の届け出を行わない(虚偽の届け出をした)者は30万円以下の罰金。

|||||||||||||||||||||||||||||||| 過去問出題例 ||||||||||||||||||||||||||||||||

1. 賃貸住宅管理業者Aが登録の更新の申請を行った場合において、登録の有効期間の満了の日までにその申請について処分がなされないときは、Aの従前の登録は、有効期間の満了によりその効力を失う。(予想)

　　解答　× 適切な更新手続きをしたのに、処分されない(更新も更新拒絶もない)場合には、従前の登録が効力を有する(有効期間が延びる)。

2. 1棟の家屋のうち、台所・浴室・便所等を入居者が共同で利用する、いわゆる「シェアハウス」を1棟管理するケースにおいて、当該シェアハウスが10部屋から構成されており、そのうち4部屋を入居者が使用し、残りの6部屋が空室になっている場合は、当該シェアハウスを管理する賃貸住宅管理業者の管理戸数は、4戸となる。（予想）

> **解答** × 入居者との間で締結されることが想定される賃貸借契約の数をベースとして戸数を数える。本肢のケースでは10戸になる。

3. 法人である賃貸住宅管理業者Aは、その役員の住所について変更があった場合、変更のあった日から30日以内に国土交通大臣に届け出なければならない。（予想）

> **解答** × 役員の住所は、賃貸住宅管理業者登録簿の登載事項ではない（登録申請の際、役員の氏名は必要だが、住所は不要）。変更の届出は不要だ。

4. 250戸の賃貸住宅を所有する者が、当該賃貸住宅を自主管理する場合は、賃貸住宅管理業の登録を受けなければならない。（予想）

> **解答** × 賃貸住宅管理業とは、他人から委託（依頼）を受けて、賃貸住宅の管理業務を行う事業をいう。物件所有者が貸主として自主管理する場合には、登録は不要だ。

5. 家賃保証会社が、貸主の委託を受けて、家賃の集金を行い、貸主に送金する事務のみを行う場合、当該事務は管理業務に該当し、委託を受けた賃貸住宅が200戸以上となった場合には、賃貸住宅管理業の登録を受けなければならない。（R2-10-2　改）

> **解答** × 「賃貸住宅に係る家賃、敷金、共益費その他の金銭の管理を行う業務」は、「賃貸住宅の維持保全を行う業務」と併せて行う場合にのみ、管理業務に該当する。本肢の家賃保証会社は、「賃貸住宅の維持保全を行う業務」を行っていないので、賃貸住宅管理業の登録は不要だ。

■欠格事由（登録拒否事由）その１

以下の場合には、登録が拒否される。

① 能力や信用に問題がある者

- **心身の故障**により賃貸住宅管理業を的確に遂行することができない者として国土交通省令で定めるもの
- **破産**手続開始の決定を受けて**復権を得ない者**
- 賃貸住宅管理業を遂行するために必要と認められる**財産的基礎**を有しない者
- **業務管理者**を確実に選任すると認められない者

② 犯罪者や暴力団関係者

- 禁錮以上の刑を受けて、刑の終了後**5年**を経過しない者
- **賃貸住宅管理業法**違反で罰金刑を受けて、刑の終了後**5年**を経過しない者
- 暴力団員、暴力団員でなくなってから**5年**を経過しない者、暴力団員等がその事業活動を支配する者

補足説明 ....

- ①：破産しても復権すれば、欠格事由ではなくなる。復権の日の翌日から登録することができる。

- **財産的基礎**を有するとは、「財産及び損益の状態が良好であること」を言う。具体的には、以下のア・イを満たしている状態だ。

ア）負債の合計額が資産の合計額を超えないこと	例外として、以下の場合は「負債の合計額が資産の合計額を超えていない」と同等と扱われる ● 事業年度の直前2年の当期純利益が生じている ● 十分な資力を有する代表者からの「代表者借入金」を控除した負債の合計額が資産の合計額を超えていない
イ）支払不能に陥っていないこと	支払能力の欠乏のため債務の継続的な弁済ができない客観的状態ではない、ということ

- ②：刑罰は重い順に、死刑→懲役→禁錮→罰金→拘留→科料となっている。なお、「過料」は刑罰ではない。賃貸住宅管理業法に違反して**過料に処せられても欠格事由にはならない。**

● 禁錮以上の刑を受けるとは、要は刑務所に入るような罪を犯したということだ。どの法律に違反したとしても禁錮以上の刑を受けたのであれば、5年間は登録できない。なお、刑の**終了後5年間**であることに注意（刑を受けてから5年間ではない）。たとえば懲役10年の刑であれば、刑が確定した日から5年ではいまだ刑務所の中であり、登録を受けさせるわけにはいかない。

● 賃貸住宅管理業法に違反した場合には罰金刑を受けただけで欠格事由になる。禁錮ほど重い罪ではないが、賃貸住宅管理業法を守れない者を管理業者として登録させるわけにはいかないからだ。

● 刑罰が決まると**執行猶予**がつくことがある。この執行猶予期間中は登録を受けられない。しかし、**執行猶予期間が満了**すると（刑が「消える」ので）その翌日から登録を受けられる。5年間待つ必要はない。

● 控訴、上告中は欠格事由には該当しない（無罪の推定が働くから）。

覚えよう

■欠格事由（登録拒否事由）その2

① 登録を取り消され、取消しの日から5年を経過しない者
（取消しの日前30日以内に当該法人の役員であった者も同様）
② 賃貸住宅管理業に関し不正又は不誠実な行為をする恐れがある者
③ （営業に関し成年者と同一の行為能力を有しない）未成年者の法定代理人が欠格事由に該当する。
④ 法人の役員が欠格事由に該当する。

補足説明

● ①：登録を取り消されるような事態を起こしておいて、再度登録したいといっても、すぐには認めない、ということだ。どういう場合に取り消されるかについては(4)監督を参照。

● 法人（≒会社）が登録を取り消された場合、その役員も欠格事由になる。役員が会社の意思決定をしているからだ。とはいえ、昔、役員だったという者は無関係だ。**取消し日前30日以内に役員だった者**が欠格事由となる。

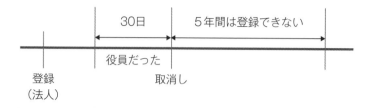

- ●②：不正または不誠実な行為をする恐れがある者とは、「処分逃れの解散」をした者やその役員だった者のこと。解散の届出の日から5年間は登録を受けることができない。

- ●「処分逃れの解散」とは「行政手続法15条の規定による**通知を受けてから相当の理由なく解散・廃止する**」ことだ。

- ●「処分逃れの解散」についてもう少し解説する（ややこしいので余裕があれば読む、でよい）。登録取消処分を受けると5年間は登録できなくなる。それを回避するために、「相当の理由なく」自分から法人を解散（や賃貸住宅管理業の廃止）してしまう者がいる。これが「処分逃れの解散」だ。解散（や廃止）すると登録が抹消されるから「登録取消処分」ができなくなる。その結果5年間という縛りがなくなる。しかし、このような会社や役員を見逃してはならない。そのため、「処分逃れの解散」についても「解散（や賃貸住宅管理業の廃止）の届出の日から5年間は登録を受けられない」とした。

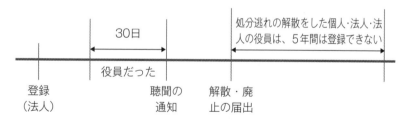

- ●上図で、聴聞とは、処分される者の言い分を聞く機会のこと。登録を取り消すには聴聞を行う必要がある。いつどこで聴聞をするのかという通知を受けた後、処分決定前に解散・廃止してしまうのだ。なお役員の場合には、相当の理由なく合併した会社の役員も欠格事由になる。

● ③：要は普通の未成年者は、法定代理人（親など）が欠格事由であれば登録はできない、ということだ。未成年者でも「賃貸住宅管理業に関し**営業の許可**を受けている」といった場合には、一人前扱いされる（法定代理人のサポートなしに業ができる）から、法定代理人が欠格事由であったとしても登録ができる。

|||||||||||||||||||||||||||||||||||||| 過去問出題例 ||||||||||||||||||||||||||||||||||||||

1. 成年被後見人又は被保佐人は、賃貸住宅管理業者として国土交通大臣の登録を受けることができない。（予想）

   解答 × 成年被後見人や被保佐人がそれだけで欠格事由に該当する、というわけではない。「心身の故障により賃貸住宅管理業を的確に遂行することができない者」が欠格事由に該当する（現実問題として成年被後見人や被保佐人が賃貸住宅管理業を的確に遂行することは極めて困難であろうが、登録できないと規定されているわけではない）。

2. 法人Aの役員のうちに、破産手続開始の決定がなされた後、復権を得てから5年を経過しない者がいる場合、Aは、賃貸住宅管理業者の登録を受けることができない。（予想）

   解答 × 破産しても復権すれば、欠格事由ではなくなる。役員が欠格事由に該当しているわけではないので、Aは登録を受けることができる。

3. 法人Bの役員のうちに、懲役1年の刑に処せられ、その刑の執行猶予期間を経過したが、その経過した日から5年を経過しない者がいる場合、Bは、登録を受けることができない。（予想）

   解答 × 執行猶予期間を経過（満了）すれば、刑は消滅する。執行猶予期間

満了の時点で欠格事由ではなくなるのだ。5年間経過しなくても（執行猶予期間満了日の翌日から）登録を受けることができる。

4. 営業に関し成年者と同一の行為能力を有しない未成年者Cの法定代理人であるDが、禁錮2年の刑に処せられていた場合、その刑の執行が終わった日から5年を経過していなければ、Cは免許を受けることができない。（予想）

   解答 ○ 禁錮刑の終了から5年を経過していないので、Dは欠格事由に該当する。営業に関し成年者と同一の行為能力を有しない未成年者（C）の法定代理人（D）が欠格事由に該当するので、当該未成年者（C）は登録を受けることができない。

5. 宅地建物取引業法に違反したことにより罰金刑に処せられた者は、罰金を納めた日から5年間は、賃貸住宅管理業の登録を受けることができない。（R1-5-エ改）

   解答 × 宅建業法違反で罰金刑を受けても、賃貸住宅管理業者の登録欠格事由には該当しない。なお、禁錮刑や懲役刑を受けた場合には、刑の終了後5年を経過するまでは登録を受けることができない。

覚えよう

■廃業等の届出

　賃貸住宅管理業者である個人が死亡したり、法人が合併等により消滅した場合には、当然、管理業ができなくなる。30日以内に国土交通大臣に届出が必要だ。

事由	届出義務者	いつまでに届けるか
個人が死亡した	その相続人	死亡の事実を知った日から30日以内
法人が合併により消滅した	消滅した法人を代表する役員であった者	その日から30日以内
法人が破産手続開始の決定により解散した	破産管財人	
法人が解散した	清算人	

賃貸住宅管理業を廃止した	（賃貸住宅管理業者であった）「個人」または「法人を代表する役員」	その日から30日以内

補足説明 ••

● 国土交通大臣としては、賃貸住宅管理業者について把握しておく必要がある。死亡（個人）、合併・解散（法人）等の理由により、賃貸住宅管理業をやめるのであれば、その旨届け出よ、というのは当然のことだ。

● 届出がなくても、合併・破産等があれば賃貸住宅管理業の登録は効力を失う。

▮▮▮▮▮▮▮▮▮▮▮▮▮▮▮▮▮▮ **過去問出題例** ▮▮▮▮▮▮▮▮▮▮▮▮▮▮▮▮▮▮

1. 賃貸住宅管理業者Aが死亡した場合、Aの相続人は、Aの死亡の日から30日以内に国土交通大臣に届け出なければならない。（予想）

   解答 × 相続人が死亡を「知った日」から30日以内に届け出る。

2. 賃貸住宅管理業者の登録を受けている法人が合併により消滅したとき、法人を代表する役員であった者は、消滅した日から30 日以内に、廃業等届出書を国土交通大臣に届け出なければならない。（R5-32-3）

   解答 ○ 消滅した法人の代表者であった者が30日以内に届け出る。

(3) 業務上の規制

　賃貸住宅のオーナーが安心して賃貸住宅管理業務を委託することができるよう、賃貸住宅管理業者が守るべき業務上のルールが定められている。基本事項、禁止事項、遵守事項の3つに分けて解説していく。

■基本事項

①	業務処理の原則	賃貸住宅管理業者は、信義を旨とし、誠実にその業務を行わなければならない
②	業務管理者の選任	**賃貸住宅管理業者**は、営業所・事務所ごとに、1人以上の業務管理者を選任し、**管理・監督**させる

〈業務管理者の要件〉

● 管理業務の実務経験が2年以上あり、登録証明事業による証明を受けている者（賃貸不動産経営管理士）

● 管理業務の実務経験が2年以上ある宅建士で、「指定講習」※を修了した者

〈賃貸不動産経営管理士の場合〉

賃貸不動産経営管理士
2年以上の実務経験 （実務講習修了者）

〈宅建士の場合〉

宅建士
指定講習の修了
2年以上の実務経験 （実務講習修了者）

※指定講習とは、宅建士を対象とした、「賃貸住宅管理業法」「管理業務知識」に関する講習のこと（国土交通大臣が指定する）

補足説明

● ①：（賃貸借契約の更新、法律上の「維持保全」に含まれない行為など）賃貸住宅管理業法上の管理業務以外の業務も含め、円滑な業務の遂行を図る必要がある。

● 賃貸住宅管理業者の欠格事由に該当する者は業務管理者にはなれない（禁錮以上の刑を受けて刑の終了後5年を経過しない者など）。

● 業務管理者に要求される2年以上の実務経験は、「国土交通大臣が同等以上の能力を有すると認めた場合」には不要となる。「実務経験に代わる講習修了者」がそれに該当する。

●登録証明事業とは、**賃貸不動産経営管理士試験**のこと。賃貸不動産経営管理士の登録を受けた者（有効期間は5年間）は、2年以上の実務経験があれば業務管理者になれる。

●業務管理者は、他の営業所の業務管理者となることができない（営業所間の兼任の禁止）。宅建業者の専任の宅建士も、業務管理者となることができる。

●業務管理者が欠けた場合には、その営業所等では管理受託契約を締結できない（契約締結の禁止）。

●②：業務管理者が管理・監督する事項については、「第8章　1　賃貸不動産経営管理士の役割・専門性　(2)業務管理者として行う事務」で解説する。

||||||||||||||||||||||| 過去問出題例 |||||||||||||||||||||||

1. 管理戸数が200戸未満の業者であっても、賃貸住宅管理業者として国土交通大臣の登録を受けることができるが、管理戸数が200戸に達するまでは、営業所・事務所に業務管理者を配置する必要はない。（予想）

　解答　× 管理戸数が200戸未満であっても賃貸住宅管理業者としての登録を受けることができる。この場合、業務管理者を設置しなければならない。

2. 賃貸住宅管理業者は、常に賃貸住宅の建物所有者や入居者等の視点に立ち、信義を旨とし、業務に誠実に従事することで、紛争等を防止する必要がある。（R5-28-1）

　解答　○ 賃貸住宅管理業者は、信義を旨とし、誠実にその業務を行わなければならない。業務処理の原則だ。

3. 賃貸住宅管理業者は、その営業所又は事務所の業務管理者として選任した者のすべてが欠けるに至ったときは、新たに業務管理者を選任するまでの間は、その営業所又は事務所において賃貸住宅管理業を行ってはならない。（R4-30-ウ）

　解答　× 業務管理者が欠けた場合には、その営業所等では管理受託契約を締結できない（契約締結の禁止）。賃貸住宅管理業ができなくなるわけではない（既に管理受託をしている建物所有者に迷惑がかかるため）。

■禁止事項

以下の行為は禁止されている。

① 名義貸しの禁止	自己の名義をもって、他人に賃貸住宅管理業を営ませてはならない
② 管理業務の全部の再委託の禁止	委託を受けた管理業務の全部を他の者に対し、再委託してはならない

補足説明

- 管理業務を複数の者に分割して再委託して自ら管理業務を一切行わないことも、全部の再委託に該当する。

- 欠格事由に該当しない事業者に再委託することが望ましい（再委託先は賃貸住宅管理業者である必要はない）。また賃貸住宅管理業者が責任をもって再委託先の指導監督を行う。

過去問出題例

1. 賃貸住宅管理業者は、自己の名義をもって、他人に賃貸住宅管理業を営ませてはならず、それに違反した場合は、その他人が賃貸住宅管理業者の登録を受けているか否かにかかわらず罰則の対象となる。（R5-28-2）

   解答 ○ 名義貸しは禁止されている。違反した場合には罰則がある（1年以下の懲役もしくは100万円以下の罰金又はこれの併科）。

2. 賃貸住宅管理業者は、管理業務の一部を再委託することができるが、管理業務の適正性を確保するため、再委託先は賃貸住宅管理業者としなければならない。（R5-28-4）

   解答 × 再委託先は賃貸住宅管理業者である必要はない（欠格事由に該当しない事業者に再委託することが望ましい）。

覚えよう

■重要事項説明・契約締結時書面の交付

賃貸住宅の所有者が管理受託契約の内容をよく理解してから契約しないとトラブルになりかねない。そのため、契約前に、管理受託契約の内容の重要な事項について、**書面を交付して説明する**（①）。また、管理受託契約を締結したときは、遅滞なく、契約内容を記載した**書面を交付**する（②）。

①	管理受託契約の締結前の書面の交付・説明	いわゆる**重要事項説明**だ。契約締結前に書面を交付して説明する
②	管理受託契約の締結時の書面の交付	いわゆる**契約書を交付する**

③ 管理業務に係る**専門的知識および経験を有する者が賃貸人**である場合には、**重要事項説明を行わなくてもよい**（書面交付も不要）。

専門的知識及び経験を有する者	**賃貸住宅管理業者、特定転貸事業者、宅建業者**、特定目的会社、組合、賃貸住宅に係る信託の受託者、都市再生機構、地方住宅供給公社

④ 重要事項説明書と契約書を一体で交付することはできない。

■説明の時期

⑤ 管理受託契約を締結する前に説明を行う。賃貸人が契約内容を十分に理解できるよう、説明から契約締結までに**1週間程度**の期間をおくことが望ましい。

⑥ **変更契約**：契約期間中又は契約更新時に、説明事項を変更する契約を締結しようとする場合は、**説明を受けようとする者が承諾**した場合に限り、説明から契約締結まで期間をおかないこととして差し支えない。

〈契約変更・更新に際しての重要事項説明、契約締結時書面の扱い〉

	法施行後に締結した契約（重説、契約締結時の書面が交付済）	法施行前に締結した契約（重説、契約締結時の書面交付がされていない）
（内容変更を伴う）変更契約	必要（変更部分のみ）	必要（全部について）
更新契約（内容変更あり）		
更新契約（内容変更なし）＊	不要	不要

＊契約期間のみの延長や、商号又は名称等の変更等、形式的な変更のこと。

補足説明

● ①：重要事項説明を行うのは**業務管理者でなくてもよい。**

● 重要事項説明書・契約締結時書面に業務管理者の**記名は不要**（宅建業法では、重要事項説明は宅建士でなければできないが、賃貸住宅管理業法にそのような規定はない）。また、資格者証や従業員証の提示も不要。

● 重要事項説明は、賃貸住宅管理業者の従業員が行う。出向先の社員等へ重要事項の説明を委託することは、原則できない（ただし出向元が指揮命令権を持つならば、出向先の社員等に委託も可能）。

● 重要事項説明は、説明の相手方の知識、経験、財産の状況、賃貸住宅経営の目的やリスク管理判断能力等に応じて行う。相手方の属性やこれまでの賃貸住宅経営の実績に留意しなければならない。

● ⑤：説明から契約締結までの期間を短くせざるを得ない場合には、事前に管理受託契約重要事項説明書等を送付し、一定期間後に説明を実施するなど、契約締結の判断を行うまでに十分な時間をとることが望ましい。

● ⑥：内容変更を伴う最初の契約変更時・更新時においては、全ての事項について重要事項説明・契約締結時書面交付が必要となる。

● 書面のモデルとして、「管理受託契約重要事項説明書」及び「賃貸住宅標準管理受託契約書」を、国交省が作っている。（4．標準契約書参照）

|||||||||||||||||||||||||||| **過去問出題例** ||||||||||||||||||||||||||||

1. 管理受託契約重要事項説明は、業務管理者ではない管理業務の実務経験者が、業務管理者による管理、監督の下で説明することができる。（R5-1-ア）

   解答 ○ 重要事項説明は、業務管理者でなくてもできる（業務管理者による管理、監督の下で、実務経験者がすることができる）。

2. 賃貸人の勤務先が独立行政法人都市再生機構であることを確認の上、重要事項説明をせずに管理受託契約を締結することができる。（R5-1-イ）

   解答 × 賃貸人が都市再生機構ならば重要事項説明は不要（「専門的知識及び経験を有する者」に該当するから）。しかし、本肢の賃貸人は「勤務先が都市再生機構」であるだけで、都市再生機構が賃貸人ではない。原則通り重説が必要だ。

3. 賃貸住宅管理業法第13条において定められている管理受託契約の締結前に交付する書面には、業務管理者が記名しなければならない。（予想）

   解答 × 重要事項説明書や契約締結時書面に業務管理者の記名は不要。

4. 管理受託契約重要事項説明書と管理受託契約の締結時に交付する書面は、一体の書面とすることができる。（R4-4-2）

   解答 × 重要事項説明書と契約書は区別して作成・交付する必要がある。重要事項説明書は、契約締結に先立って交付する書面である。一方、契約締結時の書面は、契約を締結したときに遅滞なく交付する（契約締結後に交付する）もの。交付するタイミングが異なるので、両書面を一体で交付することはできない。

5. 賃貸住宅管理業者Aの業務管理者Bは、賃貸住宅管理業法第13条に規定する説明を行う際、業務管理者であることを証する証明書を提示しなければならない。（予想）

   解答 × 賃貸住宅管理業法第13条に規定する説明とは、契約締結時前の重要事項説明のこと。業務管理者が説明を行わなくてよいし、資格者証や従業員証の提示は不要（「相手方から請求があった場合に、従業者証明書を提示する」ことと混同しないこと）。

6. 管理受託契約を、契約の同一性を保ったまま契約期間のみ延長する内容で更新

する場合には、更新時に管理受託契約の書面の交付は不要である。（R4-4-1）

解答 ○　契約内容の変更がない更新契約であれば、重説書面・契約締結時書面の交付は不要だ。契約期間のみの延長はこれに該当する。

7. 管理受託契約に定める報酬額を契約期間中に変更する場合は、事前説明をせずに変更契約を締結することができる。（R3-1-4）

解答 ×　重説で説明すべき事項（報酬に関する事項もその一つ）が変更になった場合、通常の重説と同様の方法により書面を交付して説明する。報酬額を変更するならば説明が必要だ。

覚えよう

■説明・書面記載事項

重要事項説明と契約締結時書面（契約書）の記載内容は、ほぼ同じだ。いずれも、委託者（賃貸住宅の所有者）が管理業者に仕事を依頼するにあたって知っておきたいと思う事項だ。

●必ず説明・記載されるもの

項目	重説	契約時
①　賃貸住宅管理業者の**商号**（名称又は氏名）、登録年月日、**登録番号**	○	○
②　管理業務の対象となる賃貸住宅	○	○
③　**管理業務の内容**	○	○
④　**管理業務の実施方法**（回数、頻度を明示）	○	○
⑤　**委託者への報告**に関する事項(対面か、郵送かなど)	○	○
⑥　**契約期間**に関する事項	○	○
⑦　**報酬**に関する事項（報酬額、支払時期、方法）	○	○
⑧　**報酬に含まれていない費用**で、管理業者が通常必要とするもの	○	×
⑨　**入居者に対する周知**に関する事項（管理業務内容、実施方法）	○	○

●定めがあれば説明・記載されるもの※1

項目	重説	契約時
⑩ 管理業務の一部**再委託**に関する定め（その内容）	○	△
⑪ 責任および**免責**に関する定め（その内容）	○	△
⑫ 契約の**更新**及び（又は）※2**解除**に関する定め（その内容）	○	△

※1 ⑩～⑫について、重説段階では「定めがあるとき」に限定していない。定めがなくても重説する（規則第31条）。一方、契約時書面では、定めがあるときのみ記載する（法14条1項5号、規則35条2項3号、4号）。

※2 重説は更新及び解除（規則31条1項11号）、契約締結時書面は更新又は解除（法14条1項5号）となっている。試験対策上は、あまり神経質になる必要はない。

補足説明 ∙∙

●③管理業務の内容：管理業務と併せて、入居者からの苦情対応を行う場合は、その内容についても可能な限り具体的に記載・説明する。

●⑤委託者（賃貸人）へ報告する内容やその頻度について記載し、説明する。

●⑧報酬に含まれていない管理業務に関する費用とは、管理業務を実施するのに伴い必要となる水道光熱費や、空室管理費等のことだ。

●⑩一部の再委託：再委託することとなる業務の内容、再委託予定者を事前に明らかにする。契約期間中に再委託先が変更になった場合、改めての重要事項説明は不要だが、書面・電磁的方法により賃貸人に知らせる。

●⑪責任及び免責：賃貸人に賠償責任保険等への加入を求める場合にはその旨や、保険で保障される損害については賃貸住宅管理業者が責任を負わないことなどを記載説明する。

●⑫契約上の義務を履行しない場合、相手方は、相当の期間を定めて履行を**催告**し、その期間内に履行がなければ解除できる旨を説明する。

▮▮▮▮▮▮▮▮▮▮▮▮▮▮▮▮▮▮▮▮ **過去問出題例** ▮▮▮▮▮▮▮▮▮▮▮▮▮▮▮▮▮▮▮▮▮

1. 賃貸住宅管理業者Aは、建物所有者Bと管理受託契約を締結するにあたり、契約の更新について特約を定めなかったため、賃貸住宅管理業法第14条におい

て定められている管理受託契約の締結時の書面に記載しなかった。このこと
は、賃貸住宅管理業法に違反しない。（予想）

解答 ○　契約の更新又は解除に関する定めは、その定めがある場合に契約締
　　　　結時に交付する書面に記載しなければならない。定めがない場合に
　　　　は記載する必要はない。

覚えよう

■賃貸住宅売却時の対応
賃貸住宅の売却等に伴う重要事項説明

従前と同一内容によって管理受託契約が承継される場合 （賃貸人たる地位が新賃貸人に移転している）	（賃貸人たる地位が移転することを認識した後）遅滞なく、新賃貸人に管理受託契約の内容が分かる書類を交付することが望ましい
委託者の地位承継にかかる特約がなく、管理受託契約が承継されない場合 （新賃貸人との管理委託契約は新たな契約と考えられる）	賃貸住宅管理業者は、新賃貸人に重要事項説明及び契約締結時書面の交付を行う

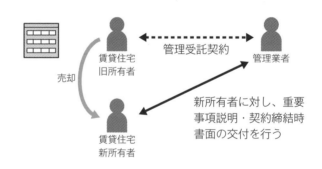

売却　賃貸住宅旧所有者　管理受託契約　管理業者

賃貸住宅新所有者

新所有者に対し、重要事項説明・契約締結時書面の交付を行う

覚えよう

■電磁的方法による書面交付
　相手方の承諾があれば、**重要事項説明書、契約締結時書面**を電磁的方
法により提供することができる。

■IT重説

重説をテレビ会議等のオンラインで実施するための条件

① 図面等の書類及び説明の内容を十分に理解できる程度に**映像を視認**できる。音声を十分に聞き取ることができる。**双方向でやりとり**きる環境にある。

② 重説を受けようとする者が承諾した場合を除き、重要事項説明書及び添付書類を**あらかじめ送付**している。

③ 重説を受けようとする者が、重要事項説明書を確認できる状態にあること並びに映像及び音声の状況について、説明者が**説明を開始する前に確認**している。

■電話による重説

新規の契約ではなく「**変更契約**」であれば、以下すべてを満たせば**電話による重説**も可能だ（変更契約なので、電話による簡便な説明でもよい）。

④ 事前に重説書面等を送付。一定期間後に説明するなど、賃貸人が判断を行うのに十分な時間をとっている。

⑤ 賃貸人から電話による重説の依頼があった。

⑥ 「賃貸人が重説書面等を確認しながら説明を受けられるか」「賃貸人が電話による説明で重説の内容を理解したか」について、賃貸住宅管理業者が確認する。

電磁的方法による書面交付には、相手方（賃貸人）の承諾が必要

● 重説書面、契約締結時書面を電磁的方法により提供する際は、相手方がこれを確実に受け取れる方法でなければならない。用いる方法（電子メール等）やファイルへの記録方法（使用ソフトウェアの形式等）を示した上で、**記録に残る方法で承諾を得る**（書面、電子メールなど）。

● 建物所有者に事前に重要事項説明書等を読んでおくことを推奨するとともに、重要事項説明書等の**送付から一定期間後**に、IT重説を実施することが望ましい。

● ⑤：賃貸人から、電話による重説依頼があった場合でも、賃貸人が、対面またはIT活用による説明を希望すれば、その方法で説明する（やはり電話でなく対面で、と言われたら要望に応じるということ）。

▌▌▌▌▌▌▌▌▌▌▌▌▌▌▌▌▌▌▌▌▌ **過去問出題例** ▌▌▌▌▌▌▌▌▌▌▌▌▌▌▌▌▌▌▌▌▌▌▌

1. 管理受託契約重要事項説明書を電磁的方法で提供する場合、その提供方法や使用するソフトウェアの形式等、いかなる方法で提供するかは賃貸住宅管理業者の裁量に委ねられている。（R4-2-2）

   解答 × 相手方が確実に受け取れる方法でなければダメだ。「いかなる方法で提供するかは賃貸住宅管理業者の裁量に委ねられている」わけではない。

2. 賃貸住宅管理業者は、賃貸人から電磁的方法による提供を受けない旨の申出があったときであっても、その後改めて承諾を得れば、その後は電磁的方法により提供してもよい。（R4-2-4）

   解答 ○ いったん断ったが、「やはり便利なので電磁的方法で」ということもありうる。改めて承諾を得れば、その後は電磁的方法により提供しても問題ない。

覚えよう

■遵守事項

重要事項説明、契約締結時書面の交付以外にも、以下の事項が義務付けられている。

①	財産の分別管理	受領する家賃等は、「自己の固有財産」「他の管理受託契約に基づく家賃等」とは分別して（＝切り分けて）管理しなければならない
②	従業者証明書の携帯・提示	従業者に従業者証明書を携帯させる。従業者は関係者から請求があったときは、提示する
③	帳簿の作成・備付け	委託者ごとに受託した**管理業務の内容・報酬の額等を記載した**帳簿を作成し、営業所・事務所ごとに備え付ける。電磁的記録でもよい
④	標識の掲示	**営業所・事務所ごとに、見やすい場所に標識を掲示する**
⑤	秘密の保持	正当な理由がなく、業務上知り得た秘密を漏らしてはならない

補足説明

● ①：「自己の固有財産」とは賃貸住宅管理業者の財産のこと。この口座と「管理業務で受領する家賃・敷金等を管理する」口座とに分ける（管理受託契約者ごとに口座を分ける必要はない）。後者の「管理業務で受領する家賃・敷金等を管理する」口座については、受領した金銭がどの管理受託契約に基づくものなのか帳簿・会計ソフトで、直ちに判別できる状態で管理する。

● 家賃等を管理する口座に、いったん家賃の全額を預け入れて、その後、管理業者の口座に管理報酬分の金額を移し替えることも認められる。この場合は、速やかに移し替えることが必要だ。もっとも、賃貸人に家賃を確実に引き渡すために、管理業者の固有財産のうちの一定額を家賃管理口座に残しておくことは認められている。

● ②：賃貸住宅管理業者と直接雇用関係にあって、賃貸住宅管理業に携わるものには**正規、非正規を問わず**、従業者証明書を携帯させる。

● **派遣社員**でも、賃貸住宅管理業者が直接、指揮命令するのであれば、従業者証明書を携帯させる。

● （総務・経理など）内部管理事務のみ従事する者は、従業者証明書の携帯の義務

はない。

- ●③：帳簿は、事業年度の末日で閉鎖し、閉鎖後５年間保存する。「管理受託契約における特約その他参考となる事項」として、標準管理受託契約書に定めのない事項など参考となる事項についても、賃貸住宅管理業者の判断により帳簿に記載する。

- ●④：標識には、管理業者の商号・名称（氏名）、事務所等の所在地、登録番号・登録年月日、登録の有効期間が記載される。

- ●⑤：賃貸住宅管理業者だけでなく、**従業者にも秘密保持義務**がある（賃貸住宅管理業を営まなくなった後、従業者でなくなった後も同様）。管理業務の一部の再委託を受ける者等、賃貸住宅管理業者と**直接の雇用関係にない者**も含まれる。

||||||||||||||||||||||||||||||||||||| 過去問出題例 |||||||||||||||||||||||||||||||||||||

1. 賃貸住宅管理業者は、管理受託契約ごとに口座を設け、管理受託契約に基づく管理業務において受領する家賃、敷金、共益費その他の金銭を、自己の固有財産を管理するための口座と分別して管理しなければならない。（予想）

   　解答　× 管理受託契約ごとに口座を分ける必要はない。

2. 賃貸住宅管理業者は、委託者ごとに受託した管理業務の内容・報酬の額等を記載した帳簿を作成し、本店に一括して備え付けなければならない。（R1-6-ウ改）

   　解答　× 帳簿は、**営業所・事務所ごとに備え付ける**。本店に一括して備え付けるのはダメだ。

3. 賃貸住宅管理業者は、管理受託契約を締結した貸主に対し、毎事業年度の終了後３か月以内に、当該管理事務に関する報告をしなければならない。（H30-5-2改）

   　解答　× 賃貸住宅管理業者は、（１年を超えない期間ごとに）管理業務報告書を作成し、委託者（賃貸人）に交付して説明しなければならない。しかし、「毎事業年度の終了後３か月以内」という規定はない。

4. 秘密を守る義務は、管理受託契約が終了した後は賃貸住宅管理業を廃業するまで存続する。（R4-8-ア）

   　解答　× 廃業後も守秘義務がある。「廃業するまで存続」というのは誤りだ。

覚えよう

■委託者への定期報告

（１年を超えない期間ごとに）管理業務報告書を作成し、委託者（賃貸人）に交付して説明する（電磁的方法も可）。

管理受託契約の期間が満了した場合も遅滞なく報告する。

補足説明

● 管理業務報告書には以下の事項を記載する。

> 一　報告の対象となる期間
> 二　管理業務の実施状況
> 三　管理業務の対象となる賃貸住宅の入居者からの**苦情の発生**状況及び対応状況

● （契約期間満了時にも報告が必要だが）契約締結日から１年を超えない期間ごとに報告が行われているならば、管理受託契約の更新時における「契約期間満了に伴う報告」は不要。

● 法施行前に締結された管理受託契約については、定期報告する必要はない。しかし、法施行後に管理受託契約が更新された場合には報告すべきとされている。

● 管理業務報告書に係る説明方法に制約はない（対面や電話だけでなく、メールやアプリなど電磁的方法による説明も可能）。ただし「賃貸人と説明方法について協議の上、双方向でやりとりできる環境を整え、賃貸人が管理業務報告書の内容を理解したことを確認すること」が必要となる。

● 電磁的方法で報告する場合には委託者の承諾が必要（承諾後、電磁的方法による提供を拒否する申し出があったときは、それ以降は電磁的方法による提供はできない）。

(4) 監督

賃貸住宅管理業の適正な運営を確保するために、国土交通大臣が、業務方法の変更や改善措置を命ずることができる。悪質なものについては登録取消も可能だ。

■ルール違反者に対する命令

① 国土交通大臣は、賃貸住宅管理業者に対し、(ⅰ)**業務改善命令**、(ⅱ)**業務停止命令**、(ⅲ)**登録取消**を命ずることができる。

② (ⅰ)業務改善命令と(ⅱ)業務停止命令は、**処分をしようとする日から過去5年以内に行われた違反行為**が処分の対象となる。

③ (ⅱ)業務停止、(ⅲ)登録取消を命ずることができるのは以下に該当した場合だ。

事由	(ⅱ)業務停止	(ⅲ)登録取消
欠格事由（登録拒否事由）に該当した	○	○
不正の手段により登録を受けた	○	○
賃貸住宅管理業に関し法令※、業務改善命令、業務停止命令に違反した	○	○
登録を受けてから1年以内に業務を開始しない	×	○
引き続き1年以上業務を行っていない	×	○

※法令は賃貸住宅管理業法に限らない。

④ (ⅱ)業務停止、(ⅲ)登録取消を命じたときは、官報により公告する。また、遅滞なく、その理由を明示して賃貸住宅管理業者に**通知**する。

⑤ 国土交通大臣は、賃貸住宅管理業者に対し、**報告**を求めることができる。また営業所等に**立入検査**ができる。

⑥ 登録が効力を失っても、締結した管理受託契約に基づく業務を結了する目的の範囲内においては、なお賃貸管理業者とみなされる（**みなし業者**）。

●業務停止期間は最長1年。業務停止を命ずることができる業務の範囲は、**新たな契約の締結に関するものに限定される**。適法に締結されている管理受託契約の履

行を禁ずることはできない。相手方（建物所有者）に不利益となるからだ。

●表にある事項は、業務停止も登録取消もできる。ただし、「１年以内に業務を開始しない」「引き続き１年以上業務を行っていない」場合に業務停止を命じても意味がない（業務をしていないのだから）。そのため、この２つは登録取消命令のみとなる。

●「登録の有効期間の経過」「廃業」により登録が失効した場合や、国土交通大臣によって登録が取り消された場合には、賃貸住宅管理業者の登録は抹消される。

●⑤：令和５年１月〜２月、賃貸住宅管理業者等に対する全国一斉の立入検査が実施された。**指導の対象が最も多かったのが「管理受託契約締結時の書面交付」**であり、次いで「書類の備え置き及び閲覧」、「管理受託契約締結前の重要事項説明」となっている。

●⑥：登録の取消や廃業があれば、もはや賃貸住宅管理業者ではなくなる。しかし、いきなり仕事をやめられては、管理受託契約を結んだ委託者（賃貸住宅の所有者）が迷惑する。そこで、**「業務を結了する」範囲内**であれば、（管理業者でなくなった後も）管理業者としての業務ができるとされている。

●相続や合併により登録の効力を失った場合には、一般承継人（相続人や吸収した会社）が賃貸住宅管理業者とみなされる。これも業務を結了する範囲内だ。

|||||||||||||||||||||||||||||| **過去問出題例** ||||||||||||||||||||||||||||||

1. 国土交通大臣は、賃貸住宅管理業者に対し、業務改善、業務停止、登録取消を命じたときは、国土交通省令で定めるところにより、その旨を公告しなければならない。（予想）

   解答　×　業務改善命令の場合には公告は不要だ。

2. 令和５年に実施された「賃貸住宅管理業者等に対する全国一斉の立入検査」において、指導の対象が最も多かったのは、「管理受託契約締結前の重要事項説明」である。（予想）

   解答　×　指導の対象が最も多かったのは「管理受託契約締結時の書面交付」だ。

3. 賃貸住宅管理業者である法人Ａが、賃貸住宅管理業者でない法人Ｂに吸収合併されたことにより消滅した場合、一般承継人であるＢは、Ａが締結した管理受

託契約に基づく業務を結了する目的の範囲内においては、賃貸住宅管理業者とみなされる。(予想)

> **解答** ○ Bはみなし業者だ。本来Bは賃貸住宅管理業者ではないが、Aの後始末をするためには、賃貸住宅管理業者とみなされる。

4. 賃貸住宅管理業者が業務に関し不当な行為をしたときは、国土交通大臣は、その登録を取り消すことができる。(R2-8-1改)

> **解答** × 「業務に関し不当な行為をした」というだけでは登録を取り消すことはできない。取消しができるのは、①欠格事由(登録拒否事由)に該当した、②不正の手段により登録を受けた、③賃貸住宅管理業に関して法令、業務改善命令、業務停止命令に違反した、④登録を受けてから1年以内に業務を開始しない、⑤引き続き1年以上業務を行っていない、の5つだ。

2│特定賃貸借契約の適正化のための措置等(サブリース方式)

ここからは2つの賃貸住宅経営方式のうち、**サブリース方式**に関する話だ(話が大きく変わる。頭を切り替えよう!)。

サブリース方式では、管理受託方式とは異なり、業者の登録制度はとられていない。**誇大広告や不当な勧誘を禁止**することで、素人である建物所有者を守っていく。また、建物所有者に借地借家法の規定やサブリース契約の内容を理解してもらうため、(サブリース契約に関する)**重要事項説明書**や**契約締結時書面**を交付する。

くどいようだが、登録制ではない。**1戸でもサブリース契約する業者は、これから説明するルールを守らなくてはならない**のだ。

(1) 特定賃貸借契約とは

まずは、用語の意味の確認だ。

覚えよう

■特定賃貸借契約・特定転貸事業者

① 特定賃貸借契約

第三者に転貸する事業（サブリース事業）を営むことを目的として締結される住宅の賃貸借契約のこと。転貸借契約（サブリース契約）に対するマスターリース契約のことだ。ただし、**賃貸人と賃借人が「密接な関係にある」場合には、除かれる。**

② 特定転貸事業者（サブリース業者）

特定賃貸借契約に基づき賃借した賃貸住宅を**第三者に転貸する事業を営む者**のこと。いわゆるサブリース業者だ。賃貸戸数や事業規模にかかわらず、賃貸住宅管理業法の規制をうける。

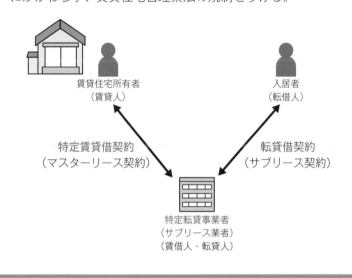

賃貸住宅所有者
（賃貸人）

入居者
（転借人）

特定賃貸借契約
（マスターリース契約）

転貸借契約
（サブリース契約）

特定転貸事業者
（サブリース業者）
（賃借人・転貸人）

補足説明

● 特定賃貸借契約（マスターリース契約）は「事業を営む」ことを目的としている。「事業を営む」とは、**営利の意思をもって反復継続的に転貸する**こと。個人が賃借した賃貸住宅を一時的に第三者に転貸するような場合は、特定賃貸借契約には該当しない。また、オフィスや倉庫など賃貸住宅以外のものを転貸目的で賃貸借契約を結んでも特定賃貸借契約にはならない。

●賃貸人と賃借人が「密接な関係にある」とは、以下のような場合をいう。

| 個人が賃貸人 | 賃借人が、「賃貸人の**親族**」「賃貸人やその**親族が役員**である法人」の場合＝親戚どうしの賃貸借や、自分が経営している会社に貸す場合 |
| 法人が賃貸人 | 賃貸人である法人の「**親会社**」「**子会社**」「**関連会社**」である場合＝グループ企業間での賃貸借の場合 |

これらの場合には、賃貸人を保護する必要がない。従って、特定賃貸借契約からは除かれる（特定賃貸借契約として、賃貸人を法律で保護する必要がない）。

●サブリース方式では、業者の登録制はとられていないが、**サブリース業者が賃貸住宅の維持管理も行うのであれば賃貸住宅管理業になる**。つまり200戸以上のサブリース事業を行うのであれば、賃貸住宅管理業の登録が必要となる。

|||||||||||||||||||||||||||||||| **過去問出題例** ||||||||||||||||||||||||||||||||

1. 管理業法は、賃貸住宅管理業を営む者についての登録制度を設け、また、サブリース事業を規制する法律であり、特定転貸事業者には賃貸住宅管理業の登録を受ける義務が課せられることはない。(R4-29-3)

   解答 × サブリース事業では、業者の登録制はとられていないが、サブリース業者が賃貸住宅の維持管理も行うのであれば賃貸住宅管理業に該当する。200戸以上の場合には、賃貸住宅管理業の登録が必要となる。

(2) 勧誘者に対する規制

特定転貸事業者（サブリース業者）以外の者、例えば建設業者、不動産業者、金融機関などが特定賃貸借契約（マスターリース契約）を勧めることがある。例えば賃貸アパート経営をすることになれば、土地を購入し（不動産業者が儲かる）、アパートを建て（建設業者が儲かる）、そのために融資を受ける（金融機関が儲かる）、といったことにつながるからだ。

法律で、特定転貸事業者（サブリース業者）だけを規制していても、これら「勧誘者」が不当な勧誘行為を行っては、トラブルは防げない。そのため、**勧誘者も規制の対象**とした。

覚えよう

■勧誘者

① 特定転貸事業者（サブリース業者）だけでなく、サブリース契約の**勧誘者**も規制の対象となる。

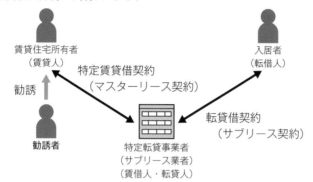

賃貸住宅所有者
（賃貸人）

入居者
（転借人）

特定賃貸借契約
（マスターリース契約）

勧誘

勧誘者

転貸借契約
（サブリース契約）

特定転貸事業者
（サブリース業者）
（賃借人・転貸人）

② 勧誘者
（1）特定転貸事業者（サブリース業者）と特定の関係性を有し、（2）特定賃貸借契約（マスターリース契約）の締結に向けた勧誘を行う者

③ 勧誘
特定賃貸借契約の相手方となろうとする者の特定賃貸借契約を締結する意思の形成に影響を与える程度に契約締結を勧めること。広告も勧誘になりうる。

④ 勧誘者が違反行為をした場合、勧誘を行わせたサブリース業者も処分の対象となる。

補足説明

● ②：特定転貸事業者との間に「資本関係」がなくても勧誘者になりうる。「依頼の形式」も問わない。勧誘者の例として以下のものがある。

- マスターリース契約の勧誘を行うことについて**委託**を受けている者
- **親会社、子会社、関連会社**のサブリース業者のマスターリース契約について勧誘を行う者
- 特定の**サブリース業者が作成した資料**を用いて契約の勧誘を行う者
- 勧誘の謝礼として**紹介料**等の利益を得ている者

> • 特定のサブリース業者が、自社名の入った**名刺の利用**を認めている者

- 勧誘者が第三者に再委託した場合、再委託先も勧誘者になる。

- ③：契約を直接勧める場合だけでなく、契約のメリットを強調するなど相手方の意思形成に影響を与えている場合も勧誘にあたる。

|||||||||||||||||||||||||||||| 過去問出題例 ||||||||||||||||||||||||||||||

1. 管理業法において、サブリース事業に対しては、行政による指示、業務停止等の監督処分がされ、また、罰則が科されることによって、事業の適正化の実効性が確保されるものとされているが、サブリース事業の適正化を図るための規定の適用対象は特定転貸事業者に限定されない。（R4-29-4）

   解答 ○ 勧誘者も規制の対象だ。特定転貸事業者に限定されているわけではない。

2. 勧誘者が勧誘行為を第三者に再委託した場合、再委託を受けた第三者も勧誘者に該当する。（R3-40-イ）

   解答 ○ 再委託を受ける、ということは勧誘行為をする、ということだ。勧誘者にあたる。再委託すれば勧誘者にあたらないなら、再委託により法律の規制を逃れることができてしまう。

(3) 業務上の規制

　サブリースに関連するトラブルを防止するために、誇大広告等の禁止、不当な勧誘等の禁止、マスターリース契約締結前の重要事項説明、契約締結時の書面交付、書類の備え置き・閲覧、大臣への申出制度、が定められている。順番に見ていこう。

覚えよう

■誇大広告等の禁止
① 誇大広告等とは、「著しく事実に相違する表示（虚偽広告）」および「実際のものよりも著しく優良・有利と誤認させるような表示（誇大広告）」をいう。

② 誇大広告等をしてはならない事項として以下のものがある。

> （1） 特定転貸事業者が賃貸人に支払うべき**家賃の額**、支払期日
> 及び支払方法等の**賃貸の条件**並びにその**変更に関する事項**
> 　例①…「家賃保証」「空室保証」など、空室の状況にかかわら
> 　　　ず一定期間、一定の家賃を支払うことを約束する旨等
> 　　　の表示を行う。
> 　→「家賃保証」等の文言に隣接する箇所に、「定期的な家賃
> 　の見直しがある場合にはその旨」「借地借家法第32条の規定
> 　により減額されることがあること」の表示が必要。
> 　例②…確実に利益を得られるかのように誤解させて、投資意
> 　　　欲を不当に刺激するような表示をしてはならない（実
> 　　　際には利回りを保証していないのに「利回り○%」と
> 　　　のみ記載するなどはダメ）。
> （2） 賃貸住宅の**維持保全の実施方法**
> （3） 賃貸住宅の維持保全に要する**費用の分担**に関する事項
> （4） 特定賃貸借**契約の解除**に関する事項
> 　例③…「○年間借り上げ保証」などの表示を行う場合は、当
> 　　　該期間中であっても、業者から解約をする可能性があ
> 　　　ることを表示する。
> 　例④…建物所有者（賃貸人）から自由に解約、契約の更新を
> 　　　拒絶できると誤解させるような表示をしない（建物所
> 　　　有者（賃貸人）からの解約、更新拒絶には正当事由が
> 　　　必要）。

③ 打消し表示
　ある事項を表示しないことにより結果として誤認させることも禁止
されている。長所のみを強調し、短所（打消し表示）を目立ちにく
い表示にすることも不当な表示となる。

補足説明

● 誇大広告等が禁止される広告の媒体は、新聞の折込チラシ、配布用のチラシ、新聞、雑誌、テレビ、ラジオまたはインターネット等、種類を問わない。

- 広告内容と事実との相違を知っていれば、契約しないだろうと判断されるような相違があれば、それは「事実の相違が著しい」ものであり虚偽広告に該当する。事実と表示との相違の度合いの大きさのみで判断するのではない。

- ②（1）：借地借家法第32条では、（経済情勢の変動により周辺相場と比べ家賃が高額となった場合には）借主からの家賃減額請求を認めている。家賃を減額しない特約を結んでも無効なのだ。借主（サブリース業者）からの家賃減額請求が認められる。「家賃保証」等の表示をする場合には、このことも併せて表示する。

- ②（4）：「〇年間借り上げ保証」など、表示された期間に解約しないことを約束する旨の表示を行う場合は、「当該期間中であっても、業者から解約をする可能性があること」や、「オーナーからの中途解約には、借地借家法第28条に基づき、正当事由が必要なこと」を表示する。表示がなければ誇大広告に該当する。

- ③：賃貸住宅経営の体験談（儲かった話）が広告に掲載されているが、損している事例も一定数存在する場合には、誇大広告等となるおそれがある。「個人の感想です。経営実績を保証するものではありません」といった打消し表示が明瞭に記載されていたとしても、誇大広告等になりうる。

覚えよう

■不当な勧誘等の禁止

　「不当な契約の勧誘」や「解除を妨げる行為」は、禁止されている。具体的には以下のような行為だ。

① （契約の相手方の判断に影響を及ぼす重要な事項について）故意に「事実を告げない行為（事実不告知）」や「不実のことを告げる行為（不実告知）」

② 契約の相手方の保護に欠ける行為
- ●威迫する行為
- ●迷惑をおぼえさせる時間における勧誘行為
- ●困惑させる行為
- ●執ように勧誘する行為（再勧誘）

建築請負や不動産売買契約等を伴う特定賃貸借契約の勧誘では、**賃貸住宅の建設や土地の購入の勧誘を行う時点においてリスクを含めた事実を告知する**（建物請負契約を結んだ後で、アパート経営のリスクを知るのでは遅い）。

補足説明 ･･

●事実不告知・不実告知があれば違反行為となる。実際に契約を締結したか否か、契約解除が妨げられたか否かは問わない（実害がなくても、違反となる）。

●「契約の相手方の判断に影響を及ぼす重要な事項」とは、賃貸条件（家賃等）、賃貸住宅の維持保全方法、契約の更新・解除に関する事項だ。

●事実不告知も不実告知も**故意**（事実を知っているのにあえて行う）でなければ禁止の対象とはならない。ただし、特定転貸事業者であれば当然に知っている事項を告げないのは、故意があると推認される。

●故意に事実を告げない行為（事実不告知）の例

> 例①：将来の家賃減額リスク、サブリース業者から契約解除が可能であること、賃貸人からの解約には正当事由が必要であること、**賃貸人の費用負担**（維持保全、原状回復、大規模修繕等）**を伝えず**、サブリース事業のメリットのみ伝えるような勧誘行為
>
> 例②：サブリース業者側に有利な条項（家賃見直しの協議で合意できなければ契約が終了する条項や、一定期間ごとの修繕に応じない場合には契約を更新しない条項など）があり、これに応じない場合には**一方的に契約が解除となる**ことを**勧誘時に告げない**勧誘行為
>
> 例③：サブリース契約における新築当初の数か月間の借上げ賃料の支払い**免責期間があること**について、**説明しない**勧誘行為

●「特段の理由がなく、午後9時から午前8時までの時間帯に電話勧誘・訪問勧誘を行うこと」や「オーナー等が契約を締結しない旨の意思表示をしたのに、意思

表示後に再勧誘行為を行う」といった行為は不当勧誘にあたる。

||||||||||||||||||||||||||||||||| 過去問出題例 |||||||||||||||||||||||||||||||||

1. 特定転貸事業者（サブリース業者）から賃貸住宅を借り上げ、当該賃貸住宅を第三者に再転貸する場合、当該特定転貸事業者と再転貸を行う者との間の賃貸借契約についても特定賃貸借契約に該当する。（予想）

   解答 ○ 賃貸住宅の原賃貸人との間で特定賃貸借契約（マスターリース契約）を締結した特定転貸事業者（サブリース業者）から当該賃貸住宅を借り上げ、第三者への**再転貸**を行う場合、当該特定転貸事業者と当該再転貸を行う事業者との間の賃貸借契約についても、特定賃貸借契約（マスターリース契約）に該当する。

2. 特定転貸事業者であれば当然に知っていると思われる事項を告げなかったとしても、行為者に故意がなければ、事実不告知にはあたらず、指示処分や業務停止命令の対象にはならない。（予想）

   解答 × 特定転貸事業者であれば当然に知っていると思われる事項を告げないような場合には、故意の存在が推認される。

3. 特定賃貸借契約を締結することを目的に、相手の判断に影響を及ぼすこととなる重要なものについて事実の不告知・不実告知をしたとしても、実際に契約締結に至らなければ、不当な勧誘行為に該当することはない。（予想）

   解答 × 実際に契約を締結したか否かを問わず、事実の不告知・不実告知があれば、不当な勧誘行為に該当する。

4. 管理戸数が200戸未満のため、国土交通大臣の登録を受けずに賃貸住宅管理業を行っている者は、賃貸住宅管理業法の処分の対象とはならないため、当該事業者が特定転貸事業者（サブリース業者）として不当勧誘等の禁止を行ったとしても賃貸住宅管理業法の処分の対象とはならない。（予想）

   解答 × 管理戸数が、200戸未満の事業者については賃貸住宅管理業法の受託管理に係る義務の適用及び行政処分等の対象にはならない。しかし、その事業者が特定転貸事業者（サブリース業者）である場合は、誇大広告等、不当勧誘等の禁止等や特定賃貸借契約（マスターリース契約）締結の際の重要事項説明、書面交付等行為規制が課される。違反行為があれば監督処分や罰則の対象となる。

覚えよう

■契約締結前の重要事項説明

① 特定転貸事業者は、特定賃貸借契約を締結しようとするときは、賃貸人となろうとする者に対し、契約締結までに、特定賃貸借契約の内容及びその履行に関する事項であって、国土交通省令で定めるもの（重要事項）について、書面を交付して説明しなければならない。

説明義務者	特定転貸事業者（サブリース業者）
説明の時期	契約締結前に
説明の方法	書面（重要事項説明書）を交付して行う

② 更新…従前と異なる契約内容で更新する場合には、改めて重要事項説明が必要となる。

③ **説明が不要**となる場合…契約の相手方が、**専門的知識・経験を有する**者である場合には、重要事項説明義務は課されない（書面の交付も不要）。

専門的知識・経験を有する者	賃貸住宅管理業者、特定転貸事業者、宅建業者、特定目的会社、組合、賃貸住宅に係る信託の受託者、都市再生機構、地方住宅供給公社

■契約締結時書面の交付

④ 特定転貸事業者（サブリース業者）は、特定賃貸借契約（マスターリース契約）を締結したときは、契約の相手方に対し、遅滞なく、定められた事項が記載された書面（締結時書面）を交付しなければならない。

補足説明 ....

● 誰が重要事項説明をするのか、法律上の定めはない（業務管理者でなくともよい）。賃貸不動産経営管理士など専門知識・経験を有する者が行うのが望ましい。

● 契約締結前であれば、いつ重説しても法律上の問題はない。ただし、契約者が熟慮するため、契約締結までに1週間程度の十分な期間をおくことが望ましいとさ

れる。

●特定賃貸借契約とともに、賃貸住宅の維持保全を受託する場合、特定賃貸借契約書（契約締結時書面）に、管理受託契約書（契約締結時書面）の内容をすべて記載することで、特定賃貸借契約書と管理受託契約書を兼ねることができる（重説と契約書を兼ねるのはダメだが、重説どうし、契約時書面どうしは兼ねられる、ということ）。

▐▌▐▌▐▌▐▌▐▌▐▌▐▌▐▌▐▌▐▌▐▌▐▌▐▌▐▌▐▌ **過去問出題例** ▐▌▐▌▐▌▐▌▐▌▐▌▐▌▐▌▐▌▐▌▐▌▐▌▐▌▐▌▐▌

1. 特定賃貸借契約重要事項説明は３年以上の実務経験を有する者によって行わなければならないが、これを満たす従業員がいない場合には、このような実務経験を有する第三者に委託して行わせることができる。（R4-39-1）

   解答 × 　重要事項説明は、特定転貸事業者の従業員が行う必要がある。第三者に委託することはできない。また、重要事項説明は、賃貸不動産経営管理士など専門的な知識および経験を有する者が行うことが望ましいとされるが、「３年以上の実務経験を有する者によって行わなければならない」とする規定はない。

2. 特定賃貸借契約重要事項説明から特定賃貸借契約の締結までに、１週間以上の期間をおかなければならない。（R4-39-2）

   解答 × 　重要事項の説明から契約締結までに１週間程度の十分な期間をおくことが「望ましい」とされている。「１週間以上の期間をおかなければならない」という法律上の義務があるわけではない（場合によっては短くすることも可能）。

3. 特定賃貸借契約を締結した場合でも、契約戸数が200戸未満の場合には、賃貸住宅管理業法の適用外となるため、特定賃貸借契約の重要事項説明を省略することができる。（予想）

   解答 × 　サブリース業者は契約戸数が１戸であっても、不当勧誘が禁止されるし、特定賃貸借契約の重要事項説明等を行わなければならない。賃貸住宅管理業者としての登録が義務付けられるのが管理戸数200戸以上であることと混同しないこと。

4. 特定賃貸借契約書をもって特定賃貸借契約締結時書面とすることはできるが、特定賃貸借契約書と、特定転貸事業者が賃貸住宅の維持保全について賃貸人か

ら受託する管理受託契約書を兼ねることはできない。（R4-38-1）

解答 × 特定賃貸借契約とともに、賃貸住宅の維持保全を受託する場合、特定賃貸借契約書（契約締結時書面）に、管理受託契約書（契約締結時書面）の内容をすべて記載することで、特定賃貸借契約書と管理受託契約書を兼ねることができる。

覚えよう

■記載事項

重要事項説明の記載事項と契約締結時交付書面の内容は共通するので併せて説明する。

●必ず説明・記載されるもの

	項目	重説	契約時
①	特定転貸事業者の商号（名称又は氏名）、住所	○	○
②	対象となる賃貸住宅（所在地、物件の名称、構造、面積、設備等）	○	○
③	家賃、敷金、**賃貸の条件**（支払期日、支払方法等）並びにその変更に関する事項	○	○
④	賃貸住宅の**維持保全の実施方法**	○	○
⑤	賃貸住宅の**維持保全に要する費用の分担**に関する事項	○	○
⑥	**維持保全の実施状況の報告**に関する事項（賃貸人へ報告する内容や頻度）	○	○
⑦	**契約期間**に関する事項（契約の始期、終期、期間等）	○	○
⑧	転借人の資格その他の転貸の条件に関する事項	○	○
⑨	賃貸住宅の維持保全の実施方法（④）についての、転借人への周知に関する事項	○	○
⑩	特定賃貸借契約が終了した場合における特定転貸事業者の権利義務の承継に関する事項	○	○
⑪	借地借家法その他特定賃貸借契約に係る法令に関する事項の概要	○	×

● 契約時書面については、定めがあれば記載されるもの
（重説では定めがなくても、「定めなし」と記載する）

項目	重説	契約時
⑫ 損害賠償額の予定又は違約金に関する事項	○	△
⑬ 責任及び免責に関する事項	○	△
⑭ 特定賃貸借契約の更新及び解除に関する事項※	○	△

※⑭：重説は「更新及び解除」（規則46条１項12号）、契約時書面は「更新又は解除」（管理業法31条１項６号）となっている。試験レベルではあまり悩む必要はない。

補足説明

● ③：家賃の設定根拠（近傍同種の家賃相場を示すなど）、家賃改定のタイミング、改定日以外でも減額請求が可能であることの説明も必要（特定賃貸借契約の期間は、家賃が保証される期間ではない）。家賃支払の免責期間を設定する場合にはその旨も説明する。

● 引渡日が未定である場合その旨を説明し、引渡しが決定した時点でその旨説明し、後日契約締結時書面の**再交付**を行わなければならない。

● ④：サブリース業者が行う維持保全の内容について、回数や頻度を明示して具体的に記載・説明する。入居者からの苦情対応も行う場合は、その内容も記載・説明する。

● 特定転貸事業者がマンションの専有部分のみを管理し、共用部分の管理は管理組合が行う場合には、**共用部分は管理組合の管理になるため賃貸人の負担となる旨記載し説明**する。

● ⑤：維持保全の具体的な内容や設備ごとに、賃貸人とサブリース業者の費用負担について記載・説明する。賃貸人負担となる**経年劣化や通常損耗の修繕費用**などを含めて、どのような費用が賃貸人負担になるかについて具体的に記載し、説明する。**修繕の業者が指定**されている場合には、その旨を説明する。

● ⑦：契約の類型（普通借家契約、定期借家契約）や**契約期間は家賃が固定される期間ではないこと**等を説明する。

● ⑧：反社会的勢力への転貸の禁止や、転貸の条件（学生限定等）を定める場合は

説明する。

● ⑨：サブリース業者が行う維持保全の具体的な内容、実施回数・頻度を転借人（入居者）にどう説明・周知するのか（対面での説明、書類の郵送、メール送付等）説明する。入居者からの苦情対応も行う場合はその内容も説明。

● ⑩：サブリース契約が終了した場合、賃貸人がサブリース業者の転貸人の地位を承継すること（要は、建物所有者と入居者の直接の賃貸借契約となるということ）とする定めを設けられていれば、記載し説明する。特に「転貸人の地位を承継した場合に、正当な事由なく入居者の契約更新を拒むことはできないこと」「サブリース業者の敷金返還債務を承継すること」について賃貸人が認識できるようにする。

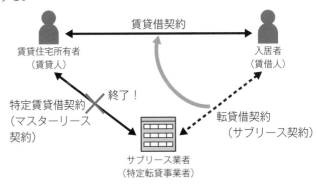

● ⑪：借賃増減請求権、更新拒絶等の要件、定期建物賃貸借について説明する。

借賃増減請求権について	● サブリース業者による賃料減額請求は、空室の増加やサブリース業者の経営状況の悪化等の理由だけではできないこと（①租税負担の減少、②住宅の価格下落、③近傍同種の賃料より高い、といった理由が必要） ● 「○年間は家賃減額ができない」「オーナーとサブリース業者が合意の上家賃を改定する」等の契約であっても、借地借家法に基づき、サブリース業者が家賃減額請求できること（「減額されない」と建物所有者が誤認しないようにする） ● 減額請求を必ず受け入れなければならないわけではないこと（家賃は協議により決定される。合意しないならば、訴訟で解決）

更新拒絶等の要件	● 賃貸人が更新拒絶するには正当事由が必要なこと ● 正当事由は、①当事者が建物の使用を必要とする事情、②建物の賃貸借に関する従前の経過、③建物の利用状況及び財産上の給付（立ち退き料）等を考慮して、判断されること（賃貸人が、自分が更新に同意しなければ、契約は更新されないと誤認しないようにすること）
定期建物賃貸借 （定期借家契約）	（マスターリース契約が定期借家契約の場合） ● 借地借家法第32条の適用がないこと（サブリース業者が家賃減額請求できないという特約は有効であること） ● 契約期間の満了により、契約が終了すること（更新がないこと） ● 賃貸人からの中途解約は、原則としてできないこと

● ⑫：債務不履行や契約解除について違約金を定める場合は、その内容についても説明する。

● ⑬：「天災等による損害等、サブリース業者が責任を負わない」「賃貸人が賠償責任保険等へ加入し、その保険が対応する損害についてはサブリース業者が責任を負わない」といった場合にも説明する。

● ⑭：契約の更新の方法（両者の協議の上、更新することができる等）、契約の解除の場合の定めを設ける場合はその内容、違約金について記載し、説明する。債務不履行があった場合には、相当の期間を定めて催告の上、その期間に履行がないときは契約の解除ができる旨を記載し、説明。契約の更新拒絶等に関する借地借家法の規定の概要（**賃貸人からの更新拒絶には正当事由が必要**なことなど）について記載し、説明する。

▓▓▓▓▓▓▓▓▓▓▓▓▓▓▓▓▓▓▓▓▓▓ **過去問出題例** ▓▓▓▓▓▓▓▓▓▓▓▓▓▓▓▓▓▓▓▓▓▓

1. 賃貸人が賠償責任保険に加入しない場合は、その旨を特定賃貸借契約重要事項説明書に記載して説明しなければならない。(R5-37-2)

　　解答 × 「責任及び免責に関する事項」（記載事項の表の⑬）は任意的記載事項（定めがあれば記載する）。賃貸人が賠償責任保険への加入を義務付けられる（保険が対応する範囲は、サブリース業者は責任を負わない）ような場合は記載が必要だが、保険に加入しない場合には、記載や説明は不要。

2. 特定賃貸借契約の期間は家賃が固定される期間ではない旨については、特定賃

貸借契約重要事項説明書に記載して説明しなければならない。(R5-37-4)

> **解答** ○ 特定賃貸借契約期間中でも賃料改定がありうること(改定日以外でも減額請求が可能であること)を説明する。「家賃、敷金、賃貸の条件」(記載事項の表の③)の内容だ。

3. 特定賃貸借契約が終了した場合に賃貸人が特定転貸事業者の転貸人の地位を承継することとする定めを設ける場合は、その旨に加えて、賃貸人が転貸人の地位を承継した場合に正当な事由なく入居者の契約更新を拒むことはできないことを説明しなければならない。(R4-40-3)

> **解答** ○ 「特定賃貸借契約が終了した場合における特定転貸事業者の権利義務の承継に関する事項」も重説事項だ。賃貸人が転貸人の地位を承継した場合に、正当な事由なく入居者の契約更新を拒むことはできないこと、特定転貸事業者の敷金返還債務を承継すること等についても、説明が必要だ。

覚えよう

■変更契約
① 契約内容を変更する場合も重要事項説明や契約締結時書面の交付が必要となる(**変更のあった事項についてのみ**、賃貸人に対して説明や書面の交付をすればよい)。
② 契約の同一性を保ったままで契約期間のみを延長する場合や、組織運営に変更のない商号又は名称等の変更等、**形式的な変更**と認められる場合であれば、重要事項説明・契約締結時書面の交付は不要

■賃貸住宅が売却された場合
③ 契約期間中に賃貸住宅から売却され、賃貸人たる地位が新たな賃貸人に移転し、従前と同一内容によって当該特定賃貸借契約が承継される場合、特定転貸事業者は、賃貸人たる地位が移転することを認識した後、遅滞なく、新たな賃貸人に**当該特定賃貸借契約の内容が分かる書類を交付する**ことが望ましい。

···

●①：法施行前に締結された特定賃貸借契約で、法施行後に契約内容が変更された場合は、**すべての説明事項**について、重要事項説明・契約締結時書面の交付が必要となる（法施行後にすべての事項について重説済・契約締結時書面交付済の場合を除く）。

▐▐▐▐▐▐▐▐▐▐▐▐▐▐▐▐▐▐▐▐ **過去問出題例** ▐▐▐▐▐▐▐▐▐▐▐▐▐▐▐▐▐▐▐▐▐

1. 賃貸住宅管理業法施行前に締結されたマスターリース契約の契約期間が、同法施行後に満了し、契約を更新する場合、契約の内容に従前と変更がない場合であっても、特定賃貸借契約重要事項説明が必要である。（R5-36-3）

   解答 × 従前と変わらない契約内容で更新されるのであれば、重要事項説明は不要。

2. 特定賃貸借契約締結時書面は、相手方と契約を締結したときのみならず、相手方との契約を更新したときにも、その都度作成しなければならない。（R4-38-3）

   解答 × 更新した際に「契約内容に変更があった場合」には、変更があった事項について、書面交付しなければならない。しかし、契約内容の同一性を保ったままで契約期間を延長する、商号・名称を変更するなど、形式的な変更と認められる場合は、契約締結時書面の交付は不要だ。

3. 特定賃貸借契約期間中に、特定賃貸借契約重要事項説明を行うべき事項に変更があった場合は、契約更新時にその旨の説明を行わなければならない。（R4-39-4）

   解答 × 特定賃貸借契約の重要事項説明事項が、契約期間中に変更になった場合の話だ。この場合、変更のあった事項について、賃貸人に対して書面を交付した上で重要事項説明をする必要がある。「契約更新時」に説明するのでは遅い。変更するタイミングで説明が必要だ。

4. 特定転貸事業者が特定賃貸借契約を更新する際、賃貸人に支払う家賃を減額するのみでその他の条件に変更がなければ、特定賃貸借契約締結時書面の交付は不要である。（R3-36-2）

   解答 × 従前と異なる契約内容で更新する場合には、契約締結時書面を交付

しなければならない。賃貸人に支払う家賃を減額（賃貸人にとっては大きな問題だ）するのであれば、契約締結時書面を交付しなければならない。

5. 特定賃貸借契約を締結する建物所有者が当該建物を売却し、従前の建物所有者の賃貸人たる地位が同一内容によって新たな賃貸人に移転する場合、新たな賃貸人に特定賃貸借契約の内容が分かる書類を交付することが望ましい。（R5-36-4）

> 解答　○　新たな賃貸人に移転する場合、新たな賃貸人に特定賃貸借契約の内容が分かる書類を交付することが望ましい。

覚えよう

■IT重説

① 特定転貸事業者は、相手方の**承諾**を得て、重要事項説明書を（書面の交付に代えて）**電磁的方法により提供**することができる。

② テレビ会議等のITを活用した重要事項説明もできる。要件は、管理受託契約のIT重説と同じだ。

③ 重要事項説明は、原則として、対面又はITの活用による説明が望ましいが、特定賃貸借契約**変更契約**の重要事項説明については、一定の条件を満たせば、電話による説明も可能だ（条件は、管理受託契約変更契約の場合と同じ）。

■入居者（転借人）への対応

重要事項説明の⑨にあるように、入居者に対して、維持保全の内容、トラブル発生時の連絡先について説明する。また、⑩にあるように、特定賃貸借契約（**マスターリース契約**）が終了した場合は、**賃貸住宅所有者**がサブリース業者の**転貸人の地位を承継**することも入居者に説明する。

補足説明

● 契約締結時書面を電磁的方法で交付することもできる。

1. 特定賃貸借契約を「当初契約と異なる内容で更新する」のであれば、改めて重要事項説明書の交付及び重要事項説明が必要となるが、更新時に家賃を上げた場合は、オーナーにとって不利益とはならないので、重要事項説明を省略することができる。（予想）

   解答 ✕ 家賃は契約における重要な要素であることから、増税に伴う機械的な値上げ等の場合を除き、家賃が値上げされた場合であっても、重要事項説明が必要となる。

2. 特定賃貸借契約締結時書面を電磁的方法で提供する場合、相手方がこれを確実に受け取ることができるよう、用いる方法について相手方の書面による承諾が必要である。（R4-38-4）

   解答 ✕ 契約締結時書面などを電磁的方法で提供する場合には、相手方の承諾が必要だ。承諾は書面だけでなく、電子情報処理組織を使用する方法や情報通信の技術を利用する方法でもよい。

覚えよう

■業務状況調書の備え置き・閲覧の義務

① 特定転貸事業者（サブリース業者）は、業務・財産状況記載書類を、特定賃貸借契約（マスターリース契約）に関する業務を行う営業所（または事務所）に備え置き、特定賃貸借契約の相手方等の求めに応じ、閲覧させなければならない。

② 書類は事業年度ごとに事業年度経過後３か月**以内**に作成する（３年を経過する日までの間、**営業所・事務所に備え置く**）。

補足説明 ....

● ①：業務・財産状況記載書類とは、業務状況調書、財産の状況を記載した書類（貸借対照表、損益計算書）のことだ。

● 業務状況調書には「**特定賃貸借契約（マスターリース契約）の件数**」「**契約額**」「**契約の相手方の数**」「**契約棟数**」「**契約戸数**」が記載される。

● 業務・財産状況記載書類が、磁気ディスク等に記録され、必要に応じて明確に紙

面に表示されるときは、その記録をもって業務・財産状況記載書類への記載に代えることができる。

- ●②：事業年度経過後3月以内に作成、ということは、事業年度末が3月31日の場合、前年4月1日～当年3月31日の1年間における契約額などを記載し、同年6月末までに備え置く、ということになる。

||||||||||||||||||||||||||| 過去問出題例 |||||||||||||||||||||||||||

1. 特定賃貸借契約を締結した場合、建物ごとに締結した特定賃貸借契約の内容・報酬の額等を記載した帳簿を作成し、営業所・事務所ごとに備え置かなければならない。（予想）

   解答 × 特定賃貸借契約には帳簿作成義務がない。管理受託契約の帳簿作成義務と混同しないこと。

覚えよう

■国土交通大臣に対する申出制度
① 何人も国土交通大臣に対し、特定賃貸借契約の適正化を図るために適当な措置をとるべきことを求めることができる。
② 国土交通大臣は、申出があったときは、必要な調査を行い、申出の内容が事実であった場合は、適当な措置をとらなければならない。

補足説明 ・・

- ●「誇大広告等の禁止」「不当な勧誘等の禁止」「契約締結前の重要事項説明義務」などに違反したサブリース業者についての情報を国に提供し、適当な措置を求めることができる制度だ。法令違反の疑いがあるサブリース業者について、誰でも申し出ることができる。

- ●申出書を添付の上、原則、電子メールを送付して申し出る。

(4) 監督処分

特定転貸事業者（サブリース業者）や勧誘者がルールを守らないのであれば、国土交通大臣は、「指示」や「業務停止」を命ずることができる（賃貸

住宅管理業と異なり登録制ではないので、「登録の取消」というのはない。念のため）。

■監督処分

① 国土交通大臣は以下の違反行為があった場合、違反是正のために必要な措置をとるよう「指示」することができる（**指示処分**）。

● 特定転貸事業者や勧誘者が、誇大広告等や不当な勧誘をした。

● 特定転貸事業者が、重要事項説明、契約締結時書面交付、業務・財産状況記載書類の備え置き・閲覧で違反行為をした。

② **業務停止命令、勧誘停止命令**

● 特定転貸事業者や勧誘者が、指示処分に該当する行為をし、特に必要がある場合（悪質なので業務停止にする必要がある場合）、国土交通大臣からの「指示」に従わない場合

● 業務停止命令、勧誘停止命令は最長１年

③ 指示、業務停止命令があった場合、国土交通大臣により、公表される。

補足説明 ....

● 監督処分は、処分をしようとする日から過去５年以内に行われた違反行為が対象となる。

● 業務の全部又は一部の停止を命ずることができる業務の範囲は、**新たな契約の締結に関するものに限定**される。業務停止処分前に締結した特定賃貸借契約の履行を禁ずるものではない。相手方（賃貸住宅の賃貸人や入居者）に不利益となるからだ。

● 国土交通大臣は、必要があると認めるときは、特定転貸事業者等に対し、業務に関する**報告**を求め、又はその職員に、特定転貸事業者等の営業所・事務所等に**立ち入り**、その業務の状況・設備・帳簿書類その他の物件を検査させ、関係者に質問させることができる。

● 立入検査をする職員は、その身分を示す証明書を携帯し、関係者に提示しなければならない。

3 | 罰則

　違反行為をなくすために、国土交通大臣による監督処分だけでなく、罰則が科されることもある。管理受託方式とサブリース方式をまとめて解説しよう。

覚えよう

■主な罰則
　罰金刑を受ける、ということは住宅管理業登録の欠格事由に該当することになる。「30万円以下の罰金」が多い。それ以外のものを覚えるのが効率的だ。

	賃貸住宅管理業登録制度 （管理受託方式）	特定賃貸借契約の適正化 （サブリース方式）
1年以下の懲役または100万円以下の罰金（併科あり）	・無登録で賃貸住宅管理業を営む ・不正な手段で登録を受ける ・名義貸し	
6月以下の懲役または50万円以下の罰金（併科あり）	・業務停止命令に違反する	・不当な勧誘を行った ・業務停止命令、勧誘停止命令に違反した
50万円以下の罰金		・重要事項説明、契約締結時書面の交付の規定に違反した
30万円以下の罰金	・変更の届出をしない ・業務管理者を選任しない ・契約締結時書面を交付しない　　　　　　など	・誇大広告等を行った ・書面の閲覧の規定に違反した ・指示処分に従わない ・国土交通大臣による報告徴収、立入検査に対応しない
20万円以下の過料	・廃業等の届出を行わない	

....

●違反行為で罰金を受ける場合、違反行為をした行為者だけでなく、管理業者（法人）に対しても罰金が科される（両罰規定）。しかし、秘密保持義務違反だけは、法人に対する両罰規定がない。

||||||||||||||||||||||||||||||||| 過去問出題例 |||||||||||||||||||||||||||||||||

1. 株式会社たる賃貸住宅管理業者の従業者が会社の命令により秘密を漏らしたときは、会社のみが30万円以下の罰金に処せられる。（R4-8-エ）

   解答 × 秘密保持義務違反は、法人に対する両罰規定の適用がない。従業員のみが30万円以下の罰金に処せられる。「会社のみが…罰金」というのは誤りだ。

2. 勧誘者であるＡ法人（代表者Ｂ）は特定転貸事業者であるＣ法人から委託を受けて特定賃貸借契約の勧誘を行っている。勧誘者であるＡ法人の従業員Ｄが、自己の判断により、特定賃貸借契約の相手方となろうとする者に対し、故意に不実のことを告げるという管理業法第29条第1号に違反する行為を行った。Ａ法人が罰金に処せられることはない。（R4-32-ア）

   解答 × Ａ法人の従業員Ｄが管理業法違反の行為を行っている。Ａ法人に対しても罰金刑が課されることがある（両罰規定）。

3. 勧誘者であるＡ法人（代表者Ｂ）は特定転貸事業者であるＣ法人から委託を受けて特定賃貸借契約の勧誘を行っている。勧誘者であるＡ法人の従業員Ｄが、自己の判断により、特定賃貸借契約の相手方となろうとする者に対し、故意に不実のことを告げるという管理業法第29条第1号に違反する行為を行った。代表者Ｂが懲役又は罰金に処せられることはない。（R4-32-イ）

   解答 ○ 従業員Ｄが、「自己の判断により」、故意に不実のことを告げている。Ａ法人が罰則を受ける可能性はあるが、Ａ法人の代表者Ｂは違反をしたものではないので、罰則を受けることはない。

4 ｜ 標準契約書

　賃貸住宅所有者、入居者、管理業者（サブリース業者）の間で結ばれる契約について国土交通省がモデル（ひな形）を作成している。必ずしもこの標準契約書を利用しなければならないわけではない。個別事情を反映した契約書にすることも可能だ。とはいえ、実際に使用する契約書が標準契約書と違うのであれば、相違の根拠や正当性を説明できるようにしておくことが大切になる。

　この標準契約書について出題されることもあるので、概要を把握しておこう。名前が似ているので混乱しないように。

　なお、次のページの（1）賃貸住宅標準契約書と（4）サブリース住宅標準契約書は、令和5年版の「賃貸不動産管理の知識と実務」（いわゆる公式テキスト）には記載がない。しかし過去問で出題があること、簡単に目を通しておいた方が理解が深まることから、「参考」として解説する。

覚えよう

■管理受託に関する標準契約書

　（1）賃貸住宅標準契約書と（2）賃貸住宅標準管理受託契約書の2つがある。

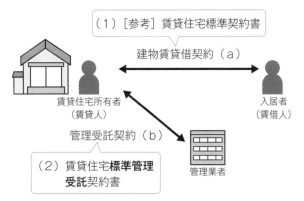

■サブリースに関する標準契約書

　（3）特定賃貸借標準契約書と（4）サブリース住宅標準契約書の2つがある。

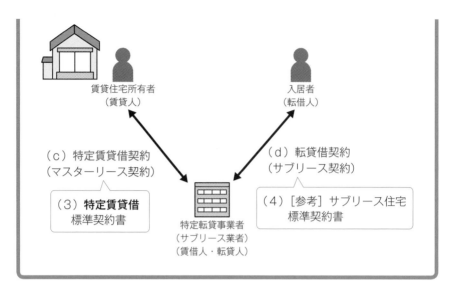

（c）特定賃貸借契約
（マスターリース契約）

（d）転貸借契約
（サブリース契約）

（3）**特定賃貸借**
標準契約書

（4）［参考］サブリース住宅
標準契約書

賃貸住宅所有者
（賃貸人）

入居者
（転借人）

特定転貸事業者
（サブリース業者）
（賃借人・転貸人）

覚えよう

■（1）【参考】賃貸住宅標準契約書

「家賃債務保証業者型」と「連帯保証人型」がある。主な内容は以下の通り

更新料	●全国的な慣行ではないので定めていない（当事者の合意があれば特約で対応する）
共益費	●共用部分（階段・廊下等）の維持管理費として、借主が支払う。
敷金	●明け渡し後、滞納賃料等を差し引いて返還（差し引く額の内訳を明示） ●「敷引」「敷金償却」は全国的慣行ではないので定めていない（特約で対応）
禁止事項	●絶対的禁止行為、要書面承諾行為、要通知行為について具体的に定めている
契約期間中の修繕	●貸主は必要な修繕を行う。費用は原則貸主負担（借主責任で修繕が必要になった場合は借主負担） ●修繕が必要な箇所があれば借主が貸主に通知。「通知しても貸主が修繕しない」「急迫な事情がある」といった場合は借主自ら修理可能

借主から の解除	● 借主は**30日前**に申し入れる（または30日分の賃料を支払う）ことで解約可 ● 貸主からの解約は契約違反の場合のみ
連帯保証	● 連帯保証人型：連帯保証人型では**極度額も記載**する （極度額とは保証人が負担する限度額のこと。第5章の「2. 保証」の説明参照） ● 家賃債務保証型：家賃債務保証業者名、登録番号を記載する

補足説明 ···

● 使用目的：自己居住用（併せて他の目的に使用するならば特約で対応する）。

● 賃料支払方法：振込、口座振替、持参から選択する。振込手数料は、民法上は、借主負担だが標準契約書では貸主、借主を選択する様式。

● 禁止事項の詳細

絶対的禁止	◆ 違反行為があれば、催告の上、解除できる 銃砲・爆発物等の保管、大型金庫など重量大なものの搬入、排水管を腐食させる液体を流すこと、大音量のテレビ・ステレオ、ピアノ演奏、猛獣の飼育 ◆ 違反行為があれば、無催告で解除 反社会的勢力との関与、著しく粗野・乱暴な言動で付近の住民に不安を与える
要書面承諾	階段・廊下など共用部分に物品を置く、看板ポスター等広告物を掲示する、小鳥・魚・猫を飼う
要通知行為	新たな同居人の追加（出生を除く）、1か月以上継続して留守にする

● 立入り：管理上特に必要な場合・下見をする場合・緊急時には、貸主が物件に立ち入ることができる（有効な委任があれば管理業者も立入り可能）。

● 建物が全部滅失すれば契約は終了。一部滅失なら賃料は減額される。これは民法の規定（第4章 2賃貸人・賃借人の義務（2）賃借人の義務、5賃貸借契約の終了（2）債務不履行等による契約の解除で学ぶ）。

1. 賃貸住宅標準契約書では、更新料の授受に関する条項が設けられている。
（H27-15-1）

　　解答　×　賃貸住宅標準契約書に更新料に関する規定はない。更新料は全国的
　　　　　　　な慣行とはいえないからだ。

2. 賃貸住宅標準契約書では、天災、火災その他貸主、借主いずれの責めに帰する
ことができない事由により、賃貸借の目的物である物件が滅失した場合、賃貸
借契約は当然に終了する旨が定められている。（H27-15-4）

　　解答　○　建物が全部滅失して使用できなくなった場合には、賃貸借契約は終
　　　　　　　了する。賃貸住宅標準契約書にも規定されている。

覚えよう

■（2）賃貸住宅標準管理受託契約書

　賃貸住宅所有者と管理業者との間で結ばれる「管理受託契約書」のモ
デルだ。建物所有者を守るために、管理業法で契約締結時書面に記載す
べきとされていること以外にも記載されているものもある。

〈管理業務の内容・実施方法〉

家賃	●入居者から徴収した家賃を、毎月、建物所有者の口座に振り込むことにより引き渡す。あらかじめ了承を得ていれば、当月分の管理報酬を家賃から差し引くことができる

緊急時の業務	●管理業者は災害など緊急時には、建物所有者の承認を受けないで業務を実施できる。この場合、速やかに書面で業務の内容・費用を通知する
鍵の管理・保管	●**鍵の管理**（保管・設置）**は建物所有者**が行う ●**管理業者は**「入居者への鍵の引渡し」「入居者との解約・明渡し」業務に際し、**一時的に鍵を預かる**
代理権の授与	●「敷金・家賃等の徴収」「未収金の督促」「入居者から建物所有者への通知の受領」「賃貸借契約の更新」「修繕の費用負担・原状回復についての入居者との協議」について、管理業者は建物所有者を代理する ●未収金回収の紛争対応は、代理できない（弁護士法違反になる）
住戸への立入調査	●管理業者は業務上必要があれば住戸に立ち入ることができる。この場合、あらかじめ入居者に通知し、承諾を得る（防災など緊急事態は承諾不要）

〈責任及び免責〉

情報提供	●建物所有者は、管理業務に必要な情報を提供する（住宅総合保険、施設所有者賠償責任保険等の**損害保険の加入状況など**）。必要な情報を提供しないことにより生じた損害は、建物所有者が負担する

〈更新及び解除〉

解除	●契約義務の不履行があった場合、相当の期間を定めたうえで催告し、その期間内に履行がなければ、契約を解除できる。 ●「反社会的勢力に該当した」「信頼関係を破壊する特段の事情があった」場合には、催告なしで解除できる

補足説明 ....

●個人情報保護のために互いに協力する。

●建物所有者は、管理業者が管理業務を行うのに必要な情報を提供する。情報提供がないため、管理業者が損害を受けたならば建物所有者が負担する（賠償する）。

■（3）特定賃貸借標準契約書

　サブリース方式におけるマスターリース契約書のモデルだ。賃貸住宅所有者を守るための契約書だ。特定賃貸借標準契約書では、**特定転貸事業者が賃貸住宅の維持保全を行うことが規定されている**（管理業務に該当する）。従って、200戸以上の契約をした場合には、賃貸住宅管理業者の登録を受けなければならない。

更新	● 更新を希望しない場合には、契約期間の満了の1年前から6か月前までの間に更新拒絶通知をする ● ただし貸主（建物所有者）からの更新拒絶には**正当事由**が必要
家賃	● 不相当となった場合には、協議の上、家賃を改定する ● 支払い免責期間も記載できる
転貸	● 転貸借契約であることを転借人に開示する ● **反社会的勢力への転貸禁止→違反は無催告解除** ● 転借人から交付された敷金は分別管理する ● 普通借家・定期借家を選択する様式になっている
維持保全の実施方法	● 再委託が可能（一括再委託はできない）
維持保全に関する費用分担	● 必要な修繕は、原則貸主負担 ● 借主が、修繕が必要な箇所を発見した場合には、すみやかに貸主に通知し、修繕の必要性を協議する。通知が遅れて貸主に損害が生じたときは借主が賠償する
維持保全の内容等の転借人に対する周知	● 借主は、維持保全の内容及び借主の連絡先を入居者（転借人）に通知する
維持保全の実施状況の報告	● 借主は貸主に、定期的に、「維持保全の実施状況」、「転貸の条件の遵守状況」を報告する ● 定期報告以外にも、貸主は、必要に応じ報告や関係書類の提示を求めることができる
通知義務	● 貸主は住宅総合保険、施設所有者賠償責任保険等の損害保険の加入状況を借主に通知する

物件の返還	●借主に責任がある修繕を行い返還する（経年劣化を除く） ●借主は、貸主（または貸主の指定する者）に維持保全に必要な情報を提供する
権利義務の承継	●契約が終了した場合、建物所有者は転貸人の地位を当然に承継する

補足説明

● 引渡し：（管理業法上は記載が義務づけられていないが）契約日と引渡日が異なることがあるため、契約期間とは別に**引渡日**が設けられている。

● 「貸主が引渡日に物件を引き渡さない」「借主（サブリース業者）が適切な維持保全を行うために必要な情報を貸主が提供しない」といった場合に生じた借主（サブリース事業者）の損害は、貸主が負担する。

● 使用目的：専ら住宅として使用する。民泊（住宅宿泊事業法に基づく住宅宿泊事業）として転貸できるかは契約で定める。

● 権利義務の承継：特定賃貸借契約が終了した場合、貸主が転貸人の地位を当然に承継する。

● **中途解約の規定はない。**

● **敷金の分別管理**：転借人から預かった敷金は、自己の固有財産及び他の賃貸人の財産と分別して管理する（転借人に返還するものだから）。

● 地域慣行、物件の構造、維持保全の態様等により契約内容の補充が考えられるため、特約条項欄が設けられている。

過去問出題例

1. （特定賃貸借標準契約書によれば）貸主との合意に基づき定めた期日において、賃貸住宅の維持保全の実施状況や転貸条件の遵守状況、転借人からの転借料の収納状況について、貸主に対し書面を交付して定期報告を行わなければならない。[R3-35-1]

　　解答　× 「賃貸住宅の維持保全の実施状況」「転貸条件の遵守状況」は定期的に報告する。しかし、「転借料の収納状況」については定期報告の規定はない。貸主（建物所有者）としては、借主（サブリース業

者）から賃料が支払われていれば問題はない。入居者が転借料を支払っているかどうか（転借料の収納状況）は極端に言えば、どうでもいいのだ。

2. （特定賃貸借標準契約書によれば）修繕を必要とする箇所を発見した場合、それが緊急を要する状況ではなかったときには、定期報告において貸主に書面を交付して報告を行うことができる。[R3-35-3]

> 解答　✕　借主が、修繕が必要な箇所を発見した場合には、速やかに貸主に通知し、修繕の必要性を協議する。

3. （特定賃貸借標準契約書によれば）自然災害が発生し緊急に修繕を行う必要が生じたため、貸主の承認を受ける時間的な余裕がなく、承認を受けずに当該業務を実施したときは、貸主への報告をする必要はない。[R3-35-4]

> 解答　✕　緊急対応として貸主の承認を受けずに修理を実施している。貸主への事後報告が必要だ。

覚えよう

■（4）【参考】サブリース住宅標準契約書

　サブリース方式における入居者とサブリース業者との間の契約のひな形（モデル）だ。サブリース住宅標準契約書には「家賃債務保証業者型」と「連帯保証人型」があり、それぞれ普通建物賃貸借と定期建物賃貸借とがある（計4つの契約書が用意されている）。

　内容としては、（1）賃貸住宅標準契約書に以下の条項が追加されている。

1　特定賃貸借契約が終了した場合の**賃貸人の地位の承継**：
　マスターリース契約が終了したら、貸主は建物所有者に替わる。敷金も建物所有者に引き継がれる。
2　特定転貸事業者（サブリース業者）が行う賃貸住宅の**維持保全の実施の方法の周知**に関する事項：
　サブリース業者が契約書に定めた維持保全を実施する。内容に変更があった場合には遅滞なく通知する。

－ MEMO －

賃貸住宅管理業者の登録に関する次の記述のうち、誤っているものはどれか。 [R5-31]

1 賃貸人から委託を受けて無償で管理業務を行っている場合、その事業全体において営利性があると認められるときであっても、賃貸住宅管理業者の登録が必要となることはない。

2 特定転貸事業者は、200戸以上の特定賃貸借契約を締結している場合であっても、賃貸住宅の維持保全を200戸以上行っていなければ、賃貸住宅管理業者の登録をする義務はない。

3 事業者が100室の事務所及び100戸の賃貸住宅について維持保全を行っている場合、賃貸住宅管理業者の登録をする義務はない。

4 負債の合計額が資産の合計額を超えている場合であっても、直前2年の各事業年度において当期純利益が生じている場合には、賃貸住宅管理業者の登録拒否事由に該当しない。

 管理業法における賃貸住宅に関する次の記述のうち、誤っているものはどれか。 [R3-29]

1 賃貸住宅とは、賃貸借契約を締結し賃借することを目的とした、人の居住の用に供する家屋又は家屋の部分をいう。

2 建築中の家屋は、竣工後に賃借人を募集する予定で、居住の用に供することが明らかな場合であっても、賃貸住宅に該当しない。

3 未入居の住宅は、賃貸借契約の締結が予定され、賃借することを目的とする場合、賃借人の募集前であっても、賃貸住宅に該当する。

4 マンションのように通常居住の用に供される一棟の家屋の一室について賃貸借契約を締結し、事務所としてのみ賃借されている場合、その一室は賃貸住宅に該当しない。

問1 正解 **1**　　　　　**A** 肢1、4が特に **重要**

1 ×　無償で管理業務を行っているとしても、それだけで営利性がない（事業ではない）とは言えない。事業全体からみて営利性があると判断されれば、賃貸住宅管理業の登録が必要となる。

2 ○　賃貸住宅の維持保全（それと併せて行う金銭の管理）が賃貸住宅管理業務だ。賃貸住宅管理業務の対象が200戸に満たないのならば登録を受ける必要はない。

3 ○　管理する賃貸住宅の戸数が100戸ならば登録を受ける必要はない。事務所は賃貸住宅管理業法上の賃貸住宅に含まれない。

4 ○　負債の合計額が資産の合計額を超えていても、直前2年に当期純利益が生じているならば、財産及び損益の状況が良好であると認められる。財産的基礎を有しているので登録拒否事由（欠格事由）には該当しない。

問2 正解 **2**　　　　　**B** 肢2、3が特に **重要**

1 ○　賃貸住宅とは、管理業法上、賃貸される住宅であって、居住の用に供される家屋のことだ。

2 ×　建築中の家屋も、居住用として使われるのが明らかであれば、賃貸住宅となる。

3 ○　募集前の家屋も、住宅として賃貸借契約を締結することが予定されているならば、賃貸住宅にあたる。

4 ○　事務所として賃借されているのならば、賃貸住宅ではない。

A 問3 管理業法における管理業務に関する次の記述のうち、誤っているものはどれか。 [R 3 -30]

1 管理業務には、賃貸住宅の居室及びその他の部分について、点検、清掃その他の維持を行い、及び必要な修繕を行うことが含まれる。

2 管理業務には、賃貸住宅の維持保全に係る契約の締結の媒介、取次ぎ又は代理を行う業務が含まれるが、当該契約は賃貸人が当事者となるものに限られる。

3 賃貸住宅に係る維持から修繕までを一貫して行う場合であっても、賃貸住宅の居室以外の部分のみについて行うときは、賃貸住宅の維持保全には該当しない。

4 管理業務には、賃貸住宅に係る家賃、敷金、共益費その他の金銭の管理を行う業務が含まれるが、維持保全と併せて行うものに限られる。

問3 正解 **2**　　　　　　　　　　**A** 4つの肢すべて **重要**

1 ○　管理業務には、賃貸住宅の維持保全を行う業務が含まれる。維持保全とは、住宅の居室について、点検、清掃等の維持を行い、必要な修繕を行うことだ。

2 ×　賃貸人から代理権を付与された賃貸住宅管理業者が、賃貸人の代理人として維持・修繕業者と契約を締結する行為（契約当事者は管理業者になる）も維持保全業務＝管理業務だ。賃貸人が契約当事者となるものに限られるわけではない。

3 ○　居室以外の部分のみ、つまりマンションの共用部分（玄関・通路・階段など）の清掃だけ行う場合や、エレベーターの保守点検だけを行うのであれば、賃貸住宅の維持保全には該当しない。

4 ○　金銭の管理業務は賃貸住宅の維持保全と併せて行う場合にのみ、管理業務となる。

B **問4** 賃貸住宅管理業者及び業務管理者に関する次の記述のうち、正しいものはいくつあるか。 [R5 -27]

（ア）　A営業所の業務管理者は、B営業所の業務管理者がやむを得ない事情で業務を遂行することができなくなった場合には、B営業所の業務管理者を兼務することができる。

（イ）　賃貸住宅管理業者は、管理受託契約の締結、維持保全の手配、又は金銭の管理の業務が行われ、継続的に賃貸住宅管理業の営業の拠点となる実態を有する施設には、本店、支店、営業所等の名称を問わず、業務管理者を選任する必要がある。

（ウ）　業務管理者は、宅地建物取引士としての業務を兼務することはできるが、賃貸住宅管理業者の従業員が行う管理業務について必要な指導、管理及び監督の業務に従事できる必要がある。

（エ）　賃貸住宅管理業者は、業務上知り得た秘密を守る義務があるが、管理業務の一部の再委託を受ける者など、賃貸住宅管理業者と直接の雇用関係にない者にも同様の義務が課せられる。

1　1つ
2　2つ
3　3つ
4　4つ

問4 **正解 3** **B** 4つの肢すべて**重要**（どれも基本事項）

(ア) × 業務管理者は、他の営業所の業務管理者となることができない。

(イ) ○ 営業所・事務所ごとに、1人以上の業務管理者を選任し、管理・監督させなければならない。本店、支店、営業所等の名称を問わない。

(ウ) ○ 宅建業者の専任の宅建士も、業務管理者となることができる。ただし管理業務について指導、管理、監督ができることが条件となる。

(エ) ○ 秘密保持義務の対象には、管理業務の一部の再委託を受ける者等、賃貸住宅管理業者と直接の雇用関係にない者も含まれる（そうでなければ、秘密が守られない）。

以上より、正しいものはイ、ウ、エの3つであり、正解は3となる。

問5 賃貸住宅管理業の登録に関する次の記述のうち、誤っているものの組合せはどれか。 [R 4 -34]

（ア）　現に賃貸住宅管理業を営んでいなくても登録を行うことはできるが、登録を受けてから1年以内に業務を開始しないときは、登録の取消しの対象となる。

（イ）　賃貸住宅管理業者が法人の場合、登録は法人単位でなされ、支社・支店ごとに登録を受けることはできない。

（ウ）　負債の合計額が資産の合計額を超えている場合には、直前2年の各事業年度において当期純利益が生じている場合であっても、「財産的基礎を有しない者」として登録は拒否される。

（エ）　賃貸住宅管理業者である法人は、役員に変更があったときは、その日から3か月以内に、その旨を国土交通大臣に届け出なければならない。

1　ア、イ
2　ア、ウ
3　イ、エ
4　ウ、エ

B 肢ウがやや細かいが **重 要**

(ア)　○　現に賃貸住宅管理業を営んでいなくても登録を行うことはできる。ただし登録から１年以内に業務を開始しない場合は、登録を取り消されることがある。引き続き１年以上業務を行っていない場合も同様。

(イ)　○　登録は法人単位。支社・支店など営業所ごとに登録するのではない。

(ウ)　×　財産的基礎を有するとは、「財産及び損益の状態が良好である」こと。具体的には「負債の合計額が資産の合計額を超えない」こと、「支払不能に陥っていない」ことの両方を満たしているのが原則だ。しかし、負債の合計額が資産の合計額を超えている場合であっても、「登録申請日を含む事業年度の直前２年の各事業年度において当期純利益が生じている場合」「十分な資力を有する代表者からの代表者借入金を控除した負債の合計額が資産の合計額を超えていない場合」などは、財産及び損益の状況が良好であると認められる。

(エ)　×　役員に変更があった場合は、30日以内に届け出る。３か月以内ではない。

以上より、誤っているものの組み合わせはウとエであり、正解は４となる。

POINT

> 肢ウは、原則の「負債の合計額が資産の合計額を超えない」こと、「支払不能に陥っていない」ことをしっかり覚え、例外もある、くらいでよい。

第2章　賃貸住宅管理業法

問6 管理業法における登録及び業務に関する次の記述のうち、正しいものは
どれか。 [R 3 -32]

1 賃貸住宅管理業者である個人が死亡したときは、その相続人は、死亡日か
ら30日以内に国土交通大臣に届け出なければならない。

2 賃貸住宅管理業者である法人が合併により消滅したときは、その法人の代
表役員であった者が国土交通大臣に届け出なくても、賃貸住宅管理業の登
録は効力を失う。

3 破産手続開始の決定を受けて復権を得ない者は、賃貸住宅管理業者の役員
となることはできないが、業務管理者となることができる。

4 賃貸住宅管理業者は、営業所又は事務所ごとに掲示しなければならない標
識について公衆の見やすい場所を確保できない場合、インターネットのホ
ームページに掲示することができる。

問6 **正解 2** **A** 肢2、3が特に**重 要**。肢1はよく出るひっかけ

1 × 管理業者（個人）が死亡した場合には、死亡を知った日から30日以内に届け出る。死亡日から30日以内ではない。

2 ○ 合併により管理業者（法人）が消滅している以上、管理業の登録は効力を失う。届出義務の履行とは別の話だ。

3 × 賃貸住宅管理業者の欠格事由に該当する者は業務管理者にはなれない。破産して復権を得ない者は欠格事由だ。

4 × 標識は営業所（又は事務所）に掲示する。ここは○○管理の営業所・事務所だと名乗るのだ。ホームページに掲載したのでは、営業所・事務所がどこの会社のものかわからない。

B **問7** 賃貸住宅の管理業務等の適正化に関する法律（以下、各問において「管理業法」という。）に定める賃貸住宅管理業者が管理受託契約締結前に行う重要事項の説明（以下、各問において「管理受託契約重要事項説明」という。）の内容に関する次の記述のうち、適切なものはいくつあるか。

[R 4 - 1]

（ア）　管理業務の内容について、回数や頻度を明示して具体的に記載し、説明しなければならない。

（イ）　管理業務の実施に伴い必要となる水道光熱費や、空室管理費等の費用について説明しなければならない。

（ウ）　管理業務の一部を第三者に再委託する際には、再委託する業務の内容、再委託予定者を説明しなければならない。

（エ）　賃貸住宅管理業者が行う管理業務の内容、実施方法に関して、賃貸住宅の入居者に周知する方法を説明しなければならない。

1　1つ
2　2つ
3　3つ
4　4つ

問7 **正解 4**　　　**B** 4つの肢すべて **重要** （どれも基本事項）

(ア) ○　管理業務の内容はもちろん重説事項。回数や頻度を明示して具体的に記載し、説明する。どんな業務をしてくれるのかを理解したうえで管理受託契約を結ぶのだ。

(イ) ○　報酬に含まれていない費用で、管理業者が通常必要とするもの、管理業務の実施に伴い必要となるものも重説事項だ。「水道光熱費や、空室管理費等の費用」はこれに該当する。

(ウ) ○　再委託する際には、再委託する業務の内容、再委託予定者を説明する。質の高い管理業者だと思って契約したのに、実はレベルの低い業者に再委託されていた、という事態をさけるためだ。

(エ) ○　入居者に対する周知に関する事項も重説事項だ。

以上より、適切なものはア、イ、ウ、エの4つであり、正解は4となる。

POINT　肢イの「報酬に含まれていない費用で、管理業者が通常必要とするもの、管理業務の実施に伴い必要となるもの」は、契約締結時書面には記載不要であることも確認しておこう。

問8 管理受託契約の契約期間中に変更が生じた場合の賃貸住宅管理業者の対応に関する次の記述のうち、最も適切なものはどれか。　　[R5-4]

1　契約期間中に再委託先を変更したが、賃貸人に変更を通知しなかった。

2　管理受託契約が締結されている賃貸住宅が売却されて賃貸人が変更されたが、当該管理受託契約には変更後の賃貸人に地位が承継される旨の特約があったため、変更後の賃貸人に、管理受託契約の内容を記載した書面を交付しなかった。

3　契約期間中に賃貸住宅管理業者が商号を変更したが、組織運営に変更のない商号変更だったので、賃貸人に対し、その旨を通知しただけで、賃貸人に管理受託契約の締結時に交付する書面を再び交付することはしなかった。

4　賃貸住宅管理業法施行前に締結された管理受託契約であったため、それまで契約の事項を記載した書面を交付していなかったが、管理業務の報酬額を変更するにあたり、賃貸人に変更後の報酬額のみを記載した書面を交付した。

問8 **正解 3**　　　　　　　　　　　　**A** 4つの肢すべて **重要**

1　×　契約期間中に再委託先が変更になった場合、改めての重要事項説明は不要だが、書面・電磁的方法により賃貸人に知らせる。

2　×　（賃貸人たる地位が移転することを認識した後）遅滞なく、新賃貸人に管理受託契約の内容が分かる書類を交付することが望ましい、とされている。

3　○　組織運営に変更のない商号変更のような形式的な変更であれば、通知のみでよい。契約締結時書面の交付は不要。

4　×　賃貸住宅管理業法施行前に締結された管理受託契約であり、今まで契約時締結書面を交付していない。変更点（報酬額）だけでなく、全部の事項について記載した契約締結時書面の交付が必要となる。

第2章　賃貸住宅管理業法

97

A **問9** 管理受託契約変更契約の重要事項説明を電話で行う場合に関する次の記述のうち、正しいものはいくつあるか。 [R5-3]

（ア）　賃貸人から賃貸住宅管理業者に対し、電話による方法で管理受託契約変更契約の重要事項説明を行ってほしいとの依頼がなければ行うことはできない。

（イ）　賃貸人から電話による方法で重要事項説明を行ってほしいとの依頼があった場合でも、後から対面による説明を希望する旨の申出があった場合は、対面で行わなければならない。

（ウ）　賃貸人が、管理受託契約変更契約の重要事項説明書を確認しながら説明を受けることができる状態にあることについて、重要事項説明を開始する前に賃貸住宅管理業者が確認することが必要である。

（エ）　賃貸人が、電話による説明をもって管理受託契約変更契約の重要事項説明の内容を理解したことについて、賃貸住宅管理業者が重要事項説明を行った後に確認することが必要である。

1　1つ
2　2つ
3　3つ
4　4つ

問9 **正解 4**　　　　　　　　　　　**A** 4つの肢すべて **重要**

（ア） ○　重要事項説明は、対面又はITの活用による説明が原則。しかし、管理受託契約変更契約の重要事項説明については、一定の条件を満たせば、電話による説明も可能。賃貸人が電話による重説を希望した、というのもその一つ。

（イ） ○　後から対面による説明を希望する旨の申出があったのであれば、対面で行う。対面又はITの活用による説明が原則なのだ。

（ウ） ○　賃貸人が重説書面を確認しながら説明を受ける状態にあることを事前に確認すること、というのが電話による（変更）重説の条件だ。

（エ） ○　賃貸人が重説内容を理解したことを、管理業者が重説後に確認する。これも電話による（変更）重説の条件の一つ。

　以上より、正しいものはア、イ、ウ、エの4つであり、正解は4となる。

B **問 10** 管理受託契約重要事項説明におけるＩＴの活用に関する次の記述のうち、誤っているものはどれか。 [R3-3]

1 管理受託契約重要事項説明に係る書面（以下、本問において「管理受託契約重要事項説明書」という。）に記載すべき事項を電磁的方法により提供する場合、賃貸住宅の賃貸人の承諾が必要である。

2 管理受託契約重要事項説明書を電磁的方法で提供する場合、出力して書面を作成できる方法でなければならない。

3 管理受託契約重要事項説明をテレビ会議等のＩＴを活用して行う場合、管理受託契約重要事項説明書の送付から一定期間後に説明を実施することが望ましい。

4 管理受託契約重要事項説明は、賃貸住宅の賃貸人の承諾があれば、音声のみによる通信の方法で行うことができる。

 B **問 11** 管理業法における賃貸住宅管理業者の業務に関する次の記述のうち、誤っているものはどれか。 [R3-31]

1 賃貸住宅管理業者は、使用人その他の従業者に、その従業者であることを証する証明書を携帯させなければならない。

2 賃貸住宅管理業者は、管理受託契約に基づく管理業務において受領する家賃、敷金、共益費その他の金銭を、自己の固有財産及び他の管理受託契約に基づく管理業務において受領する家賃、敷金、共益費その他の金銭と分別して管理しなければならない。

3 賃貸住宅管理業者は、営業所又は事務所ごとに、業務に関する帳簿を備え付け、委託者ごとに管理受託契約について契約年月日等の事項を記載して保存しなければならない。

4 賃貸住宅管理業者は、再委託先が賃貸住宅管理業者であれば、管理業務の全部を複数の者に分割して再委託することができる。

正解 4　　　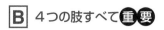 **B 4つの肢すべて 重要**

1 ○ IT重説は、相手方（＝賃貸人、建物所有者）の承諾が必要だ。テレビ会議システムを活用できない賃貸人などもいるからだ。

2 ○ 出力して書面を作成でき、改変が行われていないか確認できる状態にあることが必要だ。

3 ○ 重説をオンラインで実施する場合、賃貸人に事前に重要事項説明書等を読んでおくことを推奨するとともに、重要事項説明書等の送付から「一定期間後」に、IT重説を実施することが望ましい。「今日届いて明日説明」では賃貸人が重説を読む時間がないかもしれないからだ。

4 × 図面等を見るため、映像を視認できるものでなければならない。音声のみではダメだ。

 正解 4　　　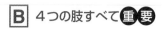 **B 4つの肢すべて 重要**

1 ○ 管理業者は従業者に従業者証明書を携帯させる。

2 ○ 管理業者による家賃等財産の分別管理だ。

3 ○ 帳簿の備え付け義務だ。

4 × 業務の全部の再委託は禁止されている。分割したとしても全部の再委託はできない。

A 問12 管理受託契約における委託者への賃貸住宅管理業法に基づく定期報告に関する次の記述のうち、誤っているものはどれか。 [R5-8]

1 賃貸住宅管理業法施行前に締結された管理受託契約を同法施行後に更新した場合は、期間の延長のみの形式的な更新であっても、更新後の契約においては報告を行うべきである。

2 賃貸住宅管理業法施行前に締結された管理受託契約が更新される前に、契約期間中に当該管理受託契約の形式的な変更とは認められない変更を同法施行後に行った場合は、変更後の契約においては報告義務が生じる。

3 賃貸住宅管理業法上、書面による定期報告が義務付けられている事項は、「管理業務の実施状況」、「入居者からの苦情の発生状況」、「家賃等金銭の収受状況」の3つである。

4 管理業務報告書の交付方法は書面だけではなく、メール等の電磁的方法によることも可能だが、賃貸人が報告書の内容を理解したことを確認する必要がある。

B 問13 次の記述のうち、管理業法上、賃貸住宅管理業者が、委託者の承諾を得て行うことが可能な管理業務報告の方法として正しいものはいくつあるか。 [R4-6]

（ア） 賃貸住宅管理業者から委託者に管理業務報告書をメールで送信する方法

（イ） 賃貸住宅管理業者から委託者へ管理業務報告書をCD-ROMに記録して郵送する方法

（ウ） 賃貸住宅管理業者が設置する委託者専用のインターネット上のページで、委託者が管理業務報告書を閲覧できるようにする方法

（エ） 賃貸住宅管理業者から委託者に管理業務報告書の内容を電話で伝える方法

1 1つ
2 2つ
3 3つ
4 4つ

正解 **3** **A** 4つの肢すべて **重要**

1 ○ 施行前に締結された管理受託契約においては、定期報告をする必要はない。しかし法施行後に更新した場合は、定期報告すべきとされている。更新契約の内容が単なる期間延長という形式的なものであっても、同じだ。

2 ○ 施行前に締結された管理受託契約においては、定期報告をする必要はない。しかし、法施行後において契約期間中に変更を行っている。変更された管理受託契約には、管理業法が適用される。つまり定期報告の義務がある。

3 × 「家賃等の金銭の収受の状況」は定期報告の内容ではない。「報告の対象となる期間」を「管理業務の実施状況」、「入居者からの苦情の発生状況」とともに報告する。

4 ○ 管理業務報告書に係る交付方法に制約はない（メール等による交付も可能）。ただし「賃貸人と説明方法について協議の上、双方向でやりとりできる環境を整え、賃貸人が管理業務報告書の内容を理解したことを確認すること」が必要となる。

問13 正解 **3** **B** 4つの肢すべて **重要** （どれも基本事項）

（ア） ○ 管理業務報告書を電磁的方法により提供することも認められている。電子メールで送信することもOKだ。

（イ） ○ 「磁気ディスク等をもって調製するファイルに記載事項を記録したものを交付する方法」も認められている。CD-ROMに記録して郵送する方法もその一つだ。

（ウ） ○ 「賃貸住宅管理業者等の使用に係る電子計算機に備えられた委託者ファイルに記録された記載事項を電気通信回線を通じて委託者の閲覧に供する方法」も認められている。委託者専用のインターネット上のページで、委託者が管理業務報告書を閲覧できるようにする方法でもよい。

（エ） × 管理業務報告書は文書を交付（または電磁的方法で提供）しなければならない。報告書の説明は、電話でも可能だが、「報告書の内容を電話で伝える（つまり読みあげる）だけ」というのはダメだ。

以上より、正しいものは、ア、イ、ウの3つであり、正解は3となる。

A **問14** 賃貸住宅管理業法における登録を受けた賃貸住宅管理業者の財産の分別管理に関する次の記述のうち、正しいものはどれか。なお、管理受託契約に基づいて受領する家賃等を管理する口座を「家賃等管理口座」、賃貸住宅管理業者の固有の財産を管理する口座を「固有財産管理口座」とする。 [R 5 -18]

1 賃借人から受領した家賃等から管理報酬分を支払うものとしている場合には、あらかじめ賃貸人に引き渡す家賃等と管理報酬相当額とを分けて、前者のみを家賃等管理口座に入金させなければならない。

2 管理戸数が20戸以下の賃貸住宅管理業者は、家賃等管理口座と固有財産管理口座を一つの口座とし、家賃等と自己の固有の財産とを、帳簿により勘定上直ちに判別できる状態で管理することができる。

3 家賃等管理口座に預入された金銭は、その全額を直ちに賃貸人に交付しなければならず、賃貸住宅管理業者の固有財産に属する金銭のうちの一定額を、家賃等管理口座に残したままにしておくことはできない。

4 家賃等管理口座に預入された金銭は、現金預金や管理手数料収入、修繕費などの勘定科目に、物件名や顧客名を入れた補助科目を付して仕分けを行うことにより、他の管理受託契約に基づく管理業務において受領する家賃等との分別管理とすることができる。

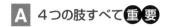

問14 正解 4　　　　　　　　**A** 4つの肢すべて **重要**

1 × 家賃等管理口座に、いったん家賃の全額を預け入れて、その後、管理業者の口座に管理報酬分の金額を移し替えることも認められる。

2 × 管理戸数が200戸未満であれば、登録を受けなくても賃貸管理業を営むことができる。しかしこの業者は「賃貸住宅管理業者」だ。管理戸数は20戸以下だが、国土交通大臣の登録を受けている。登録を受けた「賃貸住宅管理業者」である以上、賃貸住宅管理業法の規定を遵守しなければならない。財産の分別管理も求められる。

3 × 賃貸人に家賃を確実に引き渡すために、管理業者の固有財産のうちの一定額を家賃管理口座に残しておくことは認められている。

4 ○ 家賃等管理口座に預入された金銭は、どの管理受託契約による金銭なのか（どのオーナーの金銭なのか）、帳簿や会計ソフトでただちに判別できるようにする必要がある。補助科目による仕分けもその方法の一つだ。

第2章 賃貸住宅管理業法

A **問15** 管理業法における管理受託契約に基づく管理業務で受領する家賃、敷金、共益費その他の金銭（以下、本問において「家賃等」という。）に関する次の記述のうち、不適切なものはどれか。 [R4-21]

1 家賃等を管理する口座と賃貸住宅管理業者の固有財産を管理する口座の分別については、少なくとも、家賃等を管理する口座を同一口座として賃貸住宅管理業者の固有財産を管理する口座と分別すれば足りる。

2 家賃等を管理する帳簿と賃貸住宅管理業者の固有財産を管理する帳簿の分別については、少なくとも、家賃等を管理する帳簿を同一帳簿として賃貸住宅管理業者の固有財産を管理する帳簿と分別すれば足りる。

3 家賃等を管理する口座にその月分の家賃をいったん全額預入れし、当該口座から賃貸住宅管理業者の固有財産を管理する口座に管理報酬分の金額を移し替えることは差し支えない。

4 賃貸住宅管理業者の固有財産を管理するための口座にその月分の家賃をいったん全額預入れし、当該口座から家賃等を管理する口座に管理報酬分を控除した金額を移し替えることは差し支えない。

正解 2  4つの肢すべて 重要

1 ○ 財産の分別管理においては「自己（管理業者）の財産を管理する口座」と「家賃・敷金等を管理する口座」とが区分されていればよい（管理受託契約者ごとに口座を分ける必要はない）。

2 × 「家賃等を管理する帳簿を同一帳簿」としてはダメだ。受領した家賃等がどの管理受託契約に基づくものなのか（＝どのオーナーのものなのか）を判別できる状態にしておく必要がある。

3 ○ 家賃等を管理する口座にその月分の家賃をいったん全額預入れることもOK（口座のいずれか一方に家賃等と管理業者の固有財産が同時に預入されている状態が生じることは差し支えない）。ただし、（管理業者の財産に相当する分は）速やかに管理業者の口座に移し替えなければならない。

4 ○ 賃貸住宅管理業者の固有財産を管理するための口座にその月分の家賃をいったん全額預入れることもOK（肢3の逆パターン）。この場合も、速やかに、家賃を管理する口座に移し替えなければならない。

問16 賃貸住宅管理業法の義務及び監督に関する次の記述のうち、正しいものはいくつあるか。 [R5-30]

（ア）　国土交通大臣は、賃貸住宅管理業者に対し業務の運営の改善に必要な措置をとるべきことを命ずることができるが、その命令の根拠となる賃貸住宅管理業者の違反行為は、その処分をしようとする日から過去5年以内に行われたものが対象となる。

（イ）　賃貸住宅管理業法は誇大広告等の禁止、不当な勧誘等の禁止等、特定賃貸借契約の勧誘について規律を定めており、特定転貸事業者だけでなく、建設業者や不動産業者等であっても特定賃貸借契約の勧誘者に該当すれば、法律上の義務が課される。

（ウ）　賃貸住宅管理業者が登録の更新をせず、登録が効力を失った場合には、登録に係る賃貸住宅管理業者であった者は、当該賃貸住宅管理業者が締結した管理受託契約に基づく業務を結了する目的の範囲内であっても、その業務を実施することができない。

（エ）　国土交通大臣は、賃貸住宅管理業者が登録を受けてから1年以内に業務を開始せず、又は引き続き1年以上業務を行っていないと認めるときは、その登録を取り消すことができる。

1　1つ
2　2つ
3　3つ
4　4つ

正解 3

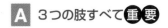**A** 3つの肢すべて**重要**

（ア） ○ 業務改善命令（と業務停止命令）は、処分をしようとする日から過去5年以内に行われた違反行為が処分の対象となる。

（イ） ○ 特定転貸事業者（サブリース業者）だけでなく、サブリース契約の勧誘者も規制の対象となる。

（ウ） × 登録が効力を失っても、締結した管理受託契約に基づく業務を結了する目的の範囲内においては、なお賃貸住宅管理業者とみなされる（みなし業者）。

（エ） ○ 「1年以内に業務を開始しない」「引き続き1年以上業務を行っていない」ことは登録取消事由に該当する。国土交通大臣は登録を取り消すことができる。

　以上より、正しいものはア、イ、エの3つであり、正解は3となる。

問17 特定賃貸借契約に関する次の記述のうち、正しいものはどれか。

[R 4 -35]

1 特定転貸事業者と、再転貸を行うことを目的とする転借人との間で締結された転貸借契約は、特定賃貸借契約に該当する。

2 借主が、1年間の海外留学期間中、第三者に転貸することを可能とする条件でされた貸主と借主との間の賃貸借契約は、特定賃貸借契約に該当する。

3 借主が第三者に転貸する目的で賃貸借契約をする場合、転借人から受領する賃料と賃主に支払う賃料が同額であるときは、特定賃貸借契約に該当しない。

4 社宅として使用する目的で賃貸住宅を借り上げた会社が、その従業員との間で転貸借契約を締結し、転貸料を徴収して従業員を入居させる場合は、転貸料の多寡を問わず、貸主と当該会社との間の賃貸借契約は特定賃貸借契約に該当する。

 問18 特定賃貸借契約の勧誘者に対する規制に関する次の記述のうち、正しいものはどれか。

[R 5 -33]

1 特定転貸事業者からの委託があっても、契約の内容や条件等に触れずに、一般的なサブリースの仕組みを説明した者や、単に特定転貸事業者を紹介したに過ぎない者は、賃貸住宅管理業法における勧誘者の規制が適用されない。

2 特定転貸事業者から直接委託されたのではなく、特定転貸事業者から勧誘を委託された他の者からの再委託により勧誘行為を行ったに過ぎない者は、賃貸住宅管理業法における勧誘者の規制が適用されない。

3 特定転貸事業者から明示的かつ書面により勧誘を委託されたのではなく、口頭で勧誘を依頼されたに過ぎない者は、賃貸住宅管理業法における勧誘者の規制が適用されない。

4 特定転貸事業者からの委託があっても、不特定多数に向けた広告の中で、特定の事業者の特定賃貸借契約の内容や条件等を具体的に伝えたに過ぎない者は、賃貸住宅管理業法における勧誘者の規制が適用されない。

問17 正解 **1**　　　　　　　　　**A** 4つの肢すべて **重要**

1 ○ A所有の建物をB（特定転貸事業者）に賃貸。BがCに転貸。CがさらにDに再転貸する、というケースだ。特定転貸事業者Bと転借人Cの契約が、第三者Dに転貸することを目的としているのであれば、BC間の契約も特定賃貸借契約に該当する。

2 × 海外留学期間中の1年間だけ転貸するのは、一時的な転貸借だ。特定賃貸借契約には該当しない（営利目的で反復継続しているわけではないから）。

3 × 転借人から受領する賃料と賃主に支払う賃料が同額だ（「パススルー型」という）。だからといって直ちに営利性がない、と判断されるわけではない。「特定賃貸借契約に該当しない」とは言い切れない。

4 × 「相場より低廉な金額を利用料として徴収する」のであれば、転貸する事業にあたらないとされる。つまり、特定賃貸借契約には該当しない。「転貸料の多寡を問わず…は特定賃貸借契約に該当する」という本肢は誤りだ。

問18 正解 **1**　　　　　　　　　**B** 肢1、4が特に **重要**

1 ○ 一般的なサブリースの仕組みを説明するだけであったり、単に特定転貸事業者を紹介するだけであれば、「勧誘者」には当たらない。

2 × 勧誘者が第三者に勧誘業務を再委託した場合、再委託も勧誘者に該当する。

3 × 特定転貸業者からの依頼の形式は問わない。口頭で勧誘を依頼されただけであっても勧誘者にあたる。

4 × 不特定多数に向けた広告の中であっても、相手方の意思形成に影響を与えている場合は、勧誘者に該当する。

第2章 賃貸住宅管理業法

A **問19** 管理業法の定める誇大広告等の禁止に関する次の記述のうち、誤っているものはどれか。 [R 4 -36]

1 広告の記載と事実との相違が大きくなくても、その相違を知っていれば通常その特定賃貸借契約に誘引されないと判断される程度であれば、虚偽広告に該当する。

2 一定期間一定の額の家賃を支払うことを約束する趣旨で広告に「家賃保証」と表示する場合には、その文言に隣接する箇所に借地借家法第32 条の規定により家賃が減額されることがあることを表示しなければ、誇大広告に該当する。

3 広告に「○年間借上げ保証」と表示する場合には、その期間中であっても特定転貸事業者から解約をする可能性があることを表示しなければ、誇大広告に該当する。

4 良好な経営実績が確保されたとの体験談を用いる広告については、「個人の感想です。経営実績を保証するものではありません。」といった打消し表示を明瞭に記載すれば、誇大広告に該当しない。

B **問20** 賃貸住宅管理業法に定める不当勧誘行為等の禁止に関する次の記述のうち、不適切なものはどれか。 [R 5 -35]

1 賃貸人から特定賃貸借契約の解除の申出があったため、翻意を促そうと賃貸人宅を訪れたところ、賃貸人から面会を拒否されたので、「なぜ会わないのか」と声を荒げて面会を強要する行為は、禁止される。

2 特定転貸事業者の担当者が、特定賃貸借契約の相手方となろうとする者に対し、賃貸人からいつでも中途解約できると誤って告知した場合は、不当勧誘行為には該当しない。

3 特定転貸事業者が、特定賃貸借契約の相手方になろうとする者に対し、維持保全に係る賃貸人の費用負担があるにもかかわらず、あえて負担なしと告知した場合、その者との間で実際に特定賃貸借契約が締結されなくとも、不当勧誘行為に該当する。

4 不動産業者が、賃貸住宅用の土地の購入の勧誘とともに特定賃貸借契約の勧誘を行う場合には、土地の購入の勧誘を行う時点において、特定賃貸借契約のリスクを含めた事実を告知する必要がある。

問19 正解 4　　　　A 4つの肢すべて 重要

1 ○ 広告内容と事実との相違を知っていれば、契約しないだろうと判断されるような相違があれば、それは「事実の相違が著しい」ものであり虚偽広告に該当する。事実と表示との相違の度合いが大きいかのみで判断するのではない。

2 ○ 「家賃保証」等の文言に隣接する箇所に、「定期的な家賃の見直しがある場合にはその旨」「借地借家法第32条の規定により減額されることがあること」の表示が必要だ。

3 ○ 「○年間借り上げ保証」など、「表示された期間に解約しないことを表示する場合は当該期間中であっても業者から解約をする可能性があること」や、「オーナーからの中途解約には借地借家法第28条に基づき正当事由が必要なこと」などを表示しなければならない。表示がなければ誇大広告に該当する。

4 × 体験談を用いた広告は「大多数の人が同じようなメリットを得ることができる」という認識を抱いてしまう。打消し表示が明瞭に記載されていたとしても、問題のある表示となるおそれがあるため、誇大広告に該当する可能性がある。

問20 正解 2　　　　B 肢2、4が特に 重要

1 ○ 「声を荒げて面会を強要する行為」は威迫行為にあたる。禁止されている。

2 × 借地借家法により、賃貸人からの解約には正当事由が必要になる。にもかかわらず、いつでも解約できると告知するのは、不実告知にあたる。不当な勧誘行為だ。

3 ○ 実際に契約を締結したか否かは問わない（実害がなくても、違反となる）。

4 ○ 建築請負や不動産売買契約等を伴う特定賃貸借契約の勧誘では、賃貸住宅の建設や土地の購入の勧誘を行う時点においてリスクを含めた事実を告知する（建物請負契約を結んだ後で、アパート経営のリスクを知るのでは遅い）。

第2章 賃貸住宅管理業法

A **問21** 特定転貸事業者が特定賃貸借契約を締結しようとするときに契約の相手方となろうとする者に説明しなければならない事項に関する次の記述のうち、正しいものはいくつあるか。 [R 3 -37]

（ア） 特定賃貸借契約の対象となる賃貸住宅の面積

（イ） 特定賃貸借契約の相手方に支払う家賃の設定根拠

（ウ） 特定賃貸借契約の相手方に支払う敷金がある場合はその額

（エ） 特定転貸事業者が賃貸住宅の維持保全を行う回数や頻度

1 1つ
2 2つ
3 3つ
4 4つ

A **問22** 特定賃貸借契約における建物所有者の金銭負担等に関する次の記述のうち、誤っているものはどれか。 [R 5 -38]

1 特定転貸事業者が行う維持保全について、費用負担者が設備により異なる場合は、特定賃貸借契約重要事項説明書には設備ごとの負担者を記載しなければならない。

2 特定賃貸借契約で定める引渡日に物件を引き渡さないことで建物所有者が負うことになる違約金を定める場合は、その内容を特定賃貸借契約重要事項説明書に記載しなければならない。

3 特定賃貸借契約を、定期建物賃貸借により締結する場合、家賃は減額できない旨の特約を定めていても、特定転貸事業者は家賃の減額請求ができる場合があることを建物所有者に説明しなければならない。

4 特定転貸事業者が維持保全を行う設備について、経年劣化の修繕費用を建物所有者の負担とする場合、その旨を特定賃貸借契約重要事項説明書に記載しなければならない。

正解 **4**　　　　　　　　　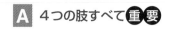　肢イ、エが特に **重要**

（ア） ○　（記述する）　対象となる賃貸住宅について、面積だけでなく、所在、構造、設備などについても記載する。

（イ） ○　（記述する）　周辺の同種の物件の家賃相場を示すなど、家賃設定の根拠についても記載する。

（ウ） ○　（記述する）　敷金や家賃は当然記載する。

（エ） ○　（記述する）　賃貸住宅の維持保全方法についても記載する。

以上より、正しいものはア、イ、ウ、エの4つであり、正解は4となる。

正解 **3**　　　　　　　　　**A**　4つの肢すべて **重要**

1 ○　賃貸住宅の維持保全に要する費用の分担に関する事項は重説事項だ。維持保全の具体的な内容や設備ごとに、賃貸人とサブリース業者の費用負担について記載・説明する。

2 ○　損害賠償額の予定又は違約金に関する事項は重説事項だ（定めがある場合）。

3 ×　定期建物賃貸借なので、家賃を減額できない特約も有効。特定転貸事業者は家賃の減額請求ができない旨を説明する（更新がないこと、賃貸人からの中途解約は原則できないことも）。

4 ○　賃貸人負担となる経年劣化や通常損耗の修繕費用などを含めて、どのような費用が賃貸人負担になるかについて具体的に記載し、説明する（⑤　賃貸住宅の維持保全に要する費用の分担に関する事項）。

A **問23** 管理業法上の業務状況調書や貸借対照表、損益計算書又はこれらに代わる書面（以下、本問において「業務状況調書等」と総称する。）の閲覧に関する次の記述のうち、正しいものはどれか。 [R4-37]

1 特定賃貸借契約の勧誘者は、業務状況調書等の書類を作成・保存し、その勧誘によって特定賃貸借契約を結んだ賃貸人からの求めがあれば、これらを閲覧させなければならない。

2 特定転貸事業者が、業務状況調書等を電磁的方法による記録で保存する場合には、電子計算機その他の機器を用いて明確に紙面に表示される状態に置かなければならない。

3 特定転貸事業者は、業務状況調書等の書類を、事業年度ごとに、その事業年度経過後3か月以内に作成し、主たる事務所にまとめて備え置かなければならない。

4 特定転貸事業者は、特定賃貸借契約の相手方及び入居者（転借人）からの求めがあれば、営業所又は事務所の営業時間中、業務状況調書等の書類を閲覧させなければならない。

A **問24** 特定賃貸借契約の適正化のための国土交通大臣の監督に関する次の記述のうち、誤っているものはどれか。 [R3-41]

1 国土交通大臣は、特定転貸事業者が国土交通大臣の指示に従わない場合でも、特定賃貸借契約に関する業務の全部の停止を命じることはできない。

2 勧誘者が不当な勧誘等の禁止に違反した場合、特定転貸事業者が監督処分を受けることがある。

3 国土交通大臣は、特定転貸事業者が誇大広告等の禁止に違反した場合、違反の是正のための措置をとるべきことを指示できることがある。

4 国土交通大臣は、特定転貸事業者に対し業務停止の命令をしたときは、その旨を公表しなければならない。

正解 2

1 × 業務状況調書等を作成し、営業所・事務所に据え置き、必要に応じて閲覧させる義務があるのは、特定転貸事業者だ。勧誘者ではない。

2 ○ 電磁的方法による記録で保存することも認められるが、必要に応じてプリントアウトできる状態（＝明確に紙面に表示される状態）でなければならない。

3 × 業務状況調書等の書類は、営業所ごとに作成し保存しなければならない。「主たる事務所にまとめて」備え置くのではない。事業年度経過後3か月以内に作成する、というのは正しい。

4 × 業務状況調書などの閲覧を請求できるのは「特定賃貸借契約の相手方（または相手方になろうとする者）」だ。入居者（転借人）は閲覧請求ができない。特定賃貸借契約の相手方である建物オーナーを守るための規定だからだ。

 正解 1 A 肢1、4が特に 重 要

1 × 国土交通大臣の「指示（処分）」に従わないのであれば、業務停止命令を出すことができる。業務の全部の停止も可能だ。

2 ○ 勧誘者が違反行為をした場合、特定転貸事業者（サブリース業者）が監督処分を受けることがある。勧誘者に違反行為をさせ、特定転貸事業者（サブリース業者）は処分を逃れるということは許されない。

3 ○ 国土交通大臣は違反者に対し監督処分ができる。指示（処分）もその一つだ。

4 ○ 指示、業務停止命令があった場合には、公表される。

POINT 試験対策としては、**賃貸住宅管理業者に対する監督処分や罰則についても**確認しておこう。

第2章 賃貸住宅管理業法

賃貸住宅標準管理受託契約書に関する次の記述のうち、最も不適切なものはどれか。 [R4-3]

1 鍵の管理（保管・設置、交換及びその費用負担）に関する事項は、賃貸住宅管理業者が行うこととされている。

2 入居者から代理受領した敷金等は、速やかに賃貸人に引き渡すこととされている。

3 賃貸住宅管理業者は、あらかじめ入居者に通知し、承諾を得なければ住戸に立ち入ることができないものとされている。

4 賃貸住宅管理業者は、賃貸人との間で管理受託契約を締結したときは、入居者に対し、遅滞なく連絡先等を通知しなければならず、同契約が終了したときにも、管理業務が終了したことを通知しなければならないものとされている。

 次の記述のうち、賃貸住宅標準管理受託契約書にて賃貸住宅管理業者に代理権が授与されている事項に含まれないものはどれか。 [R3-5改]

1 未収金回収の紛争対応

2 賃貸借契約の更新

3 修繕の費用負担についての入居者との協議

4 原状回復についての入居者との協議

 問25 **正解 1**　　　　　　　　**B** 肢1、4が **重要**

1 ×　賃貸住宅標準管理受託契約書では、鍵の管理は建物所有者が行うとしている。

2 ○　敷金は賃貸借契約の債務の担保となるものだ。賃貸借契約の当事者である賃貸人（建物所有者）に速やかに引き渡す。

3 ○　管理業務を行うために必要であれば住戸に立ち入ることができる。その場合、あらかじめ入居者の承諾を得る必要がある。当たり前だ。入居者としては無断で自分の住戸に入られては困る。もっとも「防災等の緊急を要するときはその限りではない」とされている。

4 ○　「入居者への対応」と呼ばれる条項だ。管理受託契約を締結したときは、入居者に「管理業務の内容」「実施方法」「管理業者の連絡先」を通知する。終了した時も終了したことを通知する。

 問26 **正解 1**　　　　　　　　**B** 肢1が特に **重要**

1 ×　（含まれない）　未収金回収の紛争対応は弁護士や司法書士でなければできない。賃貸住宅管理業者が行うことができないので、代理権が授与されていない。

2 ○　（含まれる）　更新業務は、管理業者が建物所有者（賃貸人）を代理して行うことができる。

3 ○　（含まれる）　修繕費用に関する入居者（賃借人）との協議は、管理業者が建物所有者（賃貸人）を代理して行うことができる。

4 ○　（含まれる）　原状回復についての入居者（賃借人）との協議は、管理業者が建物所有者（賃貸人）を代理して行うことができる。

POINT　標準契約書の代理権の授与の項目に自信がなくても（覚えていなくても）、報酬を得る目的で法律事務（未収金回収の紛争対応もその一つ）ができないことを考えれば、肢1が誤りだとわかるはずだ。なお、「未収金の督促」であれば、管理業者が建物所有者（賃貸人）を代理して行うことができる。

B **問27** 特定賃貸借標準契約書（国土交通省不動産・建設経済局令和3年4月23日更新）に準拠して特定賃貸借契約を締結した場合における次の記述のうち、誤っているものはどれか。 [R 5 -39]

1 貸主は、借主が建物の維持保全を行うために必要な情報を提供しなければならない。

2 借主は、貸主が承諾した場合であっても、賃借権の一部を反社会的勢力に譲渡することはできない。

3 借主は、清掃業務を第三者に再委託することができる。

4 借主は、建物の維持保全の実施状況について、貸主と合意した頻度で報告の期日を定めた場合は、それ以外の時期に貸主から求められても実施状況について報告する必要はない。

1 ○　貸主は、借主が建物の維持保全を行うために必要な情報を提供する。

2 ○　反社会的勢力への転貸を禁止する条項がある。

3 ○　業務の第三者への再委託は可能。

4 ×　定期報告以外にも、貸主は必要に応じ報告や関係書類の提示を求めること
　　　ができる。この場合、借主は報告や提示をしなければならない。

第2章　賃貸住宅管理業法

A **問 28** 特定賃貸借標準契約書に関する次の記述のうち、正しいものはどれか。なお、特約はないものとする。 [R 4 -41]

1 特定賃貸借標準契約書では、貸主は、借主が家賃支払義務を3か月分以上怠っている場合であっても、相当の期間を定めて当該義務の履行を催告することなく契約を解除することはできないとされている。

2 特定賃貸借標準契約書は、賃貸住宅において借主が住宅宿泊事業法に基づく住宅宿泊事業（いわゆる民泊）を目的として転貸することは認めないことが前提とされているため、民泊を認める場合は、特約事項欄に記載する必要がある。

3 特定賃貸借標準契約書によれば、借主は、賃貸住宅の適切な維持保全を行うために必要な事項については、書面により貸主に情報の提供を求めなければならない。

4 特定賃貸借標準契約書によれば、特定賃貸借契約が終了した場合において借主が転借人から敷金の交付を受けているときは、これを転借人との間で精算し、転借人から貸主に敷金を交付させなければならない。

正解 1 　　　 **A** 肢3がやや細かいがそれ以外は**重要**な知識

1 ○ 特定賃貸借契約標準契約書では、賃借人（サブリース業者）が「家賃支払義務を3か月分以上怠った」「転貸条件に違反した」「維持保全に要する費用分担義務に違反した」という場合には、賃貸人（建物所有者）からの契約の解除を認めている。しかし、契約を解除するには相当の期間を定めて履行を催告することが必要だ。

2 × 住宅宿泊事業（民泊）として転貸できるかは、契約を結ぶ際に定めることになっている（可否を選択する）。民泊を認めないことが前提とされているわけではない。

3 × 特定賃貸借契約標準契約書では、賃貸人（建物所有者）が、賃借人（サブリース業者）が適切な維持保全を行うために必要な情報を提供することを定めている。しかし、この情報提供の方法は「書面」に限定されているわけではない。

4 × 特定賃貸借標準契約書では、契約が終了した場合、賃貸人（建物所有者）が転貸人の地位を承継する、としている。敷金返還債務も、賃貸人が承継する（賃借人（サブリース業者）が預かった敷金を、賃貸人が転借人（入居者）に返還する）。「転借人と転貸人との間で精算」するのではない。

A **問29** 特定賃貸借標準契約書に関する次の記述のうち、最も不適切なものはどれか。ただし、特約はないものとする。 [R3-34]

1 特定賃貸借標準契約書では、借主が賃貸住宅の維持保全をするに当たり、特定賃貸借契約締結時に貸主から借主に対し必要な情報の提供がなかったことにより借主に損害が生じた場合には、その損害につき貸主に負担を求めることができるとされている。

2 特定賃貸借標準契約書では、貸主が賃貸住宅の修繕を行う場合は、貸主はあらかじめ自らその旨を転借人に通知しなければならないとされている。

3 特定賃貸借標準契約書では、賃貸住宅の修繕に係る費用については、借主又は転借人の責めに帰すべき事由によって必要となったもの以外であっても、貸主に請求できないものがあるとされている。

4 特定賃貸借標準契約書では、借主が行う賃貸住宅の維持保全の内容及び借主の連絡先については、転借人に対し、書面又は電磁的方法による通知をしなければならないとされている。

問29 正解 **2** A 4つの肢すべて**重要**。特に肢2のようなひっかけに注意

1 ○ 借主が管理業務を行うのに必要な情報を提供する義務が、貸主にはある。提供しないため、借主が損害を受けたならば貸主が負担する（賠償する）。

2 × 転借人（入居者）と契約を結んでいるのは、借主であるサブリース業者だ。転借人（入居者）への連絡は、借主（サブリース業者）を通じて行う。貸主（建物所有者）と転借人（入居者）との間には、なんの契約関係もないからだ。

3 ○ 契約で借主（サブリース業者）が負担すると定めているものについては、貸主に請求することはできない。

4 ○ 借主は、維持保全の内容及び借主の連絡先を転借人に通知する。

POINT

肢2は、借主に通知義務があるのを、貸主に義務があるとしたひっかけ問題。サブリース契約が「建物所有者（貸主） ― サブリース業者（借主） ― 入居者（転借人）」という契約関係であることを考えれば、誤り、というのはすぐにわかるはずだ。

第3章 契約の基礎知識

30秒講義 契約の基本事項について学ぶ。「公式テキスト」に合わせて独立した章としているが、ざっと目を通しておく程度でよい。

1 | 契約と意思表示

(1) 契約

契約は自由に締結することができるのが原則だが、一定の制約もある。

覚えよう

■契約自由の原則に対する制約

契約締結の自由	終身建物賃貸借では、「賃借人死亡後、一定の場合、同居配偶者等との契約締結義務」がある
内容決定の自由	公序良俗違反、強行規定に違反する契約は無効
方式の自由	保証契約・定期建物賃貸借契約・取壊し予定の建物の賃貸借・終身建物賃貸借契約などは書面等で契約しなければならない
相手方選択の自由	外国人であることや障害を理由として入居を拒むことはゆるされない

■行為能力

未成年者や制限行為能力者（加齢や病気で判断能力が弱くなった人）がした契約は取り消すことができる。判断能力が弱いため不利な契約を結んでしまうこともあるからだ。

	未成年者	法定代理人の同意なしには契約はできない
制限行為能力者	成年被後見人	契約は「成年後見人」が代理する。ただし日用品の購入などは単独でできる
	被保佐人	重大な行為※をするには「保佐人」の同意が必要。同意なしに契約した場合は取り消すことができる
	被補助人	重大な行為※のうち、裁判所が指定した行為をするには「補助人」の同意が必要。同意なしに契約した場合は取り消すことができる

※重大な行為とは、借金、訴訟、財産の贈与、相続、不動産の売買など

〈成年被後見人〉

補足説明 ‧‧

● 未成年者でも、(1)単に権利を得る又は義務を免れる行為、(2)法定代理人から許された財産の処分、(3)法定代理人から「営業の許可」を受けた行為、は法定代理人の同意がなくてもできる（単独で行っても取り消すことができない）。

● 騙されたり（詐欺）、無理強いされた（強迫）、勘違い（錯誤）により契約した場合も、契約を取り消すことができる。

● 本当は家を借りたい（貸したい）という意思がないのに、意思表示（契約書に署名など）してしまうこともありうる。そのような本心とは異なる意思表示をした場合、取消しや無効となる場合もある。例えば、心裡留保（嘘や冗談）は、原則有効だが、相手方が（嘘や冗談と）知っていれば無効。錯誤（勘違い）で結んだ契約も取消しできる場合がある。

● （泥酔状態など）**意思無能力**の状態で行った契約も**無効**となる（取り消すことができる、のではない）。

覚えよう

■公序良俗

　社会の一般的秩序、又は道徳観念に反する契約は無効となる。

〈公序良俗に反するとして無効となった特約の例〉

● 　1か月以上賃料を滞納した場合には、賃借人の承諾を得ずに建物に立ち入り、鍵の交換や賃借人の所有物を処分することができる

- 子供が生まれた場合には賃貸借契約が終了する
- 賃貸人の承諾を得た者のほかは、親族、家族、又は留守番等その他何らの名目をもってするも一切居住させ又は一時的にも占有させない
- 月額賃料31万5,000円のところ、1日あたりの使用損害金を31万5,000円とする

■強行規定と任意規定

　強行規定とは、法律の規定と異なる内容を定めた特約は無効になる規定だ（法律の規定が絶対）。一方、特約があれば特約が優先され、法律の規定が適用にならないような規定を任意規定という。

〈強行規定の例〉

- （普通建物賃貸借契約は）期間満了の1年前から6か月前までに更新拒絶の通知をしない場合には、賃貸借契約は更新したものとみなされる（法定更新）
  - ➡この規定は強行規定なので、「契約期間満了で契約終了」という特約は無効
- 賃貸人が解約の申入れをするには正当事由が必要
  - ➡「賃借人が破産宣告を受けたときは、賃貸人は直ちに契約解除できる」という特約は無効
- 建物賃借権は引渡しにより対抗力を持つ
  - ➡「建物の所有権が第三者に移転した場合に、賃借権は当初の当事者間にのみ存続する」という特約は無効

　※法定更新、正当事由、対抗力については、第5章賃貸借契約で学ぶ

〈任意規定の例〉

- 賃料は毎月末に支払わなければならない
  - ➡この規定は任意規定。「前月末までに賃料を支払う」という特約も有効

補足説明 ....

● 何が強行規定で、何が任意規定なのかについて深入りする必要はない。試験対策としは、上記の任意規定の例を覚えておく程度でよい。

||||||||||||||||||||||||| **過去問出題例** |||||||||||||||||||||||||

1. 契約期間2年の建物賃貸借契約を締結し、「契約期間内に賃借人が死亡したときに契約が終了する」との特約を設けたとき、賃借人の死亡により賃貸借契約は終了する。(R5-21-イ)

    解答 × 賃借人が死亡した場合、賃借権は相続される（後述の「8当事者の死亡」参照）。これは強行規定だ。特約を設ければ賃借人の死亡により賃貸借契約は終了する、というのは誤り。

第4章 管理受託契約

30秒講義　賃貸住宅管理業とは、賃貸人の委託を受けて賃貸住宅の維持保全や金銭の管理を行う業務だ。委任契約、又は請負契約にあたる（両者の混合ということもある）。委任契約、請負契約の内容を確認しておこう。

1 ｜ 委任

(1) 委任契約とは

委任者が法律行為をすることを受任者に委託し、受任者がこれを承諾することによって成立する契約が委任契約だ（諾成契約）。

覚えよう

■委任契約とは

① 受任者は「善管注意義務」「自己執行義務」「報告義務」「受取物の引渡義務」を負う。

② 委任契約は、民法上は無償が原則（特約がない限り報酬請求権は生じない）

③ 報酬請求権がある場合、支払時期は、後払いが原則

④ 受任者は委任者に費用の前払いを請求できる（費用の前払請求権）。受任者が必要な費用を支出したときは、費用及び利息を請求できる（費用の償還請求権）。

補足説明

- 委任契約は、民法上は諾成契約であるが、賃貸住宅管理業法上は、管理受託契約の**契約成立時の書面の交付**が求められる。

- 法律行為を委託するのが委任。（法律行為ではない）事実行為を委託するのは「準委任」という。あまり気にする必要はないが、例えば、「管理業者が賃貸人から代理権を授与され、建物の修繕のための工事請負契約などを賃貸住宅管理業者の名で発注する」というのは、法律行為になる。一方、「賃貸人と維持・修繕業者との契約が成立するように、賃貸住宅管理業者が各種事務を行う行為（媒介）」

などは事実行為になる。

●①：賃貸住宅管理業法でも、**賃貸人に対する定期報告**を管理業者に義務付けている。

●②：商法により「商人」は特約がなくても報酬請求権が認められている（管理業者は「商人」にあたるので、管理契約において特約がなくても相当な報酬を請求することができる）。

■委任契約の終了

① 各当事者はいつでも契約を解除できる（無理由解除OK）。「相手方に不利な時期に解除した」場合には、損害を賠償する。ただし、やむを得ない事情で解除するなら、損害賠償は不要

② 受任者が後見開始の審判を受けた場合には、委任契約終了。委任者・受任者の死亡、破産でも委任契約終了

	後見開始	死亡／破産
委任者	終了しない	終了
受任者	終了	終了

●②：受任者が会社ではなく個人ということもある。後見開始の審判を受けたのであれば安心して業務を任せられない。委任契約は終了する。委任契約は、委任者と受任者との信頼関係のもとに成立するものだからだ。

●委任が終了しても、急迫の事情があるときは、受任者（その相続人・法定代理人）は、委任者（その相続人・法定代理人）が委任事務を処理することができるようになるまでは、必要な処分をしなければならない（緊急事態ならば、委任契約が終了していても、受任者は必要な対応をする、ということ）。

2 | 請負

　他人に仕事を依頼する契約として、委任契約の他に請負契約がある。請負は仕事の完成を目的としている（原則として仕事が完成するまでは報酬を支払う必要はない）。管理業務の内容をなす建物の修繕工事は、請負契約になる。

■請負契約
① 注文者は、報酬支払義務を負い、請負人は、完成物引渡し義務を負う。
② 請負の報酬は目的物（住宅など）の引渡しと同時に支払われる。
③ 引き渡された目的物が契約内容と違う（不完全なもの）場合には、請負人に責任追及できる。

追完請求権	注文者は請負人に修補や工事のやり直しを催告（請求）できる
報酬減額請求権	催告しても履行の追完がない場合、不適合の程度に応じて代金の減額を請求できる
解除	債務不履行があれば、注文者は契約を解除できる
損害賠償請求権	欠陥について、請負人に責任がある場合には、損害賠償請求もできる

〈委任契約、請負契約、雇用契約の比較〉

	契約の内容	裁量権
委任	法律行為の委託（労務の提供に近い）	委任者に裁量権あり
請負	仕事の完成	請負人に裁量権あり
雇用	労務の提供	労働者には裁量権なし（使用者の指揮命令に従う）

補足説明

● 3つとも諾成契約だ（口頭でも契約成立）。

3 | 管理受託契約の性格

賃貸住宅管理業法が制定され、管理住宅契約が定義づけられたことにより、その法的性格も明らかになった。

覚えよう

■管理受託契約の性格
① 賃貸住宅管理業法上の管理業務は、賃貸人の委託を受けて行う**維持保全**がその中核となる。
② 賃貸住宅管理業法上の管理受託契約は、委任契約、請負契約、委任契約と請負契約との混合契約のいずれかの性格を有することになる。

補足説明

●②：例えば維持保全業務（点検、清掃、必要な修繕など）を管理業者が行う契約は、請負契約になる。一方、他の維持・修繕業者と賃貸人との間に維持保全業務の契約を成立させること（媒介）を委託された場合には準委任契約になる。金銭管理も準委任契約になるので、維持保全と併せて金銭管理を行う場合などは混合契約になる。

過去問出題例

1. 賃貸住宅管理業法上の管理受託契約は、仕事の完成を目的とした契約類型であり、民法上の請負契約に分類される。(H28-9-2改)

   解答 × 賃貸住宅管理業法上の管理受託契約は、委任契約、請負契約、委任契約と請負契約との混合契約のいずれかの性格を有する。請負契約とは言い切れない。

2. 受託者たる管理業者は、委託者の承諾を得ずとも、必要があれば管理業務を再委託することができる。(H30-8-3)

   解答 × 第三者に再委託するには、委託者の承諾又はやむを得ない事由が必要だ。管理業者を信頼して仕事を依頼したのに、勝手に下請けに出

すのは許されない。なお賃貸住宅管理業法により全部再委託することは禁止されている。

3. 賃料等の受領に係る事務を目的とする管理受託契約においては、履行期に関する特約がない場合、受託業務の履行と報酬の支払とが同時履行の関係にある。(H30-8-1)

   解答 × 賃料等の受領に係る事務を目的とする管理受託契約は委任契約だ。民法上、報酬は後払いが原則であり、受託業務の履行が先になる。同時履行の関係ではない。

4. 法人である管理業者の代表取締役が死亡した場合、管理受託契約は終了する。(H28-10-1)

   解答 × 代表取締役は受任者ではない（法人とその代表は別の存在）。代表取締役が死亡したからといって、法人が受託した管理受託契約が終了するわけではない。

5. 賃貸管理業者A社が賃貸住宅管理業者B社に吸収合併された場合、委託者である建物所有者の承諾がなければB社は管理業務を承継しない。(H28-10-2改)

   解答 × A社がB社に吸収された場合、契約に伴う権利義務は、委託者（建物所有者）の承諾がなくてもB社が承継する。委託者（建物所有者）の承諾は不要だ。

－ MEMO －

賃貸住宅管理業者であるＡと賃貸人Ｂとの間の管理受託契約における、家賃等の金銭管理を行う業務についての次の記述のうち、最も適切なものはどれか。 [R5-5]

1 ＡはＢの指揮命令に従い金銭管理を行う必要がある。

2 Ａは金銭管理を行う際、自らの財産を管理するのと同程度の注意をもって行う必要がある。

3 Ａが自己の財産と区別して管理しているＢの金銭に利息が生じた際、この利息を除いた額をＢに引き渡すことができる。

4 Ａは、Ｂの承諾があれば、金銭管理を行う業務を第三者に再委託することができる。

 管理受託契約の性質に関する次の記述のうち、適切なものはどれか。 [R3-4]

1 管理受託契約は、民法上の委任と雇用の性質を併有することが想定されている。

2 民法上の請負は、法律行為又は事実行為をすることを目的とする。

3 建物設備の維持保全業務は、民法上の準委任に当たる。

4 民法上の委任契約は、書面で契約を締結することが義務付けられている。

正解 4　　　　　　　**B** 肢2、3はやや細かい知識。肢4が簡単

1　×　国土交通省令で定める方法により「分別管理」しなければならない。賃貸人Bの指揮命令に従って行うのではない。

2　×　金銭管理は民法上の委任にあたる。受任者には「善良なる管理者の注意義務（善管注意義務）」が課せられる。「自らの財産を管理するのと同程度」の注意よりも重い注意義務がある。

3　×　金銭管理は民法上の委任にあたる。委任事務により生じた利息も含めて委任者（賃貸人）に引き渡す。

4　○　管理業務は第三者への委任も可能。

 正解 3　　　　　　　

1　×　管理受託契約は民法上の「委任契約」「請負契約」「委任と請負の混合契約」のいずれかの性格を有するものだ。「雇用契約」とは異なる。

2　×　請負は業務の完成を目的とする。法律行為をするのは委任、事実行為をするのは準委任だ。

3　○　設備の維持保全、つまり点検したり、修繕を依頼する（とりつぐ）のは、準委任に当たると考えられる。

4　×　口頭の約束でも委任契約は成立する。

POINT　肢3。管理業者が修繕業務を自ら行う場合には、請負契約と考えられるので、準委任にあたる、と言い切っていることにいささか疑問を感じないでもないが、他の3つの肢が明らかに誤りなので、肢3を選ぶ。

B **問3** 賃貸住宅管理業者であるＡが、賃貸人であるＢとの管理受託契約に基づき、管理業務として建物の全体に及ぶ大規模な修繕をしたときに関する次の記述のうち、誤っているものはどれか。 [R4-5]

1 引き渡された建物が契約の内容に適合しないものであるとして、Ａに対して報酬の減額を請求したＢは、当該契約不適合に関してＡに対し損害賠償を請求することができない。

2 引き渡された建物が契約の内容に適合しないものである場合、Ｂがその不適合を知った時から１年以内にその旨をＡに通知しないと、Ｂは、その不適合を理由として、Ａに対し担保責任を追及することができない。

3 引き渡された建物が契約の内容に適合しないものである場合、Ｂは、Ａに対し、目的物の修補を請求することができる。

4 Ａに対する修繕の報酬の支払とＢに対する建物の引渡しとは、同時履行の関係にあるのが原則である。

正解 1　　　　　　　　　　　B　肢1と2が特に 重 要

1　×　例えば修繕すべきところを修繕していないのであれば、報酬の減額請求が
　　　　できる（先に追完請求が必要）。報酬減額請求した場合でも損害があれば
　　　　賠償請求できる。

2　○　知ってから1年以内に通知しないと、契約不適合責任を追及できなくなる。

3　○　契約不適合があれば、追完請求ができる。修補請求（修繕してくれ）とい
　　　　うのもその一つだ。修繕という「追」加的行為により「完」全な状態にす
　　　　るのだ。

4　○　建物修繕は請負契約だ（修繕という仕事の完成を目的としている）。請負
　　　　契約では、目的物の引渡しと報酬支払は同時履行の関係にある。

第 **5** 章　**賃貸借契約**

 30秒講義　民法、借地借家法など賃貸借契約に関するルールだ。管理受託方式における「建物賃貸借契約」や、サブリース方式における「原賃貸借契約」「転貸借契約」は以下に説明するルールを守らなければならない。

1 | 契約の成立

(1) 契約の種類

　賃貸借契約にもいくつか種類がある。特に重要なのは定期建物賃貸借だが、これは後で詳しく学ぶ。

覚えよう

■賃貸借契約の種類

① 通常の賃貸借契約（**普通建物賃貸借契約**）は、賃借人が希望すれば契約の更新ができる。これに対し契約の更新がないのが定期建物賃貸借契約である。

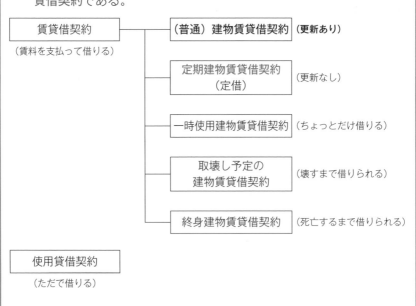

(2) 賃貸借契約の成立

賃貸人が「月〇万円でこの建物を貸します。借りませんか？」と言い（申し込み）、賃借人が「その賃料で借ります」と言えば（承諾）、契約が成立する。これが原則。しかし「定借」等は契約書を作成しなければ成立しない。

覚えよう

■契約の成立

① 賃貸借契約は当事者（賃貸人・賃借人）双方の意思の合致があれば成立する。契約書の作成や物件の引渡しは契約成立の要件ではない。

② **定期建物賃貸借契約、取壊し予定の建物賃貸借契約、終身建物賃貸借契約**は、契約書を作成しなければ有効な契約とはならない。

補足説明

● 賃貸借契約のように、当事者双方の意思の合致だけで成立する契約を**諾成契約**という（双方の承「諾」により契約が「成」立する）。口頭の合意だけでも契約が成立するのだ。

● 賃貸借契約は諾成契約なので、契約書を作らなくても成立するが、後日のトラブルを防ぐ、第三者に契約内容を説明する場合もある、などの観点から契約書を作成することが望ましい。

● 宅建業者が賃貸借の媒介、代理を行った場合には、契約書を各当事者（賃貸人・賃借人）に対し交付する義務がある（37条書面の交付）。

● 意思表示（契約の申込、承諾）は黙示的なものであってもよい。

過去問出題例

1. 諾成契約とは、契約の成立に目的物の授受を要する契約であり、賃貸借契約がこれにあたる。(R2-13-3)

解答　× 　諾成契約とは、当事者間の意思の合致のみで成立する契約のこと。契約の成立に目的物の授受を要するのは要物契約だ。なお、賃貸借契約が諾成契約というのは正しい。

2. 賃貸借契約が成立するためには、賃貸人、賃借人が署名押印する賃貸借契約書の作成が必要である。(H27-13-2)

> **解答** × 普通の賃貸借であれば契約書の作成がなくても、当事者の意思の合致があれば契約は成立する。

3. 契約は、申込みに対して相手方が承諾をしたときに成立し、明示的な承諾の意思表示がない限り成立しない。(R2-13-1)

> **解答** × 黙示的な承諾であっても契約は成立する。

覚えよう

■共有物の賃貸

　賃貸建物が複数の者の共同所有ということもある。他の共有者の同意について確認しておこう。②軽微変更が令和5年4月施行の法改正点。試験対策上要注意だ。

行為	具体例	同意要件
①変更 （軽微以外）	3年超の建物賃貸借の設定、建物の増築	全員の同意が必要
②軽微変更 （形状又は効用の著しい変更を伴わない変更）	建物の外壁や屋上防水等の大規模修繕工事	持分の価格の過半数の同意が必要 特別の影響をうける共有者がいるならば、その者の承諾が必要
③管理	短期間（3年以下）の建物賃貸借の設定、賃貸借契約の解除、共有物管理者の選任・解任	
④保存	日常的な修繕（例：雨漏りを修理する）、害排除請求（例：不法占拠者を追い出す）	各共有者が単独でできる

補足説明 ....

● 持分とは、各共有者の共有物に対する所有権割合のこと。

●共有物の管理のために管理者を置くことができる。管理者は前記表の②軽微変更、③管理に関する行為を行える（共有者が決定した場合にはそれに従う）。

(3) 賃借権の承継（当事者の死亡）

当事者（賃貸人、賃借人）が死亡しても、賃貸借契約は終了しない。当事者の地位が相続されるのだ。これに対し使用貸借（タダで借りる契約）は賃借人の死亡により契約が終了する（8　当事者の死亡　も参照）。

覚えよう

■賃借権の承継
①　賃貸人が死亡しても、賃借人は住み続けることができる（死亡した賃貸人の相続人が新たな賃貸人となる）。
②　賃借人が死亡した場合、賃借人の相続人が賃借権を相続する。

補足説明

●賃借人が死亡し、相続人がいない場合には、特別縁故者（内縁関係にある者など）が賃借権を承継できる（承継しないことも可能）。

過去問出題例

1. 賃貸住宅につき、契約期間を5年とする定期建物賃貸借契約の締結は、共有者の持分の価格に従い、その過半数で決することができる（R5-22-ウ）

    解答　× 長期（3年超）の建物賃貸借契約の締結は「変更行為」。全員の合意が必要。

2. 賃貸住宅の賃貸借契約に関し、賃借人の債務不履行を理由とする契約の解除は、共有者の持分の価格に従い、その過半数で決することができる（R5-22-エ）

    解答　○ 建物賃貸借契約の解除は「管理行為」。過半数の合意で決することができる。

3. 定期建物賃貸借契約では、賃借人が死亡したときに契約が終了する旨の定め

は、有効である。(R2-19-1)

> **解答** ✕ 賃借権は相続の対象となる。定期建物賃貸借であっても同様。

4. 賃借権では、賃借人が死亡した場合、賃借人が同居している相続人のみが相続により賃借人の地位を承継するため、雨漏りが生じたときは、当該相続人が賃貸人に対して修繕を請求する権利を有する。(H27-18-2)

> **解答** ✕ 賃借権は相続人全員が相続する。同居する相続人「のみ」が賃借人の地位を承継する、というのは誤りだ（同居していなかった相続人も修繕を請求できる）。

覚えよう

■契約締結上の過失

契約成立に対する信頼を裏切って交渉を破棄した当事者は、信義則上、契約成立を信じて支出した費用を損害として賠償しなければならない。

|||||||||||||||||||||||||||||||| 過去問出題例 ||||||||||||||||||||||||||||||||

1. 賃貸借契約の締結に向けた交渉がなされ、賃貸人に契約が成立することの強い信頼を与えるに至ったにもかかわらず、合意直前で賃借人予定者が理由なく翻意し、契約が成立しなかった場合、賃借人予定者が不法行為責任を負うことがある。(R5-21-エ)

> **解答** ○ 契約成立に対する信頼を裏切って交渉を破棄した当事者は、信義則上、契約成立を信じて支出した費用を損害として賠償しなければならない。

(4) 借地借家法

賃貸借に関するルールは民法に定められている（建物を借りる場合だけでなく、車を借りる、DVDを借りるといった場合にも適用がある）。しかし、建物は生活の基盤だ。通常の賃貸借と違い、借主を保護する必要がある。そこで、借地借家法により、民法の賃貸借の規定が修正されている。

■民法と借地借家法の比較

借地借家法による修正の主な内容（詳細は、後述する）

	民法	借地借家法
①存続期間	最長50年 最短の定めはない。	50年超の契約も可能 普通建物賃貸借契約の存続期間は１年以上
②解約・更新拒絶	制限はない	貸主からの解約申入れ、更新拒絶には**正当事由**が必要
③期間の定めのない建物賃貸借契約の終了	申入れから３か月後に終了	貸主からの申入れの場合は６か月後に終了
④対抗力	建物賃貸借の登記	建物賃貸借の登記に加え、建物の**引渡し**でも対抗力あり
⑤造作買取請求権	なし	借主が付加した造作を契約終了時に貸主に買い取ってもらえる

■借地借家法の適用がない契約

⑥ 「一時使用賃貸借契約」「使用貸借」については、借地借家法の適用がない（民法の規定が適用される）。

補足説明 ・・

●①②は、4 契約期間と更新で、③は、5 賃貸借契約の終了で、④は、9 賃借権の譲渡・転貸、建物の所有権移転で、⑤は、2 賃貸人・賃借人の義務で、⑥は、10 特別の賃貸借契約・使用貸借 で解説する。

2 │ 賃貸人・賃借人の義務

(1) 賃貸人の義務

賃貸人は、きちんとした状態で建物を貸す義務がある。たとえば、貸家が雨漏りするのであれば直すのは賃貸人の責任だ。もっとも賃借人が建物を壊したなど、賃借人に責任がある場合には、賃貸人は修繕義務を負わない。

■賃貸人の義務

① 目的物を使用させる。必要があれば修繕する。

原則	賃貸人が修繕義務を負う（天変地異等の不可抗力であっても）
例外	（賃貸人に修繕義務なし） • 賃借人に責任がある場合 • 修繕ができない場合（費用が過多、不可能） • 建物が全部滅失した場合（賃貸借契約は終了する）

② 賃借人が相当の期間内に修繕しない、または急迫の事情があるときは、賃借人が修繕できる。

③ 賃借人が修繕した場合には、賃貸人が費用を償還する（賃貸人が建物の返還を受けた時から1年以内に請求する）。

必要費	〈建物を維持・保全するための費用〉 賃借人は直ちに、全額請求できる
有益費	〈建物を改良（グレードアップ）させるための費用〉 契約終了時に、「支出額」又は「増価額の現存額」のいずれかが返還される（賃貸人が選択する）

④ **造作買取請求権**に応じる。
賃貸人の同意を得て、賃借人が建物に付加した造作（建具、畳等）を、期間の満了・解約の申入れによる契約終了時に賃貸人に時価で買い取ってもらう権利

補足説明 ....

● ①：必要費とは維持・保存に必要な費用のこと（例：トイレの修理）。有益費とは改良など建物の価値を高めるための費用だ（例：カーペットをフローリングに替えた）。

● ③：賃貸人が修繕しない場合や、急迫の事情があるときは賃借人が修繕できる。

● ④：賃借人が賃貸人の同意を得て賃貸建物に付加した造作（空調設備、給湯設備等）がある場合、契約終了時に、賃借人が賃貸人に対し、その造作を時価で買い

取ることを請求できる。これが**造作買取請求権**だ。

● 必要費・有益費の償還請求権、造作買取請求権は特約で排除できる（賃借人が必要費・有益費を請求しない、賃貸人が造作を買い取らない、という特約も有効）。

● 有益費と造作買取請求の相違は、建物の構成物となったか否か。付加された物を建物から分離するときに建物を壊さなければならないとすれば有益費。そうでないものは造作。「外壁タイルの張り替え」は有益費。「空調設備」「給湯設備」は造作にあたる。

● 賃借人は必要費・有益費償還請求権を被担保債権として留置権を行使することができる（必要費を支払わないのなら、留置権に基づき目的物の明渡しを拒むことができる）。造作買取請求権には留置権は認められない。

||||||||||||||||||||||||||||||| **過去問出題例** |||||||||||||||||||||||||||||||

1. 賃貸人が行うべき雨漏りの修繕を賃借人の費用負担で行った場合、賃借人は賃貸借契約の終了時に限り、支出額相当の費用の償還を請求できる。（R1-16-1）

   解答 ✕ 必要費なので直ちに償還請求できる。契約終了時ではない。

2. 賃貸人は、大地震により賃貸物件の一部が破損した場合でも、当該部分の修繕義務を負う。（R2-23-4）

   解答 ○ 不可抗力により生じた場合でも、賃貸人は修繕義務を負う。

3. 建物共用部内の下水管が破損し賃貸住宅の寝室に漏水が発生したときに、賃貸人が長期海外旅行中で連絡が取れない場合、賃借人は賃貸人の帰国を待たなければ、賃貸住宅の修繕を行うことができない。（R5-23-1）

   解答 ✕ 建物の修繕は賃貸人の義務だが、急迫の事情がある場合には、賃借人が自ら修理できる。下水管の破損は、急迫の事態だ。賃借人が修理できる。

4. 賃貸物件の改良のために賃借人が支出した費用は、契約終了時に賃貸物件の価格の増加が現存する場合に限り、支出した費用又は増価額の償還を賃借人が賃貸人に対して請求できる。（R1-16-3）

   解答 ○ 賃貸物件の改良のための費用なので**有益費**だ。賃貸人は「契約終了時に」「支出した費用又は増価額（の現存額）のどちらか」を賃借

人に支払う。

5. 賃貸人の修繕義務は、賃貸借契約締結後に生じた破損に限られるから、賃借人が入居する以前から賃貸不動産に雨漏りが発生していた場合には、賃貸人は賃借人に対して修繕義務を負わない。(H28-20-3)

　解答　× 賃貸人は、建物を使用に適する状態で引き渡す義務がある。入居以前の雨漏りであっても修繕義務を負う。

6. 賃貸借契約が終了し、賃貸住宅を明け渡してから1年半が経過した時点で、賃借人が必要費を支出していたことを思い出し、賃貸人に対して必要費償還請求権を行使した場合、賃貸人は支払を拒むことができない。(R5-23-3)

　解答　× 必要費の返還請求は、賃貸物を返還してから1年以内に行わなければならない。法律関係の早期安定のためだ。

7. 賃貸建物が全部滅失した場合、当該滅失についての賃借人の帰責事由の有無にかかわらず、賃貸人は修繕義務を負わない。(H30-16-2)

　解答　○ 賃貸建物が全部滅失→建物賃貸借契約は終了。賃貸人が修繕義務を負うわけではない。

8. 経年劣化により故障したトイレの修繕のための費用（必要費）を賃借人が支出しているにもかかわらず、賃貸人がその支払を拒む場合、賃借人は、賃貸借契約が終了しても、賃貸住宅全体の明渡しを拒むことができる。(R5-23-2)

　解答　○ 必要費を支払わないのなら、留置権に基づき目的物の明渡しを拒むことができる（賃借人は必要費償還請求権を被担保債権として留置権を行使することができる）。

(2) 賃借人の義務

　賃借人は、定まった使用方法により建物を使用し、賃料を支払い、契約が終了すれば原状回復の上、目的物を返還する義務がある。

覚えよう

■賃借人の義務
① 賃料支払い義務
② 用法遵守義務、善管注意義務、通知義務、修繕受任義務
③ 目的物の返還義務

補足説明

●①：（賃借人の責任ではなく）物件の**一部が滅失**等により使用できなくなった場合、使用できなくなった割合に応じて**賃料は減額**される。

●用法遵守とは、使「用」方「法」を守るということ。例えば居住用の建物を店舗として使用すれば用法違反だ。なお、賃貸人が賃借人の用法遵守義務違反を理由に損害賠償請求をする場合、賃貸物件の返還を受けた時から**1年以内**に行使しなければならない。返還後長期間（1年以上）経過すると、用法違反による損害か否かが判断しにくくなるからだ。

●善管注意義務は、「自己の財産のためにするのと同一の注意義務」より**重い注意義務**だ。自分のもの以上に慎重に取り扱え、ということだ。

●修繕を要するときは、遅滞なく賃貸人に通知する（賃貸人が既に知っている場合を除く）。

●賃借人は賃貸人の保存に必要な行為（修繕など）を拒むことはできない。

●目的物の返還に際し、賃借人には原状回復義務がある。もっとも、自然損耗や経年変化はその対象外だ（詳しくは第7章 4 原状回復ガイドラインを参照）。

過去問出題例

1. 親族が賃貸人である賃貸借契約の場合、賃借人は、賃貸借契約終了後、賃貸物件返還までの間、同物件を自己の財産のためにするのと同一の注意義務をもって保管すれば良い。（R1-17-2）

   解答 × 賃借人には善管注意義務がある。「自己の財産のためにするのと同一の注意義務」ではない。

2. 建物賃貸借契約書に賃料の支払日について記載がない場合、令和4年11月分

の賃料の支払日は令和4年10月31日である。(H30-18-2改)

> **解答** × 賃料の支払日の規定がないので民法の規定通りになる。毎月月末に支払う。11月分は11月30日に支払えばよい。

3. 賃貸不動産につき修繕を要するときは、賃借人は、遅滞なくその旨を賃貸人に通知しなければならない。(H28-19-1)

> **解答** ○ 賃借人は賃貸人が知っている場合を除き、遅滞なく賃貸人に通知する。修繕が必要な状態なら、賃貸人に連絡し、なおしてもらえということ。善管注意義務の具体例だ。

4. 賃貸人が賃貸物件の保存を超える行為をしようとする場合でも、賃借人はこれを拒むことができない。(R1-7-4)

> **解答** × 保存に必要な行為であれば、賃借人は拒むことができない。しかし、「保存を超える行為」であれば、拒否できる。

5. 賃借人が修繕の必要性を賃貸人に通知し、賃貸人がその旨を知ったにもかかわらず相当期間内に修繕をしない場合、賃借人は賃貸物件の使用収益ができない範囲で賃料の支払を拒絶することはできるが、自ら修繕することはできない。(R2-23-3)

> **解答** × 賃借人が自ら修繕することもできる。修繕費は賃貸人に求償できる。

6. 賃借人の地位を複数人が共に有する場合、各賃借人は賃料支払債務を分割債務として負担する。(R1-18-4)

> **解答** × 共同賃借人の場合、各賃借人は賃貸人に対し賃料債務の全額を支払う義務を負う(8 当事者の死亡 も参照)。

3 │ サブリース契約

(1) サブリース契約とは

転貸借に関する民法・借地借家法のルールを確認しておこう。

■転貸借契約（サブリース契約）

① 賃貸人（建物所有者）と賃借人（転貸人）との契約を原賃貸借契約（マスターリース契約）、賃借人（転貸人）と転借人との契約を転貸借契約（サブリース契約）と呼ぶ。サブリース契約では建物所有者と入居者との間に契約関係は成立しない。

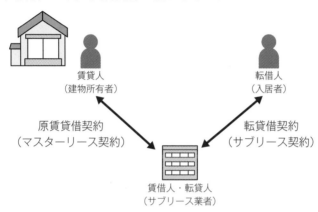

賃貸人
（建物所有者）

転借人
（入居者）

原賃貸借契約
（マスターリース契約）

転貸借契約
（サブリース契約）

賃借人・転貸人
（サブリース業者）

② 転貸するには、**賃貸人（建物所有者）の承諾**が必要。無断転貸はできない。

③ 賃借人（転貸人）が賃料を支払わない場合、賃貸人（建物所有者）は転借人に直接賃料を請求できる。請求できるのは、賃料と転貸料のうち低い方の額だ。

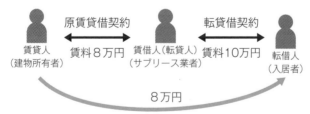

賃貸人
（建物所有者）

原賃貸借契約

賃料8万円

賃借人（転貸人）
（サブリース業者）

転貸借契約

賃料10万円

転借人
（入居者）

8万円

　上記の場合、賃借人が賃料を支払わないのならば、転借人に直接8万円を請求することができる。一方、転借人は賃貸人に対しなんの要求もできない。例えば、雨漏りがあっても転貸人（サブリース業者）にしか修理請求できない。

- ②：賃貸人の承諾なしに、賃借人が第三者に建物を使用収益させた場合には、無断転貸となり契約解除事由となる。しかし、**信頼関係が破壊されたとはいえない特段の事情**があれば、（無断転貸があっても）原賃貸借契約を解除することはできない。

- ③：転借人は、賃料の前払いを賃貸人に対抗できない。

||||||||||||||||||||||||||||||||| 過去問出題例 |||||||||||||||||||||||||||||||||

1. （サブリース方式による賃貸住宅経営に関する記述）所有者が転貸借を承諾しており、賃貸借契約の月額賃料が10万円、転貸借契約における月額賃料が12万円の場合、所有者が転借人（入居者）に対して12万円の支払を請求したときは、転借人（入居者）は12万円の支払義務を負う。（R1-20-2）

   > **解答** × 所有者と転借人との間に契約関係は成立しないが、所有者は転借人に直接賃料を請求できる。請求できるのは、賃料（10万円）と転貸料（12万円）のうち低い方だ。所有者は10万円しか請求できない。

2. （サブリース方式による賃貸住宅経営に関する記述）転借人が転貸借契約の終了により賃貸物件を明け渡した場合、原賃貸人とサブリース業者は、転借人に対して、連帯して敷金返還債務を負う。（H30-9-2）

   > **解答** × 建物入居者（転借人）から敷金を預かっているのはサブリース業者（転貸人）だ。敷金返還義務もサブリース業者だけが負う。原賃貸人と転借人との間に契約関係はなく、連帯して敷金返還債務を負うのではない。

3. サブリース方式による賃貸住宅経営の場合、サブリース業者は原賃貸人の代理人の立場で賃貸物件を借り受けている。（H30-9-1）

   > **解答** × サブリース業者は転貸人（原賃借人）になる。原賃貸人（建物所有者）の代理人ではない。

4. サブリース方式による賃貸住宅経営は、転借人（入居者）に賃貸不動産を引き渡すことが契約成立の要件である。（H29-8-ア）

   > **解答** × 転貸借契約も賃貸借契約だ。つまり諾成契約。転貸人と転借人との

合意で成立する。

5. （サブリース方式による賃貸住宅経営に関する記述）転借人（入居者）は、所有者（原賃貸人）との関係で転貸人（サブリース業者）の履行補助者には該当しないため、転借人（入居者）が過失に基づき賃貸不動産を毀損しても、転貸人（サブリース業者）は所有者（原賃貸人）に対して責任を負わない。（H29-8-イ）

　　解答　×　転借人が過失により目的物を損傷させた場合、**転貸人（原賃借人）は、原賃貸人に債務不履行責任を負う**（転借人は履行補助者に該当する）。そんな過失をおかすような転借人に貸すような転貸人にも責任がある、ということだ。

6. サブリース方式による賃貸住宅経営では、サブリース業者は、入居者の最終決定権者にはならない。（H30-11-4改）

　　解答　×　転貸人であるサブリース業者は入居者の最終決定権者になる。

(2) 原賃貸借契約の終了（マスターリース契約）と転貸借

　原賃貸借契約（マスターリース契約）が終了したならば、転貸借契約も終了するのか（転借人は何も悪いことをしていないのに、建物から追い出されるのか）？　原賃貸借契約の終了原因によって、変わってくる。

覚えよう

■原賃貸借契約（マスターリース契約）の終了と転貸借

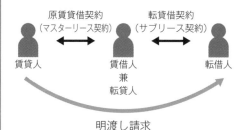

原賃貸借契約が終了したときに、賃貸人（建物所有者）は、転借人（入居者）に対し、建物明渡しを請求できるのか？

原賃貸借契約の終了原因	転借人に対し、建物明渡を請求できるのか？
① 債務不履行解除 （賃料不払いなど）	○ できる 賃貸人は解除を転借人に対抗できる
② 合意解除	× できない 賃貸人は解除を転借人に対抗できない→賃貸人と転借人との間の賃貸借関係になる
③ 契約期間の満了	○ できる ただし、建物転貸借であれば賃貸人から転借人への通知が必要。通知から6か月の経過により転貸借契約も終了

補足説明

● ①：賃借人（転貸人）が賃料を支払わないとき（＝債務不履行）、賃貸人は転借人に対して、延滞賃料の支払の機会を与える義務はない（原賃貸借契約解除の前に、**転借人**に対し賃借人に代わって賃料を支払う**催告する義務はない**）。

● ②：もともと賃貸人は転貸を承諾していたのだ。賃借人との話合いによって転貸借まで終わらせようというのは身勝手な話であり、認められない。ただし、合意解除の当時、賃貸人が賃借人の債務不履行による解除権を有していたときは、合意解除によって建物明渡しを請求できる。

過去問出題例

1. （サブリース方式による賃貸住宅経営に関する記述）原賃貸借契約がサブリース業者の債務不履行により解除された場合、原賃貸人が転借人に対して明渡しを請求したとき、転貸借契約も終了する。（H30-9-3）

    解答 ○ 債務不履行解除により原賃貸借契約が終了しても、転貸借契約は当然には終了しない。建物明渡しを請求したときに終了する。

2. （サブリース方式による賃貸住宅経営において原賃貸借契約が終了した）原賃貸借契約を転貸人の債務不履行を原因として解除する場合、転借人に対し、解除に先立って催告しなければ、債務不履行解除を転借人に対抗することができない。（H29-9-1）

    解答 × 転貸人（サブリース業者）の賃料滞納により賃貸借契約が解除され

ている。債務不履行解除だ。この場合、転借人（入居者）に催告する必要はない。

3. （サブリース方式による賃貸住宅経営に関する記述）原賃貸借契約が合意解除された場合、原賃貸人が転借人に対して明渡しを請求したとき、転貸借契約も終了する。（H30-9-4）

　　解答　×　賃貸借契約が合意解除されても、原則として、転貸借契約は終了しない。

4 ｜ 契約期間と更新

(1) 契約期間

　賃貸借契約には「2年契約」のように契約期間（存続期間）の定めがある契約と、期間を定めない契約とがある。

覚えよう

■**契約期間（存続期間）**
①　民法の賃貸借の規定では、契約期間は最長50年（50年より長い契約期間を定めても50年に短縮される）
②　建物賃貸借は、借地借家法の適用を受ける。そのため期間の上限はなくなる（50年超の契約期間も可能）。
③　普通建物賃貸借契約の場合、契約期間を1年未満とした場合には、**期間の定めのない賃貸借契約**となる。
④　定期建物賃貸借契約であれば、1年未満の契約期間の設定も可能（例：契約期間3か月の定期建物賃貸借→有効）

■**期間の定めのない契約**
⑤　解約の申入れがあるまで続く契約のこと。解約の申入れ後、一定期間経過で契約終了となる（5　賃貸借契約の終了　(1)存続期間の満了、解約の申入れ　参照）。

- ①、②：民法の「契約期間は50年まで」が原則。あまりにも長期の契約期間は認めていない。しかし、借地借家法では（賃借人を有利にするため）長い契約期間も認めている（50年超の契約も可能）。

- ③：逆に（借地借家法では）短い契約期間は原則認めていない（普通賃貸借契約の場合、契約期間は1年以上となる）。もし「契約期間6か月」という契約を結んだ場合、「期間の定めのない賃貸借契約」となる。

‖‖‖‖‖‖‖‖‖‖‖‖‖‖‖‖‖‖‖‖‖‖‖‖‖‖ **過去問出題例** ‖‖‖‖‖‖‖‖‖‖‖‖‖‖‖‖‖‖‖‖‖‖‖‖‖‖‖

1. 賃貸借契約が有効に成立するためには、契約の終期について合意しなければならない。（R5-21-ア）

   解答 × 期間の定めのない契約（＝契約の終期が定まっていない契約）を結ぶこともできる。

(2) 更新

　賃貸借契約の契約期間が満了した後も、契約関係が継続することもある。それが契約の更新だ。

覚えよう

■更新
① 賃貸人、賃借人が合意すれば契約は更新される（合意更新）。
〈以下は借地借家法の規定〉
② （賃貸人および賃借人が）期間満了の**1年前**から**6か月前**までに更新拒絶の通知をしない場合には、賃貸借契約は更新したものとみなされる（**法定更新**）。
③ （仮に更新拒絶の通知があっても）、賃借人が期間満了後も使用を継続し、賃貸人が遅滞なく異議を申し立てないときも契約は更新される（**使用継続による更新**）。

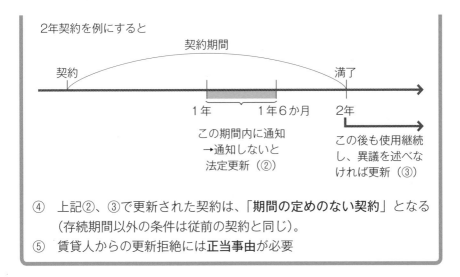

④ 上記②、③で更新された契約は、「**期間の定めのない契約**」となる（存続期間以外の条件は従前の契約と同じ）。

⑤ 賃貸人からの更新拒絶には**正当事由**が必要

補足説明 ....

- 更新の際、**更新料**という一時金を徴収することもある。更新料は法令に根拠がないが、「契約書に一義的かつ具体的に記載され、高額すぎるなどの特段の事情がない」のであれば更新料に係る合意も有効だ。

- ③：建物が転貸されている場合には、**転借人が使用継続**していれば、契約は更新される。

- 定期建物賃貸借契約の場合には、契約の更新はない（再契約は可能）。

- ⑤：正当事由とは、「賃貸人が更新を拒むのは当然だ」と考えられるような事情のこと。賃貸人・賃借人双方の建物使用の必要性やこれまでの経緯、利用状況、建物の現況等から判断される。立ち退き料を支払うだけで認められるわけではないことに注意。

████████████████████████████ **過去問出題例** ████████████████████████████

1. 賃貸借契約の合意更新は、書面で行わなくとも効力が生じる。（R1-9-ウ）

   解答 ○ 当事者の合意があれば、書面でなくてもよい。

2. 賃貸借契約の賃借人が、期間満了後に建物の使用を継続する場合において、賃貸人が遅滞なく異議を述べなかったとしても、賃貸人が期間満了の１年前から

6か月前までの間に賃借人に対して更新をしない旨の通知をしていた場合には、更新拒絶に正当事由が認められる限り、賃貸借契約は期間満了により終了する。(H29-20-2)

> **解答** × 期間満了後に建物の使用が継続されている場合、賃貸人が遅滞なく異議を述べないと契約は更新される。「更新拒絶に正当事由が認められる」としても、使用継続という事実に対し文句を言わないと更新されてしまうのだ。

3. （A所有のマンションの一室を、管理業者であるBがAから賃借し、Cに転貸している）AがAB間の賃貸借契約の更新を拒絶する場合には、更新拒絶の正当事由の判断に当たっては、契約当事者ではないCの事情は考慮されない。(H27-10-3)

> **解答** × 正当事由の判断にあたっては、転借人Cの事情も考慮される。

4. 賃貸借契約書に一義的かつ具体的に記載された更新料条項は、更新料の額が賃料の額、賃貸借契約が更新される期間等に照らし高額に過ぎるなどの特段の事情がない限り、有効である。(H29-20-1)

> **解答** ○ 更新料条項は、高額すぎる等、特段の事情がない限り有効である。

5. （普通建物賃貸借契約の解約及び更新拒絶に関する記述）契約期間満了までに、更新について合意が成立しない場合、特約のない限り、従前と同一条件かつ同一期間で賃貸借契約が当然に更新されたものとみなされる。(H30-19-4)

> **解答** × 期間の定めのない賃貸借契約となる。「従前と同一期間」ではない。

5 │ 賃貸借契約の終了

(1) 存続期間の満了、解約の申入れ

2年契約といったように存続期間の定めがある契約であれば、期間満了により賃貸借契約は終了する。ただし更新拒絶の通知を怠ったり、使用継続に異議を述べないと契約は継続してしまう。期間の定めのない賃貸借契約は、解約の申入れ後、一定期間を経過することにより終了する。

■期間の定めのある賃貸借契約の終了

① 存続期間の満了により契約終了（更新拒絶の通知が必要）

② 中途解約条項による解約、合意解約、債務不履行による契約解除によっても契約は終了する。

■期間の定めのない賃貸借契約の終了

③ 当事者（賃貸人、賃借人）はいつでも**解約の申入れ**をすることができる。

④ 建物賃貸借契約では、賃貸人の解約申入れから6か月後、賃借人の解約申入れから3か月後に契約は終了する。

⑤ 賃貸人が解約の申入れをするには**正当事由が必要**

賃貸人の解約申入れから （正当事由が必要）	6か月後に終了
賃借人の解約申入れから	3か月後に終了

補足説明 ....

● 賃貸人・賃借人が死亡しても、賃貸借契約は終了しない（8　当事者の死亡　参照）。

● ①：法定更新（更新拒絶の通知なし）、使用継続による更新（異議を申し立てない）については4　契約期間と更新　(2)更新で説明した。

● ②：期間の定めのある普通賃貸借契約は、中途解約条項を定めていない場合には、途中解約はできないのが原則だ（存続期間が2年ならば2年間は借りる、貸す義務がある）。

● 中途解約条項があっても、予告期間を定めていない（例：賃借人の申入れから1か月後に契約終了）場合には、賃貸人の解約申入れから6か月後、賃借人の解約申入れから3か月後に契約は終了する（突然の契約終了では、相手方に酷だからだ）。

1. 期間の定めのある建物賃貸借契約において期間内解約条項がない場合、賃貸人は存続期間中に賃貸借契約を一方的に解約することはできない。（H29-13-1）

   解答 ○ 期間の定めのある建物賃貸借契約では、例えば存続期間が2年ならば2年間は借りる、貸すのが原則だ。解約条項がないのであれば、中途解約はできない。

2. 建物賃貸借契約書に賃借人からの期間内解約を認める規定があるものの、予告期間の定めがない場合、解約申入れから3か月を経過することで契約は終了する。（H30-18-1）

   解答 ○ 予告期間の定めがないので民法の規定どおりになる。賃借人の解約申入れから3か月経過で契約終了（賃貸人からの解約申入れであれば借地借家法の規定により6か月経過で終了）。

3. 期間の定めのある建物賃貸借契約において、賃借人は1か月前に予告することで解約することができるとの特約を定めても無効であり、期間が満了するまでは契約は終了しない。（R2-28-1）

   解答 × 民法・借地借家法の規定によれば、賃借人は3か月前に予告することで解約ができる。この解約予告期間を1か月とすることは賃借人に有利になる。賃借人に有利な特約は有効。

4. 期間の定めのない建物賃貸借契約は、特約のない限り、賃借人による解約申入れから3ヵ月の経過により終了する。（H29-13-4）

   解答 ○ 期間の定めのない契約は、賃借人からの申入れであれば3か月経過で終了だ。

⑵ 債務不履行等による契約の解除

　賃借人が賃料を支払わない、用法違反の使用をしているといったような契約違反（債務不履行）があれば賃貸借契約を解除できる。しかし、賃借人にとって建物は生活や仕事の基盤となるものだ。些細な契約違反で賃貸借契約を解除されるのは困る。一定の要件を満たさなければ解除はできない。

覚えよう

■債務不履行による契約の解除
① 解除する前に**催告**（一定の期間内に債務の履行を促すこと）が必要
② 債務不履行があっても、「**背信的行為**（信頼関係を破壊するような行為）と認めるに足らない特段の事情」があるときには契約の解除はできない。
③ 解除の意思表示は撤回できない。

■賃料不払い解除
④ 賃料不払いは、契約解除の原因となるが、信頼関係を破壊しない特段の事情があるときは、解除権は否定される（1か月の不払い程度では通常は解除できない）。
⑤ 債務不履行の判断に当たり、家賃債務保証業者による代位弁済を考慮することは相当でない（家賃債務保証業者が賃料相当額を賃貸人に支払ったとしても、賃借人の不払いの事実に変わりはない）。

■解除の効果
⑥ 解除の意思表示は、相手方に到達すると効力が生じる。
⑦ 賃貸借契約の解除の効果は、将来に向かってのみ効力を生ずる。

■その他の終了原因
⑧ 建物が滅失して利用できなくなった場合には、賃貸借契約は終了する。

補足説明
●解除された時点以降、賃貸借契約が存在しなくなる（将来に向かって消滅する）。契約当初にさかのぼって契約がなくなるのではない。

●①：信頼関係が破壊されていることが明らかならば、催告は不要だ。

●⑧：一部滅失でも契約目的が達成できないのならば、賃借人は契約を解除できる。

1. 賃貸借契約の解除は、書面によって行わなければ効力が生じない。(H28-18-3)

   解答 × 意思表示は口頭でもよい。解除の場合も同様だ。

2. (賃貸人が、賃借人の賃料不払を理由として建物賃貸借契約を解除する場合に関する記述) 賃料の支払を1か月でも滞納すれば賃貸人が催告を経ずに賃貸借契約を解除できるという特約を定めた場合、11月分までの賃料に滞納はなかったが、11月末日が支払期限である12月分の賃料が支払われなかったときは、12月1日に賃貸人が行った解除通知は有効である。(R2-24-ア)

   解答 × 解除には催告が必要。11月末日に支払われなかったからといって、催告もしないで12月1日に解除することはできない。

3. 債務不履行に基づき賃貸借契約を解除するためには、原則として解除権行使に先立ち、催告をしなければならないが、信頼関係が破壊されたと明らかに認められる場合には、催告しないで解除することができる例外が認められる。(H27-25-4)

   解答 ○ 信頼関係が破壊されていることが明らかならば、催告は不要だ。

4. 賃貸人と賃借人に紛争があり、賃借人があらかじめ賃料の支払を拒絶する意思を書面にて明らかにしており、実際に賃料の滞納が3か月に及ぶ場合、賃貸人は催告することなく賃貸借契約を解除することができる。(R5-25-ア)

   解答 ○ 契約の解除には催告が必要。これが原則。しかし、債務者が、債務の履行を拒絶する意思を明確にしたときは、無催告で解除できる。賃借人(債務者)が、賃料支払を拒絶する意思を明らかにしているので、催告することなく解除ができる。

5. 家賃債務保証業者が連帯保証人となっている場合において、当該業者が賃借人による賃料不払に関して保証債務を履行していても、信頼関係が破壊されたとして、賃貸人による賃貸借契約の解除が認められる場合がある。(R5-25-エ)

   解答 ○ 家賃債務保証会社が未払賃料を立替払いしたとしても、賃借人が期日までに支払わなかったという事実に変わりはない。信頼関係が破壊されたとして、賃貸人からの解除が認められることもある。

6. 賃貸借契約が解除されると、解除の遡及効により契約当初に遡り解除の効果が

生ずる。（R5-25-ウ）

> **解答** × 賃貸借契約が解除された場合、将来に向かって効力を生じる。

6｜定期建物賃貸借

(1) 定期建物賃貸借の要件

　契約の更新がなく、存続期間が満了すれば確実に建物が返還される建物賃貸借契約もある。それが定期建物賃貸借契約だ。更新がないということは普通の建物賃貸借契約と比べて賃借人に不利だ。賃借人保護のため、普通建物賃貸借契約にはない規定が用意されている。

覚えよう

■定期建物賃貸借契約の成立要件

① 公正証書等の書面（又は電磁的記録）で契約する（口頭の契約は普通建物賃貸借契約になってしまう）。

② 更新がないことに合意し、契約書に明示する（更新否定条項）。

③ **賃貸人**は、契約書とは別に**書面を交付**（賃借人の承諾があれば電磁的記録による提供も可）して「更新がなく、期間満了により終了すること」を説明する。

■定期建物賃貸借契約の特徴

④ 契約の更新がない（再契約は可能）。

⑤ 存続期間は１年未満でもよい。「定期建物賃貸借　存続期間２か月」というのもOKだ。

⑥ 賃料を増額しない特約はもちろん、減額しない特約も有効だ。

補足説明

● ④：定期建物賃貸借契約は契約の更新はないが、賃貸人と賃借人の合意により再契約することは可能。

● 平成12年３月１日以前に締結された居住用の普通建物賃貸借契約を終了させ、新たに定期建物賃貸借契約として締結することはできない（事業用であればこの

ような制限はない）。

●定期建物賃貸借では「賃料を減額請求しない特約」も認められる。

▌▌▌▌▌▌▌▌▌▌▌▌▌▌▌▌▌▌▌▌▌▌ **過去問出題例** ▌▌▌▌▌▌▌▌▌▌▌▌▌▌▌▌▌▌▌▌▌▌▌▌

1. 定期建物賃貸借契約の存続期間が満了する前に、賃貸人と賃借人が合意すれば、契約を更新することができる。（H27-14-1）

   解答 ✕ 定期建物賃貸借契約なので更新はできない（再契約は可能だ）。

2. 存続期間が1年未満の定期建物賃貸借契約は、無効である。（R2-19-2）

   解答 ✕ 定期建物賃貸借は、1年未満の契約も認められる。

3. 書面によらずに定期建物賃貸借契約を締結した場合、普通建物賃貸借契約としての効力を有する。（H30-20-1）

   解答 ○ 定期建物賃貸借契約は書面で契約締結しなければならない。口頭での契約では普通建物賃貸借契約になってしまう。

4. 定期建物賃貸借契約は、書面のほか、電磁的記録により締結することができる。（R5-24-ア）

   解答 ○ 定期建物賃貸借契約は電磁的記録による契約も可能。

5. 定期建物賃貸借契約では、一定の期間、賃料を減額しない旨の特約（不減額特約）は有効であるが、普通建物賃貸借契約ではこのような特約は無効である。（R1-13-ウ）

   解答 ○ 定期建物賃貸借契約においては、賃料を減額しない特約も有効。

6. 存続期間を2年とする定期建物賃貸借契約が終了した後の再契約として、存続期間を6ヵ月とする定期建物賃貸借契約を締結することはできない。（H28-14-3）

   解答 ✕ 再契約なので存続期間を変えることもできる。

7. 賃貸人は、平成5年に締結された居住目的の建物賃貸借契約に関し、令和5年4月1日、賃借人の同意を得られれば、同契約を合意解除し、改めて定期建物賃貸借契約を締結することができる。（R5-24-エ）

解答 × 居住用建物では、定期建物賃貸借の条項施行前（平成12年3月以前）に結ばれた普通建物賃貸借を定期建物賃貸借への切替えることは、認められない。

(2) 定期建物賃貸借契約の終了、中途解約

　定期建物賃貸借といえども、いきなり「契約期間が満了したから家から出ていけ」と言われたら賃借人に酷だ（期間満了日を忘れていることもありうる）。契約期間1年以上の定期建物賃貸借契約を終了させるには、通知が必要だ。

覚えよう

■定期建物賃貸借契約の終了

① 存続期間が1年以上であるときは、賃貸人は期間満了の1年前から6か月前までの間に、賃貸借契約が終了する旨の通知をしなければならない。

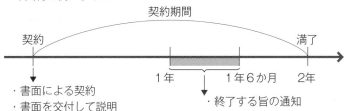

2年契約を例にすると

・書面による契約
・書面を交付して説明
・終了する旨の通知

■中途解約

② 床面積200㎡未満の居住用建物で、転勤、療養等やむを得ない事情により使用が困難になったときは、特約がなくても、賃借人から解約の申入れをすることができる。この場合、申入れから1か月経過で契約終了する。

補足説明 ‥‥‥‥‥‥‥‥‥‥‥‥‥‥‥‥‥‥‥‥‥‥‥‥‥‥‥‥‥‥‥‥‥‥‥‥‥

●①：1年前から6か月前までの間に通知をするのを忘れたらどうなるのか。気付

いた時点で通知すればよい。通知から6か月を経過した後に、契約終了となる。

● ②：中途解約条項がない限り、賃貸人からの中途解約はできない。

||||||||||||||||||||||||||||| **過去問出題例** |||||||||||||||||||||||||||||

1. 定期建物賃貸借契約では、床面積300㎡未満の居住用建物については、賃借人が転勤、療養、親族の介護等やむを得ない事情により、建物を生活の本拠として使用することが困難となった場合には、中途解約特約がなくとも、賃借人は中途解約を申入れることができる。(R2-19-4)

   解答 ×　賃借人からの中途解約が認められるのは200㎡未満の居住用建物だ。

2. 存続期間を2年とする定期建物賃貸借契約において、賃貸人が、期間の満了の1年前から6ヵ月前までの間に賃借人に対して期間満了により定期建物賃貸借契約が終了する旨の通知をしなかったとしても、賃貸人が上記期間経過後に賃借人に対して終了通知をした場合には、通知日から6ヵ月を経過した後は、契約の終了を賃借人に主張することができる。(H28-14-2)

   解答 ○　（期間の満了の1年前から6か月前までの間の通知を忘れても）賃貸人が終了通知をすれば、通知日から6か月を経過した後に契約は終了する。

3. 存続期間を1年とする定期建物賃貸借契約においては、借地借家法第38条第6項に基づく終了通知は必要とされない。(H29-12-ウ)

   解答 ×　1年「以上」の契約には、終了通知が必要。

7 | 破産と賃貸借

　賃貸人、賃借人が破産してもそれだけでは賃貸借契約は終了しない。ただし破産管財人が権利義務の主体となる。

■破産と賃貸借

誰が破産？	賃料	解除できるか
賃貸人	破産管財人が賃料を受け取る	賃借人が対抗要件（引渡し）を備えていれば、破産管財人は契約を解除できない
賃借人	破産管財人が賃料を支払う	破産管財人は契約継続または解除を選択できる。賃貸人からの解除はできない

補足説明

- （賃貸人破産の場合）賃借人は破産管財人に対し**敷金の寄託**を請求できる（敷金が返還されないと困るから）。

- 個人破産者については、裁判所が免責許可を決定すると債務が免責される（借金などを返済しなくてよい）。不払賃料、破産手続開始決定後の賃料、解除後の使用損害金も免責される。

8 | 当事者の死亡

当事者が死亡した場合の賃貸借関係について確認しておこう。

覚えよう

■相続と賃貸借契約
① 賃貸人・賃借人が死亡しても、賃貸人・賃借人の地位が相続されるから、賃貸借契約は継続する。つまり賃貸人が死亡しても賃借人は住み続けることができる。賃借人が死亡した場合には、賃借人の相続人が賃借権（＝建物を借りる権利）を相続する。
② 相続人がいるかどうか不明の場合も同様。賃貸借契約は継続する（相続財産管理人が選任され、債務の支払いや特別縁故者の探索などを行う）。

■賃借人が死亡した→賃料債務は不可分債務（分割できない債務）

③ 賃貸住宅の賃借人が死亡し、その配偶者と子が賃借権を相続したとする。賃料債務は、不可分債務となる。賃料が20万円ならば、賃貸人は、各債務者（配偶者と子）に20万円全額を請求できる（相続分に応じて分割された債務のみ請求できるのではない）。

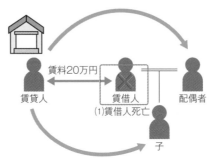

⑵賃貸人は、配偶者にも子にも20万円請求できる

図：賃貸人は1人→賃料全額を請求できる。また、賃借人が複数の状態になるので、債務不履行等を理由に賃貸人が契約を解除するためには、**賃借人全員に対し解除の意思表示**をしなければならない。

■賃貸人が死亡した→賃料債権は分割債権

賃貸住宅の賃貸人が死亡し、その配偶者と子が所有権を相続したとする。

④ 死亡前に生じた未収賃料
遺産分割を経ることなく、それぞれの相続人に持分に応じて分割される。

⑤ 死亡後、遺産分割前の賃料
相続発生後、遺産分割が終わるまでの間に生じた賃料は、遺産分割の対象とはならない（遺産から生じた果実であり、遺産とは考えない）。

つまり、④でも⑤でも、たとえば賃料が20万円ならば、（遺産分割を待たずに）配偶者が10万円、子が10万円請求することができる。

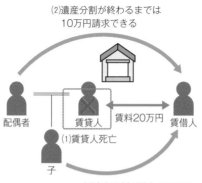

(2)遺産分割が終わるまでは
10万円請求できる

配偶者　賃貸人　賃料20万円　賃借人
(1)賃貸人死亡

子

(2)遺産分割が終わるまでは
10万円請求できる

図：賃貸人は複数→自分の相続分に応じた賃料を請求できる。また、賃貸人が複数の状態になるので、賃借人の債務不履行等を理由に賃貸人側から契約を**解除**するには、共有持分の**過半数の賛成**が必要

⑥　遺産分割後の賃料
遺産分割により建物所有者が決まる。所有者が賃料を取得する。

③と④・⑤の比較

死亡した人は誰？	賃料は全額請求？　分割請求？
③賃借人が死亡し共同相続	賃貸人は1人のまま→賃貸人は各賃借人（共同相続人）に賃料全額を請求することができる
④・⑤賃貸人が死亡し共同相続	賃貸人が複数になった→各賃貸人（共同相続人）は、自己の相続分に応じて賃料を請求できる

■賃貸人が死亡した場合の敷金の扱い

敷金返還債務はいつ生じたか	誰が返還債務を負うのか（敷金を返す義務があるのは誰か）
死亡前に生じた	相続人が**法定相続分**に応じて債務を承継する（返還する義務を負う）
死亡後、遺産分割前に生じた	相続人が共同して返還債務を負う（相続人それぞれが賃借人に対して**全額**の敷金返還債務を負う）

死亡後、遺産分割後に生じた	遺産分割で建物所有者となった者が返還する

補足説明 ∙∙∙

● 公営住宅の利用者が死亡した場合、相続人は、当然に使用権を相続するわけではない（同居していた者は、事業主体の承認を受けて引き続き公営住宅に居住することができる）。

● 単身高齢者の死亡後に、契約関係及び残置物を円滑に処理できるように、「**残置物の処理等に関するモデル契約条項**」が策定されている（受任者が賃借人死亡後の賃貸借契約解除、残置物の廃棄や指定先へ送付する事務を行う）。

▌▌▌▌▌▌▌▌▌▌▌▌▌▌▌▌▌▌▌▌▌ **過去問出題例** ▌▌▌▌▌▌▌▌▌▌▌▌▌▌▌▌▌▌▌▌▌

1. 賃貸住宅の賃貸人が死亡し、相続人のあることが明らかでない場合、賃貸借契約は終了する。（R1-14-1）

   解答 × 賃貸人が死亡しても、賃貸人の地位が相続されるから、賃貸借契約は継続する。相続人がいるかどうか不明の場合も同様だ。

2. 賃貸住宅の賃借人に相続が開始し、共同相続人が賃借権を共同相続した場合、賃貸人は各共同相続人に対して、相続分に応じて分割された賃料を請求できるにすぎない。（H29-16-イ）

   解答 × 賃借人が死亡し、賃借権が共同相続された場合だ。賃貸人は1人のままだ。賃貸人は、各賃借人（共同相続人）に賃料全額を請求することができる。

3. 賃貸住宅の賃貸人が死亡し、相続人が複数いる場合、相続開始から遺産分割が成立するまでの間に生じた賃料は、遺産分割により賃貸物件を相続した者がすべて取得する。（H30-13-イ）

   解答 × 相続開始から遺産分割が成立するまでの間に生じた遺産とは考えない（遺産から生じた果実）。各共同相続人が自己の相続分に応じて賃料を請求できる。

4. （管理受託契約における）賃貸人たる委託者が死亡した場合、特約がない限り、

相続人が管理受託契約上の地位を相続する。（R1-23-ア）

解答 × 管理受託契約は委任契約だ。委託者（賃貸住宅の所有者）または受託者（賃貸住宅管理業者）の死亡により終了する。

9 | 賃借権の譲渡・転貸、建物の所有権移転

(1) 賃借権の譲渡・転貸

建物を借りる権利（賃借権）も法律上の権利だ。他人に譲渡したり、転貸することができる。ただし賃貸人の承諾が必要だ。誰が建物を使用するかは賃貸人にとって大きな問題だからだ。

覚えよう

■賃借権の譲渡・転貸

① 賃借権の譲渡・転貸には、賃貸人の承諾が必要

② 賃借権が譲渡された場合、敷金は承継されない（旧賃借人が預けていた敷金は返還される。新賃借人が新たに敷金を預ける）。

③ 転借人は、賃貸人に対して転貸借に基づく債務を直接履行する義務を負う（賃借人が賃料を支払わないのならば、賃貸人は転借人に賃料請求できる）。

④ 無断譲渡・無断転貸は契約違反だが、（無断譲渡・転貸が）**背信的行為と認めるに足りない特段の事情**があるときは解除ができない。

■原賃貸借契約の終了と転貸借

⑤ 原賃貸借契約が「合意解除」されても転貸借契約は終了しない。一方、「債務不履行」や「契約期間の満了」により原賃貸借契約が終了した場合には、転貸借契約も終了する（「契約期間の満了」は、転借人への通知後6か月経過で終了）。3 サブリース契約 (2)原賃貸借契約の終了と転貸借 を参照

● 賃借権の譲渡

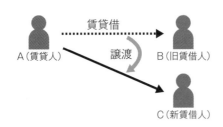

賃貸借
A（賃貸人） → B（旧賃借人）
譲渡
C（新賃借人）

　建物を借りる権利（賃借権）をBがCに譲るのが賃借権の譲渡だ。Bは賃貸借
関係から離脱することになるので、BがAに預けていた**敷金は、返還**される。新
たに賃貸借関係に入るCが敷金を預けることになる。

―――――――――――――――― 過去問出題例 ――――――――――――――――

1.　AがBに対して甲住宅を賃貸し、Bが居住している。BがAの同意を得て、賃
　借権をDに譲渡した場合、敷金に関するBの権利義務関係はDに承継される。
　（R5-26-エ）

　　解答　×　賃借権の譲渡だ。敷金はBに返還される。（敷金返還請求権など敷
　　　　　　　金に関する権利義務が）Dに承継されるのではない。

2.　個人の賃借人が、同居している子に対して賃貸物件を賃貸人の承諾を得ること
　なく転貸した場合、賃貸人は無断転貸を理由として賃貸借契約を解除すること
　ができる。（H29-18-3）

　　解答　×　無断転貸は契約違反。しかし「背信的行為と認めるに足らない特段
　　　　　　　の事情」があるときには契約の解除はできない。同居している子へ
　　　　　　　の転貸は、形式的な転貸であり背信的行為とまではいえない。解除
　　　　　　　はできない。

3.　所有者が転貸借を承諾しており、その転貸借契約が終了した場合、所有者は転
　借人（入居者）に対して敷金返還義務を負わない。（R1-20-4）

　　解答　○　転貸借契約は転貸人と転借人との間に成立する。敷金を預かってい
　　　　　　　るのは転貸人だ。敷金返還義務も転貸人が負う。所有者ではない。

4.　賃貸人Aが賃借人Bに建物を賃貸し、BがAの承諾を得てCに転貸している。

AB間の原賃貸借契約に、同契約の終了によりAが転貸借契約を承継する旨の特約がある場合、AB間の原賃貸借契約が終了すれば、AはBの転貸人の地位を承継するが、BのCに対する敷金返還義務は承継しない。（R2-11-1）

解答 × AがBの地位を承継している。（Cに対する）Bの敷金返還義務もAが承継する。

(2) 契約による賃貸人の変更（オーナーチェンジ）

　賃貸中の建物が売買され、賃貸人が替わるとする。この場合、賃借人の承諾は不要だ。誰が建物を使用するかは賃貸人にとって大きな問題だが、賃貸人が誰かということは賃借人にとってさほど問題ではないからだ。

覚えよう

■契約による賃貸人の変更

① 賃貸人の変更には賃借人Bの**承諾は不要**

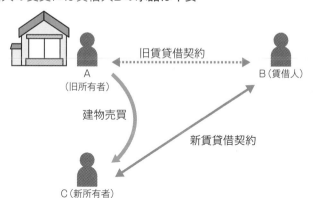

② Bは建物**引渡し**を受けていれば、新所有者Cに賃借権を主張できる（賃貸人たる地位はAからCに移転する）。

③ CがBに賃料を請求するには、**登記**を備える必要がある。

④ CはAの権利義務を引き継ぐ。Bが旧所有者Aに預けていた敷金も、Cに引き継がれる（BはCから敷金返還を受けることになる）。

- ②：新所有者Cが、自分で建物を使いたい（賃借人Bに退去してもらいたい）と思ってもそれは認められない。Bが**建物引渡し**を受けた時点でBの**建物賃借権は対抗力**を持つ（第三者にも主張できるようになる）。Bが引渡しを受けた後で、所有権を得たCよりも、Bの賃借権の方が優先するのだ（早いもの勝ち）。

- 賃借権に対抗力がない場合には、賃貸人の地位はCには移転しない。賃借人Bは Cからの建物明渡しを拒否できない。もっともBとCで合意すれば、BC間に賃貸借契約が成立する（Cに賃貸人の地位が移転する）。

1. AがBに対して甲住宅を賃貸し、Bが居住している。Aが甲住宅をCに売却しようとする場合、Bの承諾がなくとも売却することはできる。（R5-26-ア）

   解答 ○ 賃貸住宅を売却することは可能（オーナーチェンジ）。その際、賃借人Bの承諾は不要。

2. AがBに対して甲住宅を賃貸し、Bが居住している。Aが甲住宅をCに売却しようとする場合、Aは、Bの承諾がなければ、AC間の合意で賃貸人の地位を移転させることはできない。（R5-26-イ）

   解答 × Bが建物引渡しを受けていれば、Bの賃借権は対抗力をもつ。賃貸人の地位はCに移転する（Bの承諾は不要）。

(3) 抵当権付建物の賃貸借

　賃貸借の対象となっている建物に抵当権がついており、競売されるということも起こりうる。賃借人はそのまま居住できるのか？　が問題となる。

覚えよう

■抵当権付建物の賃貸借

① 抵当権が登記されている建物を賃借し、その後競売になった場合
  （**抵当権登記→賃貸**、という順番）
  ➡**抵当権の勝ち**。賃借人は退去しなければならない（競売による買受けから6か月以内に退去）。退去までの使用料も支払う。
② 賃借人が**引渡し**を受けている建物に抵当権が付けられ、その後競売となった場合
  （賃貸建物の**引渡し→抵当権登記**、という順番）
  ➡**賃借権の勝ち**。賃借人は退去しなくてもよい。

補足説明 ･･

● 抵当権とは、債務者が債務を弁済しない場合に、抵当権をつけた不動産を売却することで債権の回収を図る権利だ。例えば、住宅ローンを借りる際、銀行は抵当権をつける。ローン返済を怠ると住宅が競売されてしまうのだ。

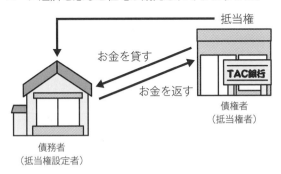

● ②：建物の**引渡し**となっていることに注意。他人に賃借権を主張するには、建物の**引渡し**を受けている必要がある。契約だけでは、賃借権を主張できない（対抗できない）のだ。

●差押えについても、「賃貸借契約による建物引渡し」が先か、「差押え」が先かで勝負が決まる。建物引渡しを受けている賃借人は、引渡し後に差押えをした差押権者に対し、賃貸借を対抗することができる（「この建物を差し押えたから出ていけ」と言われても「自分には賃借権がある」と突っぱねることができる）。

過去問出題例

1. AがBに対して甲住宅を賃貸し、Bが居住している。Aが融資を受けて甲住宅を建築し、同建物及び敷地に、借入金を被担保債権とする抵当権が設定され、登記されている場合において、抵当権が実行され、Cが甲住宅を買受けた場合、抵当権設定登記後に甲住宅に入居したBはCの買受時から3か月以内に甲住宅を明渡す必要がある。（R5-26-ウ）

   解答 ✕　抵当権設定後の賃貸借なので、Bは賃借権をCに対抗できない。Cの買受から6か月以内に退去しなければならない。3か月ではない。

2. 担保権の登記がされていない建物について賃貸借契約が締結され、賃借人が当該建物の引渡しを受けた後に、当該建物が賃貸人の債権者によって差し押えられ、競売された場合には、賃借人は建物を直ちに明け渡さなければならない。（H28-15-4）

   解答 ✕　差押え前に、賃貸借契約が設定され建物引渡しを受けている。つまり賃貸借契約が優先する。差押えにより競売されても、賃借人は建物を明け渡す必要はない。

3. 建物について抵当権が設定され、その登記がされた後に、当該建物についての賃貸借契約が締結された場合、抵当権が実行され、買受人に建物の所有権が移転すると、敷金に関する権利義務も当然に買受人に承継される。（H29-14-2）

   解答 ✕　抵当権登記→賃貸借契約なので、抵当権の勝ち。賃借人は旧賃貸人に主張できたことを買受人に主張できない。敷金に関する権利義務は買受人には承継されない（買受人に対し敷金を返してくれとはいえない）。

10 特別の賃貸借契約・使用貸借

(1) 特別の賃貸借契約

覚えよう

■特別の賃貸借契約

	①一時使用建物賃貸借	②取壊し予定建物の賃貸借	③終身建物賃貸借
意義	一時的な使用のための賃貸借契約	法令又は契約により一定期間経過後に建物を取り壊すことが決まっている契約（契約の更新がない）	賃借人（60歳以上の高齢者）が死亡するまで存続する賃貸借契約（死亡により契約終了）
具体例	イベント開催のために建物を借りるなど	定期借地権の期間満了、土地区画整理事業の実施など	知事の認可を受けた終身賃貸事業者が行うもの
要件	一時使用であることが明らかであること（書面で契約しなくてもよい）	建物を**取り壊す事由を記載した書面で**契約する	公正証書などの書面により契約 建物（認可住宅）は**バリアフリー化基準**を満たしたものでなければならない
借地借家法の適用	なし	あり	あり ただし、賃料の改定に係る特約は有効（賃料増減額請求しない特約があるならば、増減請求できない）

補足説明

● ①：契約書に一時使用という文言が用いられていても、「一時使用のための賃貸借であることが明らか」でなければ、一時使用のための賃貸借とは認められない。

- 一時使用建物賃貸借には借地借家法の適用がない。引渡しで対抗力を得ることもないし、解約にあたり賃貸人に正当事由が要求されることもない。造作買取請求権もない。

- ③：高齢者の居住の安定確保に関する法律（高齢者住まい法）による制度

- 同居配偶者等が賃借人の死亡を知った日から1か月以内に申し出た場合には同一条件で契約が締結される（賃借人死亡により、同居配偶者等が路頭に迷うことはない）。

- 賃借希望者から仮入居の申出があった場合は、終身建物賃貸借に先立ち、その者を仮に入居させるため定期建物賃貸借をする。

- 入居後に介護や食事を提供するサービスを行う場合には、サービス供与の契約を締結することになる。

- 高齢者住まい法では、サービス付き高齢者向け住宅事業の登録制度についても規定している。

|||||||||||||||||||||||||||||||||||| 過去問出題例 ||||||||||||||||||||||||||||||||||||

1. 一時使用のために建物の賃貸借をしたことが明らかな場合には、借地借家法の適用はない。（H27-14-2）

   解答 ○ 一時使用建物賃貸借は借地借家法の適用がない。一時使用建物賃貸借については、このことさえ覚えておけばよい。

2. 高齢者の居住の安定確保に関する法律に基づく終身建物賃貸借契約の締結は、書面によって行わなければ効力が生じない。（H28-18-4）

   解答 ○ 終身建物賃貸借契約の締結は、書面によって行わなければならない。書面であれば公正証書でなくてもよい。念のため。

3. 終身建物賃貸借契約は、公正証書等の書面で行うことが必要であり、賃貸借契約は賃借人が死亡したときに終了する。（H27-14-4）

   解答 ○ 終身建物賃貸借契約の締結は、賃借人の死亡により終了する。

(2) 使用貸借（建物を利用するための他の制度）

　無償で（＝賃料を支払わずに）借りるのが使用貸借だ。賃料を支払っていないので賃借人の立場は弱い。**借地借家法の適用はないし**、建物の使用に要する費用（必要費）も賃借人負担となる。

覚えよう

■**使用貸借**
① 賃借人が通常の必要費を負担する。
② **賃借人の死亡**によって**終了**する（相続されない）。一方、賃貸人が死亡しても終了しない。
③ 使用貸借契約には借地借家法の適用はない。賃貸人が変わった場合、引き渡しでは使用貸借権を対抗することができない。また、契約の終了に際し、賃貸人の正当事由は不要だ。

補足説明

● 使用貸借契約も**諾成契約**。賃貸人・賃借人の意思の合致だけで契約が成立する。

● ①：建物の修繕費など、通常以外の必要費は賃貸人の負担となる。

● ②：無料で借りているのだから、賃借人が死亡したらそれで契約は終了する（相続人もただで借り続けようというのは虫がよすぎる）。一方、無料とはいえ貸借契約がある以上、賃貸人が死亡しても契約は終了しない（賃借人に責任がない理由では、契約は終了しない）。ちなみに賃貸借であれば、賃貸人・賃借人どちらが死亡しても契約は継続する。

● 「対抗する」とは権利を主張する、ということ。

過去問出題例

1. 使用貸借契約の成立のためには建物の引渡しを要するが、賃貸借契約の場合、引渡しは契約成立の要件とされていない。（R1-15-1）

　解答　✕　使用貸借契約も諾成契約だ。引渡しがなくても当事者の合意があれば契約が成立する。

2. 使用貸借契約の賃借人は、賃貸借契約の賃借人と異なり、対象建物の通常の必要費を負担する。(H28-17-4)

   解答 ○ 使用貸借では、通常の必要費（小規模修繕・公租公課等）は賃借人が負担する。賃貸借であれば、必要費は賃貸人が負担する。

3. 使用貸借契約は賃貸借契約と異なり、期間満了による契約終了に当たり、賃貸借契約の終了時に必要とされる正当事由を要しない。(R1-15-4)

   解答 ○ 使用貸借には、借地借家法の適用はない。よって、契約終了に正当事由は不要だ。

4. 賃貸人が死亡した場合、使用貸借契約は終了するが、賃貸借契約は終了しない。(H28-17-1)

   解答 × 使用貸借は賃借人の死亡によって終了するが、賃貸人が死亡しても終了しない。賃貸借契約であれば、賃貸人はもちろん、賃借人が死亡しても終了しない。

－ MEMO －

賃貸借契約

A を賃貸人、B を賃借人とする建物賃貸借契約において B が死亡した場合に関する次の記述のうち、最も適切なものはどれか。ただし、それぞれの選択肢に記載のない事実及び特約はないものとする。　[R 3-24]

1　B の内縁の妻 C は、B とともに賃貸住宅に居住してきたが、B の死亡後（B には相続人が存在するものとする。）、A から明渡しを求められた場合、明渡しを拒むことができない。

2　B の内縁の妻 C は、B とともに賃貸住宅に居住してきたが、B の死亡後（B には相続人が存在しないものとする。）、A から明渡しを求められた場合、明渡しを拒むことができない。

3　A が地方公共団体の場合で、賃貸住宅が公営住宅（公営住宅法第 2 条第 2 号）であるときに、B が死亡しても、その相続人は当然に使用権を相続によって承継することにはならない。

4　B が死亡し、相続人がいない場合、賃借権は当然に消滅する。

建物賃貸借契約における必要費償還請求権、有益費償還請求権及び造作買取請求権に関する次の記述のうち、適切なものの組合せはどれか。

[R 3-25]

（ア）　賃貸物件に係る必要費償還請求権を排除する旨の特約は有効である。

（イ）　賃借人が賃貸物件の雨漏りを修繕する費用を負担し、賃貸人に請求したにもかかわらず、賃貸人が支払わない場合、賃借人は賃貸借契約終了後も賃貸人が支払をするまで建物の明渡しを拒むことができ、明渡しまでの賃料相当損害金を負担する必要もない。

（ウ）　賃借人が賃貸物件の汲取式トイレを水洗化し、その後賃貸借契約が終了した場合、賃借人は有益費償還請求権として、水洗化に要した費用と水洗化による賃貸物件の価値増加額のいずれか一方を選択して、賃貸人に請求することができる。

（エ）　賃借人が賃貸物件に空調設備を設置し、賃貸借契約終了時に造作買取請求権を行使した場合、賃貸人が造作の代金を支払わないときであっても、賃借人は賃貸物件の明渡しを拒むことができない。

1　ア、イ　　2　イ、ウ　　3　ウ、エ　　4　ア、エ

正解 3　　　　　　　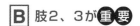 肢2、3が**重要**

1　×　内縁の妻には相続権はない。しかし、賃貸人からの建物明渡し請求に対しては、相続人の賃借権を援用して明渡し・立退きを拒める、という判例がある。

2　×　Bに相続人がいない場合だ。その場合でも内縁の妻Cが相続権を得ることはない。しかし同居していた内縁の妻は賃貸借契約を承継することができる。

3　○　公営住宅の場合、相続人が賃借権を相続するというわけではない。なお、入居者死亡時に同居していた者は、事業主体の承認を受ければ、引き続き居住が認められる。

4　×　肢2で解説したように、事実上の夫婦関係、養親子関係にある者が賃借権を承継することがある。当然に消滅するのではない。

POINT
> 肢1の法律構成は少し難しい。**内縁の妻に相続権はないが、居住していた住宅からすぐに追い出されることはない、という結論だけを覚えておこう。** 肢3は細かい知識だ。

第5章 賃貸借契約

 正解 4　　　　　　　 肢ア、ウ、エが**重要**

（ア）　○　必要費償還請求権は任意規定。これを排除する特約も有効だ。

（イ）　×　雨漏りの修繕費は必要費だ。賃借人がこれを立替えた場合、留置権を行使できる（必要費相当額のお金を払ってくれるまで、住宅を返さない、というのが認められる）。ただし、明渡しまでの賃料相当額は不当利得となるので返還しなければならない。

（ウ）　×　有益費の償還範囲は、賃借人が支出した金額（水洗化に要した費用）又は賃貸物件の価値の増加額だ。そこは正しい。しかし、どちらにするかの選択権は賃貸人にある。賃借人がいずれか一方を選択する、というのは誤りだ。

（エ）　○　造作買取請求権には留置権が認められない。

　以上より、適切なものの組合せはアとエであり、正解は4となる。

問3 賃貸物件の賃借人の義務に関する次の記述のうち、適切なものはどれか。 [R1-17]

1 賃貸人が賃借人の用法遵守義務違反を理由に損害賠償請求をする場合、賃貸物件の返還を受けた時から1年以内に行使しなければならない。

2 親族が賃貸人である賃貸借契約の場合、賃借人は、賃貸借契約終了後、賃貸物件返還までの間、同物件を自己の財産のためにするのと同一の注意義務をもって保管すれば良い。

3 賃貸物件に対して権利を主張する第三者が存在する場合、賃借人は賃貸人がその事実を知っていたときでも、賃貸人に対して通知する義務を負う。

4 賃貸人が賃貸物件の保存を超える行為をしようとする場合でも、賃借人はこれを拒むことができない。

 問4 賃貸人AがBに賃貸し、BがAの承諾を得てCに転貸する建物についてのAB間の原賃貸借契約の終了に関する次の記述のうち、正しいものはどれか。 [R2-11]

1 AB間の原賃貸借契約に、同契約の終了によりAが転貸借契約を承継する旨の特約がある場合、AB間の原賃貸借契約が終了すれば、AはBの転貸人の地位を承継するが、BのCに対する敷金返還義務は承継しない。

2 AがBの賃料滞納を理由として有効に原賃貸借契約を解除したとしても、AがCに対して催告をしていなかった場合は、AはCに対して建物の明渡しを請求することはできない。

3 AB間の原賃貸借契約が定期建物賃貸借契約で期間満了により終了する場合、AがCに対して原賃貸借契約が終了する旨を通知した時から6か月を経過したときは、AはCに対して建物の明渡しを請求することができる。

4 AがBとの間で原賃貸借契約を合意解除した場合、その当時、AがBの賃料滞納を理由とする原賃貸借契約の解除権を有していたとしても、AはCに対して建物の明渡しを請求することはできない。

問3 正解 **1**　　　　　**A** 4つの肢すべて **重 要**

1 ○ 賃借人の用法遵守義務違反を理由に損害賠償請求をする場合、賃貸物件の返還を受けた時から1年以内に行使しなければならない。返還後長期間（1年以上）経過すると、用法違反による損害か否かが判断しにくくなるからだ。

2 × 賃借人は善管注意義務を負う。「自己の財産のためにするのと同一の注意義務」より重い注意義務だ。自分のもの以上に慎重に取り扱え、ということだ（親族が賃貸人であっても同じだ）。

3 × 賃貸物件について権利を主張する者がいたり、賃借物が修繕を要する場合には、賃借人は賃貸人に通知しなければならない。実際に使用している賃借人でなければわからないことも多いからだ。しかし、賃貸人がその事実を知っているのであれば通知する義務を負わない。

4 × 賃借人は賃貸人の保存に必要な行為（修繕など）を拒むことはできない。しかし本肢は「保存を超える行為」だ。

問4 正解 **3**　　　　　**A** 4つの肢すべて **重 要**

1 × Aが、Bの転貸人の地位を承継し賃貸人となった以上、敷金返還義務も承継する。

2 × 賃借人Bの債務不履行があれば、Aは契約解除できる。この際、転借人Cに催告しなくても明渡請求できる（Cに支払いの機会を与える必要はない）。

3 ○ 期間満了によりAB間の賃貸借契約が終了している。Aは転借人Cに建物の明渡しを請求することができるが、Cへの通知が必要。通知から6か月経過により転貸借契約も終了する。AはCに対して建物の明渡しを請求することができる。

4 × 合意解除は転借人Cに対抗することができない。しかし、本肢では、賃借人Bは賃料滞納（債務不履行）も起こしている。この場合、AはCに解除を対抗することができる（主張することができる）。

POINT 肢2。AはCに賃料請求してもいいし、賃料請求しないでAB間の契約を解除してもよい（その結果、BC間の転貸借契約も終了）。

A **問5** サブリース方式による賃貸管理に関する次の記述のうち、適切なものの組合せはどれか。 [R1-25]

（ア） 所有者は、管理業者との間の原賃貸借契約を管理業者の賃料不払いを理由に解除する場合、あらかじめ転借人（入居者）に対して催告をしなければならない。

（イ） 所有者は、管理業者との間の原賃貸借契約を合意解除したときは、転借人（入居者）に対して明渡しを請求することができる。

（ウ） 所有者は、管理業者との間の原賃貸借契約を管理業者の賃料不払いを理由に解除したときは、転借人（入居者）に対して明渡しを請求することができる。

（エ） 所有者は、原賃貸借契約が期間満了により終了する場合、転借人（入居者）に通知しなければならない。

1 ア、イ
2 ア、エ
3 イ、ウ
4 ウ、エ

A **問6** 賃貸人ＡがＢに管理を委託しＣに賃貸する管理受託方式と、ＡがＢに賃貸し、ＢがＡの承諾を得てＣに転貸するサブリース方式の異同に関する次の記述のうち、誤っているものの組合せはどれか。 [R2-12]

（ア） ＢのＣに対する立退交渉は、管理受託方式もサブリース方式もいずれも弁護士法に抵触し違法となるおそれがある。

（イ） Ｃの善管注意義務違反により賃貸物件が毀損したときは、管理受託方式の場合、ＢはＡに対して損害賠償責任を負うが、サブリース方式の場合、ＢはＡに損害賠償責任を負わない。

（ウ） Ｃが賃借する契約が終了し、Ｃに対して建物明渡請求訴訟を提起する場合は、管理受託方式の場合はＡが原告となり、サブリース方式の場合はＢが原告となる。

（エ） ＡＢ間の契約について、管理受託方式の場合は借地借家法の適用はなく、サブリース方式の場合は借地借家法の適用がある。

1 ア、イ　　2 ア、ウ　　3 イ、ウ　　4 ウ、エ

正解 4 **A** 4つの肢すべて **重** **要**

(ア) × 賃借人（管理業者）の賃料不払いがあれば、賃貸人（建物所有者）は契約を解除できる。その際、転借人（入居者）への催告は不要だ。

(イ) × 賃貸借契約が合意解除されても、転貸借契約は終了しない。転借人（入居者）に建物の明渡しを請求することはできない。

(ウ) ○ 本肢は債務不履行解除。賃貸人は解除を転借人に対抗できる（主張できる）。つまり、転借人に対し「賃貸借契約の終了により、建物を明け渡してください」と言える。

(エ) ○ 期間満了による原賃貸借契約（マスターリース契約）の終了。建物転貸借なので賃貸人から転借人への通知が必要。通知から6か月の経過により転貸借契約も終了。

　以上より、適切なものの組合せはウとエであり、正解は4となる。

 正解 1 **A** 4つの肢すべて **重** **要**

(ア) × サブリース方式であれば賃貸人として（当事者として）、立ち退き交渉ができる。

(イ) × 管理受託方式では責任を負わない。サブリース方式では責任を負う。毀損させるような転借人に転貸した責任を問われるのだ（法律上は転借人が履行補助者となるのだが、そういう面倒な議論にはふみこまなくてよい）。

(ウ) ○ 管理受託方式の場合は賃貸人であるAが原告。サブリース方式の場合は、Cに転貸しているサブリース業者Bが原告となる。要は、入居者Cと契約している者が原告となるのだ。

(エ) ○ 管理受託は賃貸借契約ではないので、借地借家法の適用はない。サブリース方式は、建物所有者Aが賃貸人、サブリース業者Bを賃借人とする賃貸借契約なので借地借家法の適用がある。

　以上より、誤っているものの組合せはアとイであり、正解は1となる。

第**5**章

賃貸借契約

問7 賃貸借契約の更新に関する次の記述のうち、誤っているものはどれか。

[H30-24改]

1 期間の定めのある建物賃貸借契約において、期間満了4か月前に更新拒絶の通知をした場合、当該契約は法定更新される。

2 期間の定めのある建物賃貸借契約が法定更新された場合、更新後の契約は、期間の定めのない契約となる。

3 更新料特約以外に更新手数料特約を定めることは、有効である。

4 建物賃貸借契約の更新に係る事務は、賃貸住宅の管理業務等の適正化に関する法律において、管理業務に含まれている。

 問8 普通建物賃貸借契約の更新及び終了に関する以下の記述のうち、正しいものはどれか。

[R2-28]

1 期間の定めのある建物賃貸借契約において、賃借人は1か月前に予告することで解約することができるとの特約を定めても無効であり、期間が満了するまでは契約は終了しない。

2 期間の定めのある建物賃貸借契約において、賃貸人は3か月前に予告することで解約することができるとの特約を定めた場合であっても、正当事由のない解約申入れは無効である。

3 期間の定めのある建物賃貸借契約において、賃貸人と賃借人が賃貸借契約の終期から1年以上前の時点で、同契約を更新することにつき合意することはできない。

4 期間の定めのない建物賃貸借契約において、賃貸人が解約を申し入れた場合、正当事由を具備することで、解約申入日から3か月の経過により契約が終了する。

188

問7 正解 **4**　　　 4つの肢すべて **重要**

1　○　期間満了の1年前から6か月前までに、更新しない旨の通知をしないと契約は更新される。更新拒絶したいのであれば期間満了4か月前の通知では遅い。

2　○　法定更新により従前と同じ条件で契約を更新したものとみなされるが、契約期間は期間の定めのないものになる。

3　○　「契約書に一義的かつ具体的に記載され、高額すぎるなどの特段の事情がない」のであれば更新手数料特約も有効だ。

4　×　更新に係る事務は、賃貸住宅管理業法上の管理業務には含まれていない。法律上、管理業務とは（1）賃貸住宅の維持保全業務、（2）維持保全と併せて行う金銭の管理業務、の2つだ。

POINT　賃貸住宅管理業法の成立に伴い、肢2、4の問題文を変更した。

問8 正解 **2**　　　 4つの肢すべて **重要**

1　×　中途解約条項だ。このような特約も有効。賃貸住宅標準契約書でも「賃借人は30日前に申し入れる（または30日分の賃料を支払う）ことで解約可」としている。

2　○　賃貸人からの解約には正当事由が必要。特約でこれを排除することはできない。つまり、正当事由のない解約申し入れは無効だ。

3　×　賃貸人、賃借人双方が合意して更新することは、なんの問題もない（誰も困らない）。1年以上前であっても合意更新は可能だ。

4　×　賃貸人からの解約申入れから6か月で契約終了。3か月ではない。

B **問 9** 次の記述のうち、居住用賃貸借契約に定める約定として**不適切なもの**は いくつあるか。 [R5-7]

(ア) 賃借人が支払を怠った賃料の合計額が賃料3か月分以上に達したとき、賃貸人は無催告にて賃貸借契約を解除し、賃借人の残置物がある場合はこれを任意に処分することができる。

(イ) 賃借人が支払を怠った賃料の合計額が賃料3か月分以上に達したとき、連帯保証人は、無催告にて賃貸借契約を解除し、賃借人の残置物がある場合はこれを任意に処分することができる。

(ウ) 賃借人が契約期間満了日に貸室を明け渡さなかった場合、賃借人は契約期間満了日の翌日から明渡しが完了するまでの間、賃料相当額の損害金を賃貸人に支払うものとする。

(エ) 賃借人が契約期間満了日に貸室を明け渡さなかった場合、賃借人は契約期間満了日の翌日から明渡しが完了するまでの間、賃料の2倍相当額の使用損害金を賃貸人に支払うものとする。

1　1つ
2　2つ
3　3つ
4　4つ

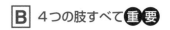 **4つの肢すべて** 重要

（ア） × 解除する前に催告が必要。「無催告にて賃貸借契約を解除できる」という約定は不適切のものだ。残置物の処分もできない。

（イ） × 連帯保証人は賃貸借契約の当事者ではない。連帯保証人が「無催告にて賃貸借契約を解除できる」という約定は不適切なものだ。

（ウ） ○ 契約期間満了後も貸室を使用している（不法占拠状態）のような事態になれば、損害金をとるのは当然のこと。約定可能だ。

（エ） ○ 契約期間満了後も貸室を使用している（不法占拠状態）のような事態になれば、損害金をとるのは当然のこと。損害金は、賃料より高くしないと賃借人は居座り続ける可能性が高い。かといって不当に高いと消費者契約法により無効となる。賃料の2倍の違約金は不当ではない、とする判例があり、本肢の規定は約定可能だ。

以上より、不適切なものはア、イの2つであり、正解は2となる。

B **問 10** 定期建物賃貸借契約に関する次の記述のうち、誤っているものはいくつあるか。 [R4-24]

(ア) 貸主が死亡したときに賃貸借契約が終了する旨の特約は、有効である。

(イ) 期間50年を超える定期建物賃貸借契約は、有効である。

(ウ) 定期建物賃貸借契約に特約を設けることで、借主の賃料減額請求権を排除することが可能である。

(エ) 契約期間の定めを契約書に明記すれば、更新がなく期間満了により当該建物の賃貸借が終了する旨（更新否定条項）を明記したと認められる。

1 なし
2 1つ
3 2つ
4 3つ

正解 **3**　　　　　　　**B** **ア～エまですべて** **重要** **（基本知識）**

（ア） ×　貸主が死亡しても、契約期間内であれば賃借人は住み続けることができる。借主は何も悪いことをしていないのに、死亡という貸主側の事情で賃貸借契約を終了させられる、というのは借主に不利な特約であり認められない。

（イ） ○　民法では賃貸借契約は50年まで、となっているがこれは借地借家法で修正されている（存続期間の上限はない）。定期建物賃貸借契約も借地借家法に基づく契約であり、50年を超える契約も有効だ。

（ウ） ○　普通の建物賃貸借契約では、借主の賃料減額請求権を排除する特約（＝賃料の値下げ請求ができない、という特約＝不減額特約）は認められない。借主に不利な特約となるからだ。しかし、定期建物賃貸借契約では、不減額特約も認められている。

（エ） ×　定期建物賃貸借契約とするためには、更新否定条項が明示されていなければならない（例：「本契約は、期間の満了により終了し、更新がない」、など）。契約期間だけなら普通の建物賃貸借契約にも記載されている。

以上より、誤っているものはア、エの2つであり、正解は3となる。

第**5**章

賃貸借契約

A **問11** 定期建物賃貸借契約に関する次の記述のうち、正しいものはどれか。

[R 3 -26]

1 中途解約特約のある定期建物賃貸借契約において、賃貸人は契約期間中であっても、正当事由を具備することなく契約を解約することができる。

2 定期建物賃貸借契約書は、同契約を締結する際に義務付けられる事前説明の書面を兼ねることができる。

3 賃貸借の媒介業者が宅地建物取引業法第35条に定める重要事項説明を行う場合、定期建物賃貸借契約であることの事前説明の書面は不要である。

4 定期建物賃貸借契約において、賃料減額請求権を行使しない旨の特約は有効である。

A **問12** Aを賃貸人、Bを賃借人とする賃貸住宅（以下、「甲建物」という。）の所有権がCに移転した場合に関する次の記述のうち、誤っているものはどれか。ただし、それぞれの選択肢に記載のない事実はないものとする。

[R 3 -28]

1 Aが甲建物を譲渡する前にBがAから引渡しを受けていれば、賃貸人たる地位はCに移転する。

2 Aが甲建物を譲渡する前にBがAから引渡しを受けている場合に、AC間で賃貸人の地位をAに留保し、かつCがAに甲建物を賃貸する旨の合意をすれば、Bの承諾がなくても、賃貸人の地位はAに留保される。

3 Aが甲建物を譲渡する前にBがAから引渡しを受けている場合に、所有権移転登記を経由していないCから甲建物の賃料の支払を求められても、Bは支払を拒むことができる。

4 Aが甲建物を譲渡する前にBがAから引渡しを受けておらず、かつ賃貸借の登記も経由していない場合に、AC間で賃貸人の地位を移転することにつき合意しても、Bの承諾がなければ、賃貸人の地位はCに移転しない。

問11 正解 **4**   **4つの肢すべて** **重要**

1 × 賃貸人からの解約には正当事由が必要。定期建物賃貸借であってもこれは変わらない。

2 × 契約書とは別の書面で定期建物賃貸借契約である旨を説明する必要がある。契約書と事前説明書面を兼ねることができる、というのは誤りだ。

3 × 重要事項説明と、定期建物賃貸借契約であることの事前説明は別の話。賃貸人が書面を交付して、定期建物賃貸借であることを説明しなければならない。「書面は不要」というのは誤り。

4 ○ 賃料減額請求権を行使しない＝賃料を値下げしない、という特約は賃借人に不利なもの。したがって認められないのが原則。しかし、定期建物賃貸借契約であれば、減額請求しない特約も認められる。

問12 正解 **4**   **A** 肢1、3、4が **重要**

1 ○ 賃貸住宅の所有者がAからCに移転している。賃貸人の交替だ。引渡しを受けていればBの賃借権は対抗力をもつ。Bは新しい所有者Cに対し賃借権を主張できる。Bが賃借人でCが賃貸人だ。つまり賃貸人たる地位はCに移転する。

2 ○ 肢1の例外規定。資産流動化を目的として賃貸不動産の譲渡が行われた場合に、譲受人Cと多数の賃借人との間で賃貸借関係が生ずることを避けるためこのような規定がある。試験対策としては、深入りは無用だ。

3 ○ 肢1でみたように、Cは賃貸人となる。しかし、賃借人Bに賃料を請求するには、建物の所有権を自分名義に移転しておかなければならない。万一、建物がC以外のものにも二重譲渡された場合、先に登記した方が建物所有者となるからだ。

4 × 賃借権に対抗力がない場合には、賃貸人の地位はCには移転しない。賃借人BはCからの建物明渡しを拒否できない。もっともAとCで合意すれば、賃貸人の地位は、Cに移転する。Bの承諾は不要だ。

第**5**章

賃貸借契約

195

A **問 13** Aは賃貸住宅（以下、「甲住宅」という。）を所有し、各部屋を賃貸に供しているところ、令和2年、X銀行から融資を受けてこの建物を全面的にリフォームした。甲住宅には融資の担保のためX銀行の抵当権が設定された。Bは抵当権の設定登記前から甲住宅の一室を賃借して居住しており、CとDは抵当権の設定登記後に賃借して居住している。この事案に関する次の記述のうち、誤っているものはいくつあるか。なお、各記述は独立しており、相互に関係しないものとする。 [R4-25]

（ア） 賃借権の対抗要件は、賃借権の登記のみである。

（イ） Bが死亡し相続が開始した場合、相続の開始が抵当権の設定登記より後であるときは、相続人はX銀行の同意を得なければ、賃借権を同銀行に対抗することができない。

（ウ） AがX銀行に弁済することができず、同銀行が甲住宅の競売を申し立てた場合、Cの賃借権は差押えに優先するため、賃借権をX銀行に対抗することができる。

（エ） AがX銀行に弁済することができず、同銀行が甲住宅の競売を申し立てEがこれを買い受けた場合、Eは、競売開始決定前に甲住宅の部屋を賃借し使用収益を開始したDに対し敷金返還義務を負わない。

1 1つ
2 2つ
3 3つ
4 4つ

正解 3　　　　　　　　　　A　イ、ウ、エが **重要**（基本知識）

（ア） ×　引渡しも賃借権の対抗要件が認められる（引渡しを受けていれば、貸主が変わっても借りる権利を主張できる）。賃借権の登記のみが対抗要件ではない。

（イ） ×　Bは、抵当権の設定登記「前」から、賃借し引渡しをうけている。つまり賃借→抵当権の順番だ。Bの賃借権は抵当権に勝つ（抵当権が実行されても居住し続けることができる）。そしてBの相続人もBと同じ権利を持つ（Bの死亡が抵当権設定登記後でも関係ない）。「賃借権を同銀行に対抗することができない」というのは誤りだ。

（ウ） ×　Cは、抵当権設定登記後に、賃借している。つまり抵当権→賃借の順番だ。この場合、賃借権は抵当権に負ける。住宅が競売された場合、住み続けることができないこともある。「賃借権をX銀行に対抗することができる」というのは誤りだ。

（エ） ○　Dの賃借権も（Cと同じく）抵当権に負ける。Eは抵当権に基づく競売により住宅を買い受けている。つまりEに対し、Dは賃借権を主張することができない。賃貸借契約はEに引き継がれないため、EはDが預け入れた敷金を返還する義務を負わない。

以上より、誤っているものは、ア、イ、ウの3つであり、正解は3である。

POINT　「抵当権設定登記」と「賃貸住宅の引渡」、どちらか早いかで勝負が決まる。それさえわかっていれば正解できる問題。

第**5**章　賃貸借契約

B **問14** 抵当権が設定されている建物の抵当権が実行された場合の、建物賃貸借に関する次の記述のうち、誤っているものはいくつあるか。 [R2-27]

（ア） 競売で買受人が建物を競落した場合、抵当権の実行前に賃貸借契約が締結され引渡しを受けていれば、賃借人は買受人に賃借権を対抗することができる。

（イ） 競売で建物を競落した買受人に賃借権を対抗できる場合、賃借人は、買受けの時から6か月を経過するまでは、建物の明渡しを猶予される。

（ウ） 競落した建物に、買受人に賃借権を対抗できない建物使用者がある場合、買受人は、建物使用者に対して、買受けの時より後に建物の使用をしたことの対価を請求できる。

1 なし
2 1つ
3 2つ
4 3つ

問14 **正解 3** **B** 3つの肢すべて **重要**

ア ✕ 賃借人が買受人に賃借権を対抗するためには、抵当権の「設定登記前」に賃貸借契約が締結され、建物の「引渡し」を受けている必要がある。ところが本肢は「抵当権の実行前に」となっているだけで、建物引渡しと抵当権「設定登記」のどちらが先かわからない。もし、抵当権設定・登記→賃貸借契約・建物引渡し→抵当権実行、という順番だとすると、抵当権が賃借権に優先する。「賃借人は買受人に賃借権を対抗することができる」と言い切っている本肢は誤りだ。

イ ✕ 問題文には「競落した買受人に賃借権を対抗できる」とある。賃貸借契約・建物引渡し→抵当権設定・登記、という順番がその例だ。賃借権を対抗できる（買受人に賃借権があることを主張できる）のだから、建物を明け渡す必要がない。「買受けの時から6か月を経過するまでは、建物の明渡しを猶予される」というのは誤り。6か月どころか、住みたいだけ住めるのだ。

ウ ◯ 「買受人に賃借権を対抗できない」とある。抵当権設定・登記→賃貸借契約・建物引渡し、という順番だ。賃借人は建物を明け渡さなければならないが6か月間は明渡しを待ってもらえる（賃借人は何も悪いことをしていないのに、いきなり「出ていけ」はかわいそうだから）。その場合、出ていくまでの対価を支払わなければならない（買受人と賃貸借契約を結んでいるわけではないので賃料とは呼ばない）。

以上より、誤っているものはア、イの2つであり、正解は3となる。

第5章 賃貸借契約

A **問15** 高齢者の居住の安定確保に関する法律（以下、本問において「高齢者住まい法」という。）に基づく建物賃貸借契約（以下、本問において「終身建物賃貸借契約」という。）に関する次の記述のうち、誤っているものはどれか。 [R 4 -26]

1 終身建物賃貸借契約は、借主の死亡に至るまで存続し、かつ、借主が死亡したときに終了するが、これは特約により排除することも可能である。

2 終身建物賃貸借契約を締結する場合、公正証書によるなど書面によって行わなければならない。

3 終身建物賃貸借契約の対象となる賃貸住宅は、高齢者住まい法が定めるバリアフリー化の基準を満たす必要がある。

4 終身建物賃貸借契約では、賃料増額請求権及び賃料減額請求権のいずれも排除することができる。

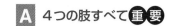

1 × 「高齢者住まい法」に基づき、「借主の死亡に至るまで存続し、かつ、借主が死亡したときに終了する」賃貸借契約が、「終身建物賃貸借契約」だ。特約で排除することはできない。

2 ○ 終身建物賃貸借契約は、書面によって行わなければならない（書面であれば公正証書でなくともよい）。

3 ○ 高齢者の身体機能に対応した段差のない床構造、トイレ・浴室等への手すりの設置、幅の広い出入り口や共用廊下などの「バリアフリー化の基準」を満たす必要がある。

4 ○ 「終身建物賃貸借契約」においても、賃料増減額請求権はある。しかし、特約でこれを排除することができる（賃料増減額請求をしない特約があれば、増減請求をすることはできない）。

A **問16** 令和4年5月1日に締結された建物賃貸借契約と建物使用貸借契約に関する次の記述のうち、正しいものはいくつあるか。　　　[R 4 -28]

（ア）　建物賃貸借契約の期間が満了した場合、同契約が法定更新されることはあるが、建物使用貸借契約の期間が満了しても、同契約が法定更新されることはない。

（イ）　建物賃貸借では建物の引渡しが契約の成立要件となるが、建物使用貸借は合意のみで契約が成立する。

（ウ）　期間10年の建物賃貸借契約は有効だが、期間10年の建物使用貸借契約は無効である。

（エ）　契約に特段の定めがない場合、建物賃貸借契約における必要費は貸主が負担し、建物使用貸借契約における必要費は借主が負担する。

1　1つ
2　2つ
3　3つ
4　4つ

（ア） ○　法定更新は借地借家法で定められたものだ。使用貸借には借地借家法の適用がないので、法定更新されることはない。

（イ） ×　賃貸借契約は当事者の合意のみで成立する。「建物の引渡しが契約の成立要件」というのは誤り。後段の「建物使用貸借は合意のみで契約が成立する」は正しい。

（ウ） ×　使用貸借については、存続期間の上限・下限の定めはない。「期間10年の建物使用貸借契約は無効」というのは誤り。

（エ） ○　賃料を支払う賃貸借では、必要費は貸主が負担する（賃料を支払う以上、必要な費用は貸主に負担してもらう）。使用貸借では借主が負担する（ただで借りるのだから、必要費は借主負担）。

以上より、正しいものはア、エの２つであり、正解は２となる。

> **POINT**
> 肢ア：法定更新とは、賃貸人が期間の満了の１年前から６か月前までの間に賃借人に対して「更新をしない旨の通知」をしなかったときは、それまでの契約と同じ条件で契約を更新したものとみなされる、というものだ（ただし、「期間の定めのない賃貸借」になる）。

（賃貸住宅の維持保全業務と併せて行う）賃料、敷金、共益費等の金銭の管理も管理業務だ。末払い賃料の回収手段や、保証、金銭の分別管理の仕組みなどを学んでいく。

1 │ 賃料・敷金等の一時金

(1) 賃料

　賃料は毎月末払い（後払い）というのが民法の規定。実務とは異なるので注意が必要だ。賃料を減額しない特約の有効性についても確認しておこう。

覚えよう

■賃料の支払等

① 賃料は**毎月末払い（後払い）**が民法の規定。特約で前払いとすることも可

② 賃貸人が賃料の受領を拒んだり、賃貸人の死亡後の相続人が不明等の場合、賃借人は賃料を**供託**することで支払債務を免れる。

■賃料増減額請求

③ 賃料が不相当となった場合（＝周辺と比べて高すぎになったり、安すぎになった場合）には、契約条件にかかわらず、**将来に向かって賃料の増額・減額を請求**することができる。

④ ③にかかわらず、賃料を増額しないという特約をつけることもできる（有効）。一方、**賃料を減額しないという特約は無効**（賃借人に不利となるので）。ただし定期建物賃貸借であれば有効

	普通建物賃貸借	定期建物賃貸借
増額しない特約	有効	
減額しない特約	無効	有効

■共益費

⑤ 共益費等は、共用部分の維持管理費用の実費に充てるために支払わ

れるものと、賃料の性格を有するものがある。

·····························

● 賃料の振込手数料は、特約がなければ賃借人負担。

● ③：敷金（保証金）は、増減額請求をすることはできない。

● （賃料が不相当になったのならば）賃料改定は協議により行うとする条項が定められていても、協議を経ることなく賃料増減請求をすることができる。

● 直近に賃料改定について合意した時から、短い時間しか経過していなくても賃料増減請求権は行使できる。

● 賃料増減請求は、法律上、書面が必要とされていない。口頭での通知でもよい。

● 賃料の増額請求を行ったが、賃借人が納得しない場合、裁判で確定するまでは、賃借人は相当と認める賃料（自分が納得する賃料）を支払えばよい。裁判で賃料確定後、差額は１割の利子をつけて精算される。反対に賃料の減額請求を行ったが、賃貸人が納得しない場合も、裁判で確定するまでは、賃貸人は相当と認める賃料を請求できる。これも裁判で確定後精算する。

● 賃料確定の訴え（裁判）の前に調停を申し立てる（調停前置主義）。当事者間の協議を重視するためだ。

● ④：賃料を減額しない、という特約は無効という規定は、サブリース契約の原賃貸借契約（マスターリース契約）でも適用がある。サブリース業者が建物所有者との間で「30年間賃料は減額しない」という特約を結んだとしても無効だ。サブリース業者は賃料を減額すべきことを請求することが可能だ。

‖‖‖‖‖‖‖‖‖‖‖‖‖‖‖‖‖‖ 過去問出題例 ‖‖‖‖‖‖‖‖‖‖‖‖‖‖‖‖‖‖

1. 賃貸人から賃料増額請求を受けた賃借人は、賃料増額に関する裁判が確定するまでの間、増額された賃料を支払わなければならない。（R1-10-イ）

　　解答　× 賃借人が相当と認められる賃料を支払えばよい。

2. 普通建物賃貸借契約において「賃料の減額はしない。」との特約がある場合、賃借人は賃料の減額を求めることができない。（H29-21-3）

　　解答　× 普通建物賃貸借契約の場合、賃料を減額しない特約をしても無効

（賃借人に不利だから）。

3. 定期建物賃貸借契約においては、あらかじめ賃料改定方法を定めていた場合であっても、借地借家法上の賃料増減額請求の規定の適用は排除されない。（H29-21-2）

解答 × 定期建物賃貸借契約においては、賃料を減額しない特約も有効。

4. 賃貸人の賃料増額請求権を一定期間排除する特約は有効である。（R1-10-エ）

解答 ○ 増額請求を不可とする特約は有効だ（賃借人に有利だから）。

(2) 敷金

敷金とは、「賃貸借に基づいて賃借人が賃貸人に負担する金銭の給付を目的とする債務を担保するための金銭」のことだ。賃貸借契約は継続的関係だ。契約期間中に、賃料未払い等があれば敷金を充当することで、取り損ないを防ぐのだ。

覚えよう

■敷金
① 賃借人から、敷金を債務の弁済に充てることを請求できない（敷金２月分預けたから、２月賃料を支払わないとは言えない）。
② 賃貸借契約が終了し、かつ、賃貸物の返還を受けたときに返還される（建物の明渡しが先）。
③ 賃貸建物の譲渡などにより賃貸人が替わった場合、敷金返還債務は新しい賃貸人が引き継ぐ。一方、賃借権が譲渡された場合には、原則として、旧賃借人に敷金が返還される（敷金返還請求権は新しい賃借人に引き継がれない）。新しい賃借人が改めて敷金を預ける。

補足説明
● 敷金契約は、賃貸借契約とはまったく別の契約だ。賃貸借契約締結後に敷金を預け入れる契約を結ぶことも可能だし、敷金契約のみ合意解除することも可能だ。

- ●③：賃貸人（賃借人）の変更は、第4章賃貸借契約　9　賃借権の譲渡・転貸、建物の所有権移転　参照。

- ●敷金返還請求権が第三者に譲渡されたり、差し押さえられることもある。

敷金返還請求権の譲渡	賃貸借が終了し、明渡し完了後に**賃貸人への債務を差し引いた後の残額**の請求権が、敷金返還請求権の譲受人に移転する
譲渡禁止特約	譲渡禁止特約があっても、譲渡は有効。譲受人が善意無重過失ならば、賃貸人は譲受人に敷金返還。悪意又は重過失ならば、賃貸人は譲受人への支払いを拒むことができる
供託	譲渡禁止特約のある敷金返還請求権が譲渡されたときは、賃貸人は、敷金を供託できる（賃貸人が譲受人の悪意重過失を知るのは困難だから）
敷金返還請求権の差押え	敷金返還義務が発生していれば、差押債権者に対して敷金の支払義務が発生する（**債務控除後の残額**を差押債権者に支払えばよい）

||||||| **過去問出題例** |||||||

1.　賃貸人は、建物明渡し後でなければ、敷金を未払賃料に充当することができない。（R3-20-1）

> **解答**　✕　賃貸人はいつでも敷金を未払い賃料に充当できる。そもそも未払い賃料に充当するため（＝未払い賃料を回収するため）等に、敷金を預かるのだ。

2. 敷金は、原状回復とされている賃借人の毀損・汚損に対する損害賠償も担保する。（R2-20-ウ）

   解答 ○ 敷金は、賃貸借契約から生じる賃借人の「金銭の給付を目的とする債務」を担保する。原状回復費用や損害賠償も対象となる。

3. 賃借人は、不払賃料額の弁済に敷金を充てるよう賃貸人に請求することはできない。（R2-20-ア）

   解答 ○ 賃借人から敷金を弁済に充てるよう請求することはできない。

4. 賃貸借契約書に賃借人からの敷金の相殺について禁止する条項がない場合、賃借人は契約期間中、敷金返還請求権と賃料債務を相殺することができる。（H30-17-1）

   解答 × 相殺禁止条項がないとしても、賃借人から相殺はできない。

5. 賃貸借契約が終了した場合、敷金の返還と明渡しは、敷金の返還が先履行となる。（R1-19-ア）

   解答 × 建物の明渡しが先履行。

6. 賃貸借契約継続中に敷金返還請求権が差し押えられた場合、賃貸人は、速やかに敷金相当額を差押債権者に支払わなければならない。（R2-20-イ）

   解答 × 敷金返還請求権は、建物の明渡し後に発生する。賃貸借契約継続中であれば、賃貸人は敷金を返還する義務はない。差押債権者に支払う義務もない。

(3) 敷金以外の一時金

賃貸借契約においては、敷金以外にも一時金が授受されることもある。

覚えよう

■敷金以外の一時金
① 礼金（権利金）：賃貸借契約終了時に返還されない一時金
② 敷引特約も（信義則に反して賃借人の利益を一方的に害するもので

ない限り）有効。
③　保証金：一般に敷金同様、債務を担保するための預り金であること
　　が多いが、法律に具体的な定めがないため、授受する場合にはその
　　目的を明確に契約書に定めておく必要がある。

補足説明 ・・

●②：敷引特約とは、敷金から一定額を控除し、賃貸人が取得する特約。敷金なの
　に返還しないのだ。敷引部分は事実上礼金と同じになる。

●敷引特約は全国的な慣習とはいえないため、賃貸住宅標準契約書には、規定がな
　い。

●判例によれば、敷引特約が有効となる条件として、（1）契約条件の一つとして
　敷引特約が定められている、（2）賃借人が敷引特約を明確に認識したうえで契
　約している、（3）敷引額が高額すぎない、の3つがあげられている。

覚えよう

■更新
①　（法律上は書面がなくてもよいが）更新にあたっては、更新合意書
　　を作成することが望ましい。
②　**更新料、更新手数料を受領**する場合には、賃貸借契約書に**特約とし
　　て明記**し、賃借人等に十分に説明し、理解を得ておくことが必要。

補足説明 ・・

●更新には、合意更新と法定更新・使用継続による更新がある（第4章賃貸借契約
　4　契約期間と更新　参照）。

●①：（更新合意書ではなく）新たに契約書を作成する方法もある。

●②：更新手数料とは、管理業者が契約の更新手続を行う場合の事務代行手数料の
　こと。更新料、更新手数料とも、不当に高額ではないことが必要である。

1. いわゆる敷引特約（賃貸借契約終了時に、賃貸人が敷金の一部を取得する特約。）に関し、判例は、敷引金の額が賃料の額等に照らし高額過ぎるなどの事情があれば格別、そうでない限り、これが信義則に反して消費者である賃借人の利益を一方的に害するものということはできない旨を判示している。（R1-19-エ）

   解答 ○ 敷引特約も（信義則に反して賃借人の利益を一方的に害するものでない限り）有効である。

2. 更新料特約以外に更新手数料特約を定めることは、有効である。（H30-24-3）

   解答 ○ 事務代行手数料としての更新手数料も認められる。ただし、賃貸借契約書に特約として明記し、賃貸人等に十分に説明し理解を得ておくこと、不当に高額でないことが要件だ。

3. 賃貸借契約書に更新料条項がなくても、賃借人（消費者）が口頭で更新料の支払を了解した場合には、更新料の額が高額過ぎる等の特段の事情のない限り、当該合意は消費者契約法第10条に違反するものではないから、賃貸人は更新料を請求することができる。（H27-19-2）

   解答 × 更新料の額が高額過ぎる等の特段の事情のない限り、更新料の特約も有効。ただし、更新料を受領するには当事者間の合意を明確にするために契約書に明記する。

(4) 消滅時効・弁済充当・供託

　賃料や一時金をもらえる権利があっても、一定期間、請求しないで放置しておくと、請求権が消滅してしまう。それが消滅時効だ。弁済充当、供託についても確認しておこう。

覚えよう

■消滅時効
① 賃料債権は、次のいずれかの期間が経過すれば時効によって消滅する。
　（1）債権者（賃貸人）が権利行使できることを**知った時**から5年

（2）権利を行使できる時から10年

■弁済充当

② 滞納賃料の一部に支払いがあった場合、どの債務への支払いとするかが問題となる（例：4月と5月の2か月分の滞納賃料があるのに1月分しか支払わない場合、4月分に充当するのか、5月分なのか、費用や利息にあてるのか、という問題だ）。

（1）**当事者の合意**があれば、その順序に従い、充当される（弁済充当の合意）。

（2）弁済充当の合意がない場合、**費用、利息、元本の順番**で充当される。

（3）同順位の充当については、弁済者（賃料を支払う借主）が、給付（支払い）の際にどの債務に充当するのかを指定する。

（4）弁済者（借主）の指定がない場合には、受領者（貸主）が、受領の際に指定する。ただし、弁済者がその充当に異議を述べた場合は、指定は効力を失い、「法定充当」に従う。

（5）弁済者、受領者とも指定しない場合は「法定充当」になる。「法定充当」では債務者のために弁済の利益が多いものを先に充当する。

■供託

③ 賃貸人が賃料を受領しない場合などに、賃借人の支払債務を消滅させる方法として**供託**がある。供託所（法務局）に賃料を預けるのだ。

（1）供託により賃借人は賃料支払債務を免れる（遅延利息などを支払わなくてすむ）

（2）賃借人は供託後、遅滞なく債権者（賃貸人）に通知する

（3）賃貸人はいつでも供託金を受領できる

補足説明 ....

●①：当事者が**援用**しなければ時効は成立しない。期間が経過しても債務者が支払う、といえば時効にはならない。

- ●時効は起算日に遡って生じる。例えば債権者（賃貸人）が、権利金の支払いを請求できることを令和6年4月1日に知った場合、5年経過した令和11年4月2日以降、債務者（賃借人）が時効を援用すれば、もう請求できなくなる。このとき、起算日（令和6年4月1日）に遡って債権が消滅する。5年間の利息などを支払う必要はない。

- ●②：当事者の合意があれば、それが優先。ない場合には弁済者（借主）が有利になるように考える。

- ●③：賃料の値上げ、値下げ等でもめた場合など、賃貸人が賃料を受領しないということも考えられる。賃貸人が不確知（賃貸人が死亡したが相続人が不明等）といった場合にも供託が利用される。

■■■■■■■■■■■■■■■■■■■■■■■■■ **過去問出題例** ■■■■■■■■■■■■■■■■■■■■■■■■

1. 建物賃貸人の賃料債権は、支払日から10年間行使しないときは、時効により消滅する。（R1-14-1改）

    解答 × 支払日が「債権者（賃貸人）が権利を行使できるとき」だ。賃貸人が支払日を知らないということは通常考えられない。支払日から5年経過で時効となる。

2. 賃料債権は、時効期間が経過しても消滅時効を援用する旨の意思表示がなければ消滅しない。（R4-23-4）

    解答 ○ 当事者が援用しなければ、消滅時効とはならない（時間の経過により当然に消滅時効となるわけではない）。

3. 貸主が支払期限を知っている通常の場合、賃料債権は、5年の消滅時効に服する。（R4-20-1）

    解答 ○ 債権者（本肢では貸主）が権利を行使できることを知った時から5年経過すれば、消滅時効により債権は消滅する。本問の場合、支払期限が、貸主が権利を行使できる時にあたる。

4. 賃借人が滞納賃料の一部を支払った場合で、弁済充当の合意がないときは、支払われた賃料は費用、利息、元本の順番で充当される。（R1-14-3）

    解答 ○ 特約（弁済充当の合意）がない限り、費用、利息、元本の順番で充当される。

5. 借主が滞納賃料の一部を支払う場合であって、弁済充当の合意がないときは、支払い時に貸主が指定した債務に充当され、借主はこれに従わなければならない。(R4-20-4)

   解答 × 弁済充当の合意がない場合、弁済者（借主）が、支払い時にどの債務に充当するのかを指定する。「貸主が指定した債務に充当され」というのは誤り。借主が指定しない場合には、貸主が指定するが、借主は異議を述べることができる。「借主はこれに従わなければならない」というのも誤りだ。

6. 賃貸人Aは賃借人Bに対して賃料の値上げを求めており、Bがこれに応じない場合に、Bが賃貸借契約で定められた賃料を支払ったところ、Aが受領を拒絶した場合、Bの賃料支払義務は消滅する。(H27-16-1)

   解答 × 賃貸人Aが受領拒絶しても債務は消滅しない。賃借人Bが債務を消滅させるためには供託する必要がある。

7. 供託所は、賃借人により供託がなされた場合、遅滞なく、賃貸人に供託の事実を通知しなければならない。(R2-21-4)

   解答 × 通知は債務者（賃借人）が行う。

8. 賃貸人に賃料を受領してもらうことが期待できない場合、賃借人は直ちに供託することができる。(R2-21-1)

   解答 × 供託原因は、受領拒絶、受領不能、債権者不確知の3つだ。単に「受領してもらうことが期待できない」だけでは、供託することはできない。

(5) 賃料の回収等

　未収賃料の回収にあたっては、法令を遵守しなければならない。また、回収のための様々な方法について理解しておくことが必要だ。

■回収業務

① 自力救済の禁止
　法的手続きによらない「自力救済」は禁止されている。賃借人が賃料を滞納しているからといって、「ドアの鍵穴部分にカバーをかけ、賃借人の入室を困難にする」といった行為は認められないのだ。

② 弁護士法の遵守
　弁護士でない者は、報酬を得る目的で法律事務を取り扱うことはできない。管理受託方式の場合に、管理業者が（賃貸人に代わって）自己の名義で内容証明郵便を送ったり、裁判所に訴訟を申し立てたりすることはできない。

③ 内容証明郵便と公正証書

	どのような文書か	内容の真実性	保存
内容*証明郵便	いつ、誰が、誰に宛てて、どのような内容の郵便を出したのかを郵便局が証明する制度	保証されない	謄本のうち１通は、郵便局で５年間保存
公正証書	公証人が作成する文書	保証される	原本を公証役場に20年間保存

＊通常の内容証明郵便には配達証明の機能はない。実務では「配達証明付き内容証明郵便」を用いることが多い。

〈①自力救済の禁止〉

●賃借人が行方不明の場合でも、荷物（残置物）を勝手に処分することも自力救済
となり、認められない。残置物を処分するには、

　　賃借人行方不明→契約解除・建物明渡訴訟→公示送達→判決→私物廃棄（強制
執行）という手続きを踏む。

〈②弁護士法の遵守〉

●サブリース方式の場合には、入居者（転借人）とサブリース業者が賃貸借契約を
結んでいる。サブリース業者は賃貸人（契約当事者）だ。つまり、サブリース業
者は自己の名義で内容証明郵便を送付したり、訴訟の申立てをすることも可能。

（管理受託方式の）管理業者	（賃貸人に代わって）管理業者名義では、内容証明郵便の送付、訴訟の申立てはできない
サブリース業者	サブリース業者の名義で、内容証明郵便の送付、訴訟の申立てが可能

〈③内容証明郵便と公正証書〉

●インターネットを通じた電子内容証明郵便もある（24時間手続き可能）。

|||||||||| **過去問出題例** ||||||||||||||||||||||||||||||||||

1.　賃貸借契約書に、「賃料を滞納した場合には、賃貸人あるいは管理業者は鍵を
交換することができる。」との約定があっても、賃貸人は、建物明渡し前に賃
借人の外出中に無断で賃貸建物の鍵を交換した場合、法的責任を問われること
がある。（H30-22-4）

> **解答** ○　鍵を勝手に交換するなど「自力救済」は禁止されている。特約があ
> っても無効であり、不法行為責任を問われる可能性がある。

2. 賃貸借契約書に「賃借人が無断で1ヵ月以上不在のときは、契約が解除され、賃借人は室内の遺留品について所有権を放棄する。」という規定がある場合、賃貸人は、賃借人が長期不在となったときは、室内の遺留品を処分することができる。(H27-22-4)

   解答 × 賃借人が長期不在とはいえ、賃貸借契約は継続している。賃借人の承諾なく処分することはできない。契約書に自力救済を認める規定があっても無効だ。

3. 賃貸借契約書に「賃借人が契約終了後1ヵ月以内に退去しない場合には、賃貸人は鍵を交換することができる。」という規定がある場合、賃貸人は、賃借人が契約終了後1ヵ月以内に退去しないときは、鍵を交換することができる。(H27-22-1)

   解答 × 自力救済は禁止されている。賃借人が契約終了後も退去しないからといって、鍵を交換して入居できなくすることは（契約書に規定があっても）認められない。

4. 賃借人から退去前に取得した「賃借人は退去後の残置物については所有権を放棄する。」という念書がある場合、賃貸人は、賃借人が粗大ゴミを残して退去したときは、これを処分することができる。(H27-22-2)

   解答 ○ 賃借人の承諾を得ているので、処分可能（すでに賃借人は退去＝賃貸借契約は終了しており、賃貸人が処分しても賃借人は困らない）。

5. 管理受託方式の管理業者が、賃貸人に代わって管理業者の名前で賃借人に賃料の請求をする行為は、弁護士法第72条（非弁護士の法律事務の取扱い等の禁止）に抵触する可能性がある。(R1-27-1)

   解答 ○ 管理受託方式の場合、管理業者の名前で賃借人に賃料の請求をする行為は、弁護士法違反になる可能性が高い。

(6) 裁判所の手続きによる回収

通常の裁判には時間もお金もかかる。賃料回収という比較的少額な債権回収のために通常の裁判を提起するのは、賃貸人側（原告側）の負担が大きい。そこで**原則1日で終了する**という**訴訟手続き**が設けられた。それが**少額訴訟**だ。

■未収賃料回収の法的手段

① 少額訴訟：**60万円以下の金銭**の支払の請求を目的として、簡易裁判所で行われる。

反訴の禁止	裁判が**1日で終了**（当日中に判決）するため、**反訴**（被告が原告を相手方として訴えを提起すること）はできない
証拠調べの制限	即時に取り調べることができる証拠に限り、証拠調べができる
証人尋問の特則	証人は宣誓不要。電話会議方式の証人尋問も認められる
判決による支払猶予、分割払い	判決言い渡しの日から**3年**を超えない範囲内で支払猶予・分割払いとする判決ができる。被告人が無資力であることも考えられるからだ。分割払いなどの判決に不服申立てはできない
必要的仮執行宣言	裁判所は職権で、仮執行をすることができることを宣言しなければならない
不服申立ての制限	簡易裁判所に対する**異議申立て**は認められるが、控訴はできない

② 支払督促
- 債権者（賃貸人）の一方的な申立てに基づき、実質的な審理はしないで、簡易裁判所の**書記官**が債務者（賃借人）に対し、**支払督促（支払命令）を出す。**
- 支払督促を受け取った債務者（賃借人）が異議を申し立てれば通常の裁判（民事訴訟）手続に移行する。異議申立てがなく**2週間**が経過した場合には、仮執行宣言の申立てをし、強制執行ができる。

③　その他の法的手段

民事調停	調停委員、裁判官の調停により賃料滞納を解決する。調停が成立した場合、裁判所の書記官は調停調書を作成する。調停調書が債務名義※となる
即決和解（起訴前の和解）	賃貸人、賃借人の合意内容を裁判所に認めてもらう手続。和解調書が債務名義となる
民事訴訟	いわゆる裁判。判決が債務名義となる
和解（裁判上の和解）	裁判の途中で、裁判所からの勧告により賃貸人、賃借人が和解すること。和解調書が債務名義となる

※**債務名義**とは、債権の存在・範囲を証明する文書のこと（確定判決など）。債務名義に執行文（強制執行を認める裁判所書記官の文言）が付与されることで強制執行が可能になる。

補足説明・・・

〈①少額訴訟〉

● 少額訴訟の目的は（**60万円以下の**）金銭支払請求。建物の明け渡しを求めることはできない。

● 原告（賃貸人）が訴えの提起の際、「少額訴訟による審理・裁判を求める旨の陳述」を行い、被告（賃借人）が第1回口頭弁論期日までに異議を唱えなければ少額訴訟となる。被告が**異議を唱えれば通常訴訟**になる。

- 同一の簡易裁判所では、少額訴訟ができるのは年10回まで（債務者が異なっても10回まで）。

〈②支払督促〉
- **支払督促の請求に価額の制限はない**（高額でも支払督促の申立てができる）。

〈民事調停〉
- 賃料増減額請求は、民事訴訟の前に「調停」の手続きを経なければならない（**調停前置主義**）。

〈民事訴訟〉
- 支払督促に異議が出された場合、訴額が140万円以下であれば簡易裁判所で、140万円超であれば地方裁判所で通常訴訟として審理される。

||||||||||||||||||||||||||||||| 過去問出題例 |||||||||||||||||||||||||||||||

1. 賃貸人が敷金100万円から原状回復費用として70万円を控除して賃借人に敷金を返還した場合において、賃借人の故意・過失による損耗・毀損がないときは、賃借人は、敷金全額分の返還を受けるため、少額訴訟を提起することができる。（R5-11-1）

    解答 ✕ 少額訴訟は60万円以下の金銭支払請求が対象。70万円の敷金残額返還を求めるためには利用できない。

2. 債権者は、同一の簡易裁判所において、同一の年に、同一の債務者に対して年10回を超えて少額訴訟を選択することはできないが、債務者が異なれば選択することは可能である。（H30-21-1）

    解答 ✕ 同一の簡易裁判所において、少額訴訟を起こせるのは年10回まで。債務者が異なっても10回を超えることはできない。

3. （少額訴訟に関する記述）裁判所は、請求の全部又は一部を認容する判決を言い渡す場合、被告の資力その他の事情を考慮し、特に必要がある場合には、判決の言渡日から3年を超えない範囲内で、支払猶予又は分割払いの定めをすることができる。（H30-21-3）

    解答 〇 判決言い渡しの日から3年を超えない範囲内で支払猶予・分割払いとする判決ができる。被告人が無資力のことも考えられるからだ。

4. 裁判所は、原告が希望すれば、被告の意見を聴くことなく少額訴訟による審理を行うことになる。(H30-21-4)

　解答　× 被告が(第1回口頭弁論期日までに)異議を唱えれば通常訴訟になる(少額訴訟にはならない)。原告の希望だけで少額訴訟による審理が行われるのではない。

5. 少額訴訟と支払督促は、いずれも簡易裁判所による法的手続であるが、相手方から異議が出された場合、少額訴訟は同じ裁判所で通常訴訟として審理が開始され、支払督促は請求額によっては地方裁判所で審理される。(R1-27-3)

　解答　○ 支払督促に異議が出された場合、訴額が140万円以下であれば簡易裁判所で、140万円超であれば地方裁判所で通常訴訟として審理される。

6. 少額訴訟において証人尋問手続が取られることはないため、証人尋問が必要な場合、通常訴訟の提起が必要である。(H30-21-2)

　解答　× 少額訴訟においても証人尋問は可能。なお、証人は宣誓不要。電話会議方式の証人尋問も認められる。

7. サブリース方式による管理業者が、滞納者である賃借人の住所地を管轄する簡易裁判所に支払督促の申立てをし、これに対し賃借人が異議の申立てをしなかった場合、当該支払督促が確定判決と同一の効力を有する。(R1-27-2)

　解答　× 支払督促は、簡易裁判所の**書記官**に対して申立てをする。支払督促は、裁判所の審理を行わないので、「裁判所」に申し立てるのではない。

(7) 強制執行

　債務者が債務を履行しない場合に、国が強制力を行使して、債権者の権利の実現を図る。それが強制執行だ。

覚えよう

■強制執行

- 債務者の財産を競売にかけ、債権を回収する制度
- (i)債務名義（＝強制執行を基礎づける文書）と(ii)執行文（強制執行を認める書類）の付与の両方が必要
- 例外：支払督促や少額訴訟の判決では、債務名義だけで強制執行が可能（執行文は不要）

補足説明

〈強制執行〉

- 公正証書により強制執行ができるのは、金銭の支払を求める請求のみ。不動産の明渡請求は、公正証書だけでは強制執行できない（別途、訴えを起こして給付判決を得る必要がある）。

- 金銭支払の請求を目的とする公正証書に「債務者は直ちに強制執行に服する」旨の記載があれば、債務名義となり、執行文の付与を受けて強制執行することができる。

- 賃貸借契約の公正証書を債務名義として建物明渡の強制執行はできない。

過去問出題例

1. 賃貸借契約を公正証書で作成すると、賃借人の賃料不払を理由に建物の明渡しを求める場合、公正証書を債務名義として強制執行の手続をすることが可能となる。（H29-22-3）

   解答 × 公正証書により強制執行ができるのは、金銭の支払等を求める請求のみ（建物明渡請求については、公正証書で強制執行することはできない）。

2. 未払賃料を支払うことを内容とする判決書は、建物明渡しを求める強制執行の債務名義となる。（H30-22-3）

   解答 × 別途、建物明渡しを内容とする判決書が必要。

2 | 保証

(1) 保証契約とは

　保証契約とは、債務者が債務を履行しない場合に、保証人が履行する責任を負うという契約だ。特殊な保証契約として、**連帯保証契約、根保証契約**がある。

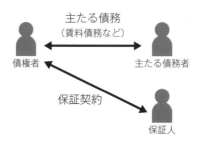

覚えよう

■保証契約の締結

① 保証契約は債権者と保証人との間で締結する契約だ（主たる債務者と保証人とで締結するのではない）。

② 保証契約は、**書面**または**電磁的記録**で締結する（口頭の合意だけでは保証契約は成立しない）。

③ 債務者以外の第三者がその所有する資産を債権の担保に供することを、「物上保証」という。

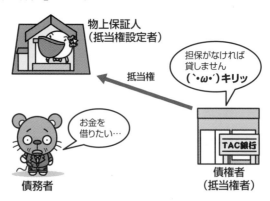

222

物上保証の場合は、（抵当権等が設定された）特定の財産のみが主たる債務の引当てとなる（有限責任）であるのに対し、通常の保証は保証人の全財産が主たる債務の引当てとなる（無限責任）。

- ●②：保証人になると他人の債務の肩代わりをしなければならないこともある。慎重に判断してもらうために、口頭の合意のみではダメとした。

- ●賃貸借契約が更新された場合、（特段の事情がない限り）賃料債務を保証していた保証契約も継続する。

- ●保証債務の範囲は、原則、賃借人の債務すべてだ（賃料だけではない）。利息、違約金、損害賠償その他も保証債務に含まれる。契約が解除された後の原状回復義務についても、保証債務に含まれる。もっとも、明渡債務は含まれない。保証人が実行することができないからだ。

- ●保証人が複数人いる場合（共同保証）、保証人の数により保証債務が分割される（**分別の利益**）。例えば100万円の債務の保証人が２人いる場合、債権者は１人の保証人に50万円しか請求できない。

(2) 保証債務の性質

　保証契約は、主たる債務の担保として締結される。そのため保証債務は、次の３つの特徴を有する。

覚えよう

■保証債務の性質
① 附従性
　　ア）成立における附従性：主たる債務が存在しない限り保証債務は成立しない。
　　イ）消滅における附従性：主たる債務が消滅すれば保証債務も消滅する。
　　ウ）内容における附従性：保証債務が主たる債務よりも内容が重くなることはない（主たる債務の目的又は態様が保証契約の締結後に

加重されたときであっても、保証人の負担は加重されない)。

② 随伴性

主たる債務の債権者が変更したときには、保証債務も新債権者に移転する。

③ 補充性

保証人は、主たる債務が履行されない場合に履行する責任を負う(保証人には**催告の抗弁権と検索の抗弁権**が認められる)。

補足説明

● ③:**催告の抗弁権**とは、債権者が保証人に支払を求めてきた場合、まず主たる債務者に支払うよう催告せよと主張できる権利のこと。**検索の抗弁権**とは、主たる債務者の財産を強制執行にかけるよう主張する権利のことだ。

(3) 情報提供

覚えよう

■情報提供

① 契約締結時の提供

● **主たる債務者**は、「事業のために負担した貸金等の債務」についての保証を委託する場合には、保証人となろうとする者(**法人を除く**)に、財産・収支の状況、他の債務の履行状況、提供する担保、に関する**情報を提供**しなければならない。

● 上記情報の不提供、誤情報の提供により保証人が誤認して保証契約を締結した場合、主たる債務者が(情報の不提供、誤情報の提供を)知りまたは知ることができたときは、保証人は**保証契約を取り消す**ことができる。

② 主たる債務の履行状況の情報提供

履行状況に関する情報提供	主たる債務者の委託を受けて保証人になった者は、債権者に対し、元本（現在の残額）、利息・違約金、債務不履行の有無などについて情報提供を請求できる
主たる債務者が期限の利益を喪失したとき	債権者は、保証人に対し、その利益の喪失を知った時から2か月以内に、その旨を通知しなければならない

補足説明

● ①は主たる債務者による情報提供、②は債権者に対して情報提供を請求するものだ。

● ②：期限の利益とは、「支払期日までは支払わなくてもよい」ということ。しかし、支払いが遅れるなど契約違反があると（期日前に）残額全額の支払いを求められることがある。これを「期限の利益を喪失する」という。

● 賃貸借の保証においても、保証人は、賃貸人に対して、賃料その他の債務履行状況について、情報提供を求めることができる。この場合の保証人は個人に限らない（法人が保証する場合であっても、賃貸人には、保証人に対して、情報を提供する義務がある）。

(4) 特殊な保証

覚えよう

■連帯保証契約
① 連帯保証とは、主たる債務者と保証人が連帯して債務を負う保証契約のこと。保証人の責任が重くなる。
② 連帯保証人には、**催告の抗弁権、検索の抗弁権が認められない**（債務者に催告することなく連帯保証人に支払を求めることができる）。また**分別の利益も認められない**。

■根保証
③ 根保証とは、（一定の範囲に属する）不特定の債務を保証する契約

だ。建物賃貸借契約の保証人は、通常、根保証契約だ。

④　個人根保証契約は、極度額を定めなければ効力を生じない。

補足説明 ・・・

●③：通常の保証では、債務額が決まっている（Aが100万円の借金をするので、Bがその保証人になる等）。ところが、建物賃貸借契約の保証人はそうではない。例えば家賃5万円の場合、滞納が1か月なら保証額は5万円だが、10か月滞納すれば保証人は50万円弁済しなければならない。

●根保証契約も書面、又は電磁的記録で締結する。

●根保証契約では、「成立における附従性」「消滅における附従性」が要求されない（保証契約締結時点では、債務が存在していないし、弁済によりいったん主たる債務が消滅しても根保証債務は消滅しない）。

●④：根保証契約では債務（保証人が負担する額）がはっきりしない。個人が根保証人になった場合（個人根保証契約）には、最大でも○○万円までしか保証しない、という**限度額**（極度額）を決める必要がある。

●根保証において、債務を特定させることを元本の確定という（支払うべき元本額が決まる。もちろん、極度額の範囲内）。「主たる債務者又は保証人が死亡したとき」「保証人が破産したとき」などに元本が確定する。

●元本が確定すれば、その時点の債務が保証の対象として確定する。元本確定後に生じた債務は保証の対象ではない。

1. 保証人は、更新後の賃貸借から生ずる賃借人の債務については、別途、保証契約を更新しない限り、保証債務を負わない。(H29-15-1)

   解答 × 賃貸借契約が更新された場合、（特段の事情がない限り）賃料債務を保証していた保証契約も継続する。

2. 保証契約は書面でしなければ効力を生じないから、賃貸借契約書中に保証の規定及び保証人の署名押印があったとしても新たに保証契約書を作成しなければ、保証契約は無効である。(H28-16-2)

   解答 × 保証契約は書面（または電磁的記録）で締結しなければ効力を生じない。ただし、賃貸借契約書に保証の規定及び保証人の署名捺印があれば、保証契約も書面で契約したことになる。

3. 法人が保証人となる場合であっても、書面によらない保証契約は無効である。(H30-14-エ)

   解答 ○ 保証契約は書面（または電磁的記録）で締結しなければ効力を生じない。法人が保証人になる場合も同様だ。

4. 賃貸借に関する保証契約書に保証債務の範囲として「賃貸借契約から生じる賃借人の債務」と記載されている場合、保証人は賃料についてのみ保証債務を負い、原状回復義務については保証債務を負わない。(H29-19-ア)

   解答 × 原状回復義務も保証債務に含まれる。

5. 賃貸人が賃貸物件を第三者に譲渡した場合、保証契約は当然に終了し、保証人は新賃貸人との間で保証債務を負わない。(H29-15-3)

   解答 × 賃貸人の交替。新賃貸人は旧賃貸人の権利義務を引き継ぐ。保証契約も引き継がれる。保証人は新所有者（新賃貸人）に対し保証債務を負う。

6. 個人が新たに締結される賃貸借契約の保証人となる場合、連帯保証であるか否かにかかわらず、極度額を定めなければ保証契約は効力を生じない。(R2-26-エ)

   解答 ○ 個人根保証契約は、**極度額**を定めなければ効力を生じない。

7. 連帯保証人は、賃貸人から保証債務の履行を求められたときに、まず賃借人に催告すべき旨を請求することができない。（H29-15-2）

　解答　○　連帯保証には催告の抗弁権が認められていない。

8. 賃貸人の地位が移転した場合は、保証人は、新賃貸人に対しては保証債務を負わない。（R2-26-ア）

　解答　×　賃貸人の交替。保証契約も引き継がれる。保証人は新所有者（新賃貸人）に対し保証債務を負う。

(5) 家賃債務保証業者

　連帯保証人を親、知人など自然人ではなく、**家賃債務保証業者**に依頼することがある。機関保証と呼ばれるものだ。

覚えよう

■機関保証の２つの種類

①	立替払い型	賃借人が滞納した場合、家賃債務保証業者が立て替えて賃貸人に賃料を支払う（賃借人に求償する）
②	収納代行型	賃借人が賃料を家賃債務保証業者に支払う。その後、家賃債務保証会社が賃貸人に受領した賃料を支払う（賃借人が家賃を滞納しても、賃貸人には支払う）

補足説明 ....

● 終身建物賃貸借契約の場合、高齢者居住支援センターが保証する制度がある。

覚えよう

■追い出し条項

● 賃料未払いがあっても、建物の明渡しを求めるには、賃貸借契約を解除したうえで、訴えを提起し、確定判決を得て、強制執行の手続きを行い、明渡しを実現させなければならない。

- 賃料の支払いがなされない場合に、家賃債務保証業者に賃貸借契約を無催告で解除する権限を付与し、かつ賃借物件の明渡しがあったものとみなす権限を付与する特約（追い出し条項）は、消費者契約法第10条により無効、とされた最高裁判決がある（最判令4. 12.12）。

3 | 金銭の分別管理

(1) 会計の基礎

（賃貸住宅の維持保全と併せて行う）金銭の管理も管理業務だ。また賃貸不動産経営に適切なアドバイスをするためにも、企業会計原則や会計処理の基礎を理解しておく必要がある。

覚えよう

■企業会計原則

① 法令によって強制されるものではないが、すべての企業が会計処理をするにあたって従わなければいけない基準

② **一般原則、損益計算書原則、貸借対照表原則**の３つの原則で構成される。

損益計算書（P/L）	一会計期間の経営成績を明らかにする
貸借対照表（B/S）	期末における財政状態を明らかにする

■会計処理の基礎

③ 通常、企業会計では「複式簿記」を用いる。取引を「借方」「貸方」に同時に記帳する（別の勘定科目になるが同じ金額を記載するため、貸借の金額は常に一致する）。

④ 取引を適正に会計処理するには**発生主義**が望ましい。

発生主義	収益又は費用は**発生の事実をもってその計上を行う**
現金主義	現金の入出金が生じた時点で収益又は費用の計上を行う

補足説明

● ②：**一般原則**は、企業会計原則の最高規範だ。真実性の原則、正規の簿記の原則、資本取引・損益取引区分の原則、明瞭性の原則、継続性の原則、保守主義の原則、単一性の原則の7つだ。

(2) 分別管理

賃貸住宅管理業法では、管理業務において受領する賃料等と管理業者の財産とを分別して管理することが定められた。

覚えよう

■分別管理

管理業者は、管理業務において受領する家賃、敷金、共益費その他の金銭を、「自己の固有財産」や「他の管理受託契約に基づき受領する家賃等」と**分別して管理**しなければならない。

補足説明

● 財産の分別管理については、以下の2つを満たす必要がある。
（1）「管理業務において受領する家賃・敷金等を管理するための口座」を「管理業者の固有財産を管理するための口座」と分ける。〔金銭口座の分別管理〕
（2）「管理業務において受領する家賃・敷金等」がどの契約によるものなのか（＝どのオーナーの金銭なのか）を、帳簿や会計ソフト上で直ちに判別できる状態で管理する。〔帳簿・会計ソフト上の分別管理〕

● 契約者（オーナー）ごとに口座を設けることまでは求められていない。

　管理業者が分別管理を行うには、預かった賃料等につき、仕訳を行わなければならない。具体的には、現金預金や管理手数料収入、修繕費などの勘定科目に、物件名や顧客名を入れた補助科目を付して仕訳を行う。

覚えよう

■仕訳の例

　例えば、「4/1に入居者から家賃10万円を集金し、4/30に管理手数料収入5,000円を差し引いたうえで委託者（建物所有者）に支払う」ときの仕訳は次のようになる。

4/1〈集金時〉

借方（補助科目）	金額	貸方（補助科目）	金額
現金（Aアパート）	100,000円	預り家賃（Aアパート）	100,000円

4/30〈委託者（建物所有者）への支払い時〉

借方（補助科目）	金額	貸方（補助科目）	金額
預り家賃(Aアパート)	100,000円	現金（Aアパート）	95,000円
		管理手数料収入(Aアパート)	5,000円

　現金、預り家賃、管理手数料収入といった「勘定科目」に、物件名や顧客名（上記例ではAアパート）を入れた「補助科目」を付すことで、財産の分別管理が可能になる。

■簿記の用語解説

仕訳	取引を借方と貸方に分解して、「勘定科目」と金額を決定すること。（「借方」「貸方」には貸し借り、という意味はない。単にそういう記入欄があると思っておこう）
勘定科目	取引の記録、計算のための整理名称。「現金」「預り家賃」など
借方	資産の増加、負債の減少、収益の減少、費用の増加は借方に記載される

貸方	資産の減少、負債の増加、収益の増加、費用の減少は貸方に記載される

補足説明 ....

● 現金（資産）が増えたら左側（借方）に記帳する。仕訳の例では、4/1に家賃を預かり、現金が増えたので、借方に「現金（Aアパート）100,000円」と記帳されている。

● **負債が増えたら、右側（貸方）に記帳する。** 上記例では、4/1に家賃を預かり、負債（※）が増えたので、貸方に「預り家賃（Aアパート）100,000円」と記帳されている。
※家賃は建物所有者のもの。後日、支払わなければならないので負債と考える

● このように「1つの取引を2つに分けて記帳する」のが複式簿記だ（間違いを発見しやすい）。

● 現金（資産）が減ったら右側（貸方）に記帳する。仕訳の例では、4/30に現金95,000円を建物所有者に支払ったので、貸方に「現金（Aアパート）95,000円」と記帳されている。

● **負債が減ったら左側（借方）に記帳する。** また、**収益の増加は右側（貸方）に記帳する。** 預り家賃は4/30に貸主への支払い（95,000円）と管理手数料収入5,000円に形を変えた（なくなった）ので、借方に「預り家賃（Aアパート）100,000円」。貸方に「管理手数料収入（Aアパート）5,000円」が記帳されている。

● もう一例。「1,000万円で甲地を現金で購入した」場合の仕訳は以下のようになる。

借方（補助科目）	金額	貸方（補助科目）	金額
固定資産（甲地）	1,000万円	現金（甲地）	1,000万円

甲地が資産として増えたので左側（借方）に「固定資産（甲地）1,000万円」と記帳される。一方、その分、現金（資産）が減ったので右側（貸方）に「現金（甲地）1,000万円」と記帳される。

● 「（上記の）甲地を1,500万円で現金で売却した」場合の仕訳は以下のようになる。

借方（補助科目）	金額	貸方（補助科目）	金額
現金（甲地）	1,500万円	固定資産（甲地）	1,000万円
		固定資産売却益	500万円

(4) 賃料収入の収益計上

　賃料は、税務上、収入として計上する（経費等を控除した後、利益があれば税金を納める）。実際に入金されていなくても、基準日がきたら計上しなければならない（未収賃料になる）。

覚えよう

■賃料収入の経理上の処理
①　いつ収入として計上するのか。

通常の賃料	支払日
権利金・礼金（賃貸借契約が終了しても返還されない一時金）	契約の**効力発生日**（または資産の引渡しのあった日）
更新料	契約の**効力発生日**
敷金・保証金のうち賃借人に返還しない部分（敷引）	返還しないことが確定した都度、収入金額として計上する

■貸倒れの取扱い
②　回収不能の未収賃料が貸倒損失となれば、個人は必要経費、法人は損金として経理処理をすることが可能

補足説明
●①：賃料の支払日が定められていない場合には、「実際に支払を受けた日」に計上する。

賃借人が賃料債務を免れる場合に関する次の記述のうち、正しいものはどれか。 [R 5 -19]

1 賃貸借契約で定められた賃料の支払時期から10年が経過すれば、特段の手続きを要することなく、賃借人は賃料債務を免れる。

2 賃貸借契約で賃料の支払方法が持参払いと定められている場合で、賃貸人が賃料の増額を主張して賃料の受領を拒否しているときは、賃借人が従前の賃料額を賃貸人宅に持参し、賃貸人が受け取れる状況にすれば、賃貸人に受領を拒否された場合でも、賃借人は賃料債務を免れる。

3 賃貸借契約で賃料の支払方法が口座振込と定められている場合で、賃借人が賃貸人宅に賃料を持参したにもかかわらず、賃貸人が受領を拒否したときは、賃料を供託することが可能であり、供託により、賃借人は賃料債務を免れる。

4 賃貸借契約期間中であっても、賃貸人が、敷金の一部を賃借人の賃料債務に充当したときは、賃借人の承諾の有無にかかわらず、賃借人は、その分の賃料債務を免れる。

賃料増減請求に関する次の記述のうち、適切なものの組合せはどれか。 [R 3 -21]

（ア） 賃料増減請求は、請求権を行使した時ではなく、客観的に賃料が不相当となった時に遡って効力を生ずる。

（イ） 賃料改定を協議により行うとする特約が定められている場合であっても、賃料増減請求を行うことができる。

（ウ） 賃借人が賃料減額請求を行ったが、協議が調わない場合、減額を正当とする裁判が確定するまでの間、賃借人は減額された賃料を支払えば足り、賃貸人は従前の賃料を請求することができない。

（エ） 賃料改定については、合意が成立しなければ、訴訟によって裁判所の判断を求めることになるが、原則として、訴訟提起の前に調停を申し立てなければならない。

1 ア、イ
2 ア、ウ
3 イ、エ
4 ウ、エ

正解 4  **A 4つの肢すべて 重要 （基本知識）**

1 ×　権利行使ができることを知った時（支払日）から5年、又は権利を行使できる時から10年経過すれば、消滅時効により賃料債務は消滅する。しかし、時効は援用しなければ効力を発しない。「特段の手続きを要することなく」、賃料債務が消滅というのは誤り。

2 ×　賃料を持参すれば債務が消滅するわけではない。賃貸人が賃料を受領しない場合に、賃借人の支払債務を消滅させる方法として供託がある。

3 ×　賃料の支払方法が口座振込と定められている。契約通り、口座振替で支払わなければ賃料債務を免れることはできない。勝手に供託してもだめだ。

4 ○　賃貸人は、敷金の一部を賃料に充当することができる（賃借人が充当を主張することはできない。念のため）。

 正解 3 **A 肢ア〜ウが 重要**

（ア） ×　将来に向かって建物の借賃の額の増減を請求することができる。遡るのではない。

（イ） ○　賃料が不相当となったのならば「契約の条件にかかわらず」増減額請求ができる。「賃料改定を協議により行う」とする特約があっても協議をしないで、いきなり増減額請求することも可能なのだ（当事者間で協議が成立しない限り、賃料の増減ができない、というわけではない）。

（ウ） ×　賃借人からの減額請求があり、協議が調わない場合、減額を正当とする裁判が確定するまでは、賃貸人は相当と認める額を請求できる。

（エ） ○　賃料改定では訴えの提起の前に調停を申し立てる。

　以上より、適切なものの組合せはイとエであり、正解は3となる。

問3 敷金の取扱いに関する次の記述のうち、適切なものはどれか。

[R 5 -20]

1 敷金は、賃貸借契約上賃借人が負うべき債務の担保として交付されるものであるが、賃貸借契約は継続しつつ、敷金契約を合意解約して敷金の返還をすることができる。

2 敷金は、賃貸借契約上賃借人が負うべき債務の担保として交付されるものであるから、賃貸借契約締結と同時に、または締結前に交付しなければならない。

3 賃貸借契約が終了したにもかかわらず賃借人の明渡しが遅延したことにより発生する賃料相当使用損害金は、賃貸借契約が終了した後に発生する債務であるため、敷金から差し引くことはできない。

4 敷金は、賃借人の債務を具体的に特定し、その債務に敷金を充当する旨の意思表示をしない限り、賃貸人はその全額を返還しなければならない。

 問4 賃料に関する次の記述のうち、誤っているものはどれか。 [R 1 -18改]

1 賃料は、賃貸人が賃料請求できることを知った時から 5 年を経過すると時効により消滅する。

2 賃借人が滞納賃料の一部を支払った場合で、弁済充当の合意がないときは、支払われた賃料は費用、利息、元本の順番で充当される。

3 賃貸人が賃料の受領を拒絶している場合、賃借人は賃料を供託することにより、債務不履行責任のみならず賃料支払義務を免れることができる。

4 賃借人の地位を複数人が共に有する場合、各賃借人は賃料支払債務を分割債務として負担する。

問3 **正解 1**　　　　　　　　Ａ 肢1〜3が特に重要

1 ○　敷金契約は、賃貸借契約とはまったく別の契約。敷金契約のみ合意解除することも可能だ。

2 ×　敷金契約は、賃貸借契約とはまったく別の契約。賃貸借契約締結後に敷金を預け入れる契約を結ぶことも可能だ。

3 ×　敷金とは、「賃貸借に基づいて賃借人が賃貸人に負担する金銭の給付を目的とする債務を担保するための金銭」だ。賃貸借契約終了後の「損害金」についても敷金で清算できる。

4 ×　敷金を充当する旨の意思表示は不要。

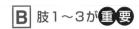

問4 **正解 4**　　　　　　　　Ｂ 肢1〜3が重要

1 ○　賃料債権は、「債権者（賃貸人）が権利行使できることを知った時から5年」または「権利を行使できる時から10年」を経過すると消滅する。

2 ○　特約（弁済充当の合意）がない限り、費用、利息、元本の順番で充当される。

3 ○　供託により、賃借人は債務不履行責任だけでなく、賃料支払債務も免れる（遅延利息などを支払わなくてすむ）。

4 ×　共同賃借人の場合、各賃借人は賃貸人に対し賃料債務の全額を支払う義務を負う。

B **問5** Aを賃貸人、Bを賃借人とする建物賃貸借においてCを連帯保証人とする保証契約に関する次の記述のうち、誤っているものの組合せはどれか。ただし、それぞれの選択肢に記載のない事実はないものとする。

[R3 -27]

(ア) Bが賃料の支払を怠ったので、AがCに対して保証債務履行請求権を行使した場合、Cは、Bには弁済する資力があり、かつその執行が容易である旨を証明すれば、AがBの財産について執行を行わない間は保証債務の履行を免れる。

(イ) Aの賃料債権を被担保債権とする抵当権がD所有の甲不動産に設定されていた場合、Dの負う責任は甲不動産の範囲に限られるところ、Cの負う責任はCの全財産に及ぶ。

(ウ) Cが自然人ではなく法人の場合は、極度額を書面で定めなくてもよい。

(エ) Bの賃借人の地位がAの承諾の下、第三者に移転した場合、Cが引き続き連帯保証債務を負担することを「保証の随伴性」という。

1 ア、イ　　2 イ、ウ　　3 ウ、エ　　4 ア、エ

正解 **4**

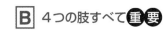

（ア） ×　連帯保証人には検索の抗弁権がない。「Bには弁済する資力があり、かつその執行が容易である旨を証明すれば、…保証債務の履行を免れる」というのは誤りだ。

（イ） ○　抵当権（物的担保）の場合には、担保（不動産）の範囲内で責任を負う。抵当不動産の売却だけでは、不十分だとしてもそれ以上の責任を負うことはない。一方、連帯保証人Cは人的保証だ。被担保債権に足りるまで弁済の義務を負う。

（ウ） ○　極度額を定めなければならないのは個人根保証だ（建物賃貸借の保証は根保証になる）。法人の場合には、極度額を定めなくてもよい。

（エ） ×　債権者が「第三者」になったとしても、Cが保証を続ける。債権が移転すれば保証契約も移転する。これが随伴性だ。

　以上より、誤っているものの組合せはアとエであり、正解は4となる。

第6章

金銭の管理

C 問6 Aを貸主、Bを借主として令和4年5月1日に締結された期間1年の建物賃貸借契約において、CはBから委託を受けてAと連帯保証契約を同日締結した。この事案に関する次の記述のうち、正しいものの組合せはどれか。 [R4-27]

（ア）　AB間の建物賃貸借契約が法定更新されると、AC間の保証契約も法定更新される。

（イ）　Aは極度額の記載のない連帯保証契約書を持参してCと面会し、口頭で極度額について合意した上、Cの署名押印を得た。この場合も連帯保証契約は効力を生じる。

（ウ）　Cが、Aに対して、Bの賃料その他の債務について、不履行の有無、利息、違約金、損害賠償などの額について情報提供を求めた場合、Aは個人情報保護を理由に情報提供を拒むことはできない。

（エ）　Bが死亡すると、連帯保証契約の元本は確定する。

1　ア、イ
2　イ、ウ
3　ウ、エ
4　ア、エ

問6 **正解 3** **C** 細かい知識だが、このレベルが正解できると差をつけられる。

（ア） ×　保証契約には法定更新を定めた規定はない（反対の趣旨をうかがわせるような特段の事情がない限り、賃貸借契約が更新されると、更新後の債務についても保証の責めを負う、というのが判例。しかし、これは保証契約が法定更新されたからではない）。

（イ） ×　保証契約は書面（または電磁的記録）により締結しなければ、効力を生じない。また建物賃貸借の保証は、根保証契約になる。個人が保証人の場合、極度額を定めなければ効力を生じない。本肢では、極度額について書面に記載されていないので、効力を生じない。

（ウ） ○　主たる債務者の委託を受けて保証をした場合、保証人の請求があったときは、債権者は、保証人に対し、遅滞なく、主たる債務の元本及び主たる債務に関する利息、違約金、損害賠償その他その債務に従たる全てのものについての不履行の有無並びにこれらの残額及びそのうち弁済期が到来しているものの額に関する情報を提供しなければならない。

（エ） ○　主たる債務者が死亡したとき、債務の元本が確定する。

　以上より、正しいものの組合せはウとエであり、正解は3となる。

第6章　金銭の管理

A **問7** 賃料回収及び明渡しに向けた業務に関する次の記述のうち、不適切なものの組合せはどれか。 [R3-22]

（ア）　明渡しを命じる判決が確定すれば、賃貸人は、強制執行によることなく、居室内に立ち入り、残置物を処分することができる。

（イ）　賃貸人は、契約解除後、賃借人が任意に明渡すことを承諾している場合、明渡し期限後の残置物の所有権の放棄を内容とする念書を取得すれば、賃借人が退去した後に残置物があったとしても自らこれを処分することができる。

（ウ）　賃貸人は、賃借人の未払賃料について、支払を命じる判決が確定しなければ、賃料債務の有無及び額が確定しないため、敷金を充当することができない。

（エ）　賃貸人は、賃貸借契約書を公正証書で作成した場合であっても、建物の明渡しの強制執行をするためには、訴訟を提起して判決を得なければならない。

1　ア、イ　　2　ア、ウ　　3　イ、エ　　4　ウ、エ

A **問8** 未収賃料の回収方法としての少額訴訟に関する次の記述のうち、正しいものはどれか。 [H30-21]

1　債権者は、同一の簡易裁判所において、同一の年に、同一の債務者に対して年10回を超えて少額訴訟を選択することはできないが、債務者が異なれば選択することは可能である。

2　少額訴訟において証人尋問手続が取られることはないため、証人尋問が必要な場合、通常訴訟の提起が必要である。

3　裁判所は、請求の全部又は一部を認容する判決を言い渡す場合、被告の資力その他の事情を考慮し、特に必要がある場合には、判決の言渡日から3年を超えない範囲内で、支払猶予又は分割払の定めをすることができる。

4　裁判所は、原告が希望すれば、被告の意見を聴くことなく少額訴訟による審理を行うことになる。

正解 2　　　**A** 肢ア、イ、エが **重要**（ウは敷金の基本知識）

（ア） ×　明渡しを命じる判決だけでは、残置物を勝手に処分することはできない。判決はあくまで権利を認めただけ。残置物を処分するには、強制執行の手続きを経る必要がある。

（イ） ○　契約も終了し賃借人も既に退去している。残置物の所有権放棄の念書があれば後でもめることもない。賃貸人が残置物を処分することが可能だ。

（ウ） ×　賃貸人はいつでも敷金を未払い賃料に充当できる。未払い賃料に充当する等のために、敷金を預かっているのだから、「支払を命じる判決が確定しなければ…」というのは誤り。

（エ） ○　本肢の場合、賃料の回収については強制執行できるが、建物明渡しは別の話。別途、訴訟を提起して給付判決を得る必要がある。

　以上より、不適切なものの組合せはアとウであり、正解は2となる。

 正解 3　　　**A** すべての肢が **重要**（肢3はやや細かい知識）

1 ×　少額訴訟は年10回まで。債務者が異なっても10回までだ。

2 ×　少額訴訟とはいえ、訴訟（裁判）だ。証人尋問も行う。

3 ○　3年を超えない範囲で支払猶予・分割払いの判決ができる。

4 ×　「被告の意見を聴くことなく」少額訴訟を行うというのは乱暴だ。被告が異議申立てをすれば通常の訴訟になる。

A **問9** 賃貸物件内に存する賃借人の所有物（以下、本問において「私物」という。）の廃棄に関する次の記述のうち、不適切なものの組合せはどれか。

[R 2 -30]

（ア）　賃借人が死亡し、相続人全員が相続放棄をした場合、賃貸人は当該私物を廃棄することができる。

（イ）　共用部分に私物が放置されている場合、私物の所有者が不明なときは、管理会社は私物を廃棄することができる。

（ウ）　賃借人が行方不明となった場合、保証人の了承があったとしても、賃貸人は貸室内の私物を廃棄することはできない。

（エ）　賃借人が行方不明となった場合、賃貸借契約書に賃貸人が貸室内の私物を処分することができる旨の記載があったとしても、賃貸人は私物を廃棄することができない。

1　ア、イ
2　イ、ウ
3　ア、エ
4　ウ、エ

A **問10** 企業会計原則及び会計処理の基礎に関する次の記述のうち、不適切なものはどれか。

[R 4 -22]

1　企業会計原則は、企業会計の実務の中に慣習として発達したものの中から、一般に公正妥当と認められたところを要約した基準である。

2　企業会計原則は、一般原則、損益計算書原則、貸借対照表原則の3つの原則により構成されている。

3　明瞭性の原則とは、企業会計は、すべての取引につき、正規の簿記の原則に従って、明瞭かつ正確な会計帳簿を作成しなければならないことをいう。

4　収益又は費用をどの時点で認識するかについて、発生主義と現金主義の2つの考え方があり、取引を適正に会計処理するためには、発生主義が好ましいとされている。

正解 1 **A** 4つの肢すべて **重要**

ア ✕ 相続人全員が相続放棄をした場合、財産は国庫に帰属する（相続財産管理人が管理する）。賃貸人は勝手に私物を廃棄することができない。

イ ✕ 共用部分に私物を放置することは問題だが、管理会社が勝手に廃棄することはできない。後日所有者から損害賠償請求される可能性もある。

ウ ◯ 賃借人が行方不明だとしても、私物を勝手に廃棄することはできない。保証人は私物の所有者ではないので、保証人の了承があっても無意味だ。

エ ◯ 賃貸借契約書に私物を処分できる旨の記載があっても無効となる。私物を勝手に廃棄することはできない。

以上より、不適切なものの組合せはアとイであり、正解は1となる。

 正解 3 **A** やや細かい内容も含むが、4つの肢すべて **重要**

1 ◯ 企業会計原則は、企業会計の慣習のうち、一般に公正妥当と認められるものを要約した基準だ。法令によって強制されるものではないが、すべての企業が会計処理をするにあたって従わなければならない。

2 ◯ 企業会計原則は、一般原則（企業会計原則の最高規範）、損益計算書原則（一会計期間の経営成績を明らかにする）、貸借対照表原則（期末における財政状態を明らかにする）の3つの原則で構成される。

3 ✕ 明瞭性の原則と正規の簿記の原則は別のものだ。明瞭性の原則とは、財務諸表（損益計算書や貸借対照表）によって、利害関係者に対し会計事実を明瞭に表示することをいう。正規の簿記の原則とは、すべての取引について、正規の簿記の原則に従って、正確な会計帳簿を作成することをいう。

4 ◯ 収益又は費用は、発生の事実をもってその計上を行う、発生主義が望ましいとされる（これに対し、現金の入出金が生じた時点で計上するのを現金主義、という）。

第7章 賃貸住宅の維持保全

建物の構造から各種設備まで範囲が広い上、細かいことも出題される。この分野は「誰もが知っている知識」を取りこぼさないことが目標だ。

1 │ 維持保全

(1) 建物の保全

賃貸住宅の維持保全においては、予防保全が重要となる。

覚えよう

■予防保全と事後保全

① 建物の維持保全には、事故や不具合が生じる前に行う**予防保全**と、生じてから行う**事後保全**とがある。

② （事後保全はもちろん）予防保全においても、法定耐用年数にとらわれることなく、現場の劣化状況と収支状況を考え合わせ、交換・保守・修繕する。

---

(2) 建物の点検

管理業務である「維持保全」とは、居室等について「点検・清掃等の維持を行い、点検等の結果を踏まえた必要な修繕を一貫して行うこと」だ。「点検」も重要な管理業務なのだ。

覚えよう

■日常点検

点検業務と管理者の役割	●建物だけでなく、外溝・植栽の清掃状況も日常点検業務の対象 ●費用の見積もりと結果報告を行う

巡回点検業務	● 継続的に行う。結果を保管→時間経過と状態変化を把握する ● **定期巡回報告書**を作成するなど、誰が行っても間違いなくできるようにする
巡回者とのコミュニケーション	● 入居者（賃借人）からの情報も積極的に活用（巡回者からの報告） ● 清掃担当者が気づいた箇所を携帯電話等で撮影し、送ってもらうことも有効

覚えよう

■建築基準法の定期報告

①維持保全の努力義務 （建築基準法第8条）	● 建築物の**所有者・管理者・占有者**は、建物の敷地、構造及び建築設備を常時適法な状態に維持するように努めなければならない
②特定建築物等の定期調査・検査報告 （建築基準法第12条）	● 定期的に有資格者に状況調査をさせ、結果を**特定行政庁に報告**する

■設備の定期報告

③建築設備 　換気設備、排煙設備、非常用照明設備、 　給水・排水設備	毎年報告する
④昇降機（エレベーター）	

補足説明

● ①：建物を管理する賃貸管理業者にも維持保全の努力義務が課される。

● ②：特定建築物とは、多数の人が利用する建築物のうち政令などで指定された建築物のこと。**賃貸マンションも該当する**（検査の時期は、6か月から3年に1回。特定行政庁が定める）。

● 所有者と管理者が異なる場合には、管理者に12条の報告・検査義務がある。

- ●調査を行う「有資格者」とは、1・2級建築士、又は「建築物調査員資格者証の交付を受けている者」のこと。

- ●④：昇降機のうち遊戯施設は6か月ごとに報告する。住戸内のホームエレベーターは報告義務がない。

■■■■■■■■■■■■■■■■■■■■■■■■■ **過去問出題例** ■■■■■■■■■■■■■■■■■■■■■■■■■

1. 集合賃貸住宅は、建築基準法第12条による定期調査・検査報告の対象とはならない。(R3-15-2)

   解答 × 集合賃貸住宅も（特定建築物等の）定期調査・検査報告の対象となる。

2. 建築基準法第12条により特定建築物において義務付けられる定期調査・検査報告は、建物の構造を対象とするものであり、敷地は対象とならない。(R3-15-3)

   解答 × 建物の構造だけでなく敷地や設備も対象となる。

3. 建築基準法第12条により特定建築物において義務付けられる定期調査・検査報告の対象には、昇降機は含まれない。(R3-15-4)

   解答 × 建築物だけでなく、防火設備、建築設備（換気・排煙・非常用照明・給水・排水設備）、及び昇降機は定期報告・検査報告の対象となる。

4. 特定建築物（不特定多数が利用する一定規模以上の建築物）の共同住宅の定期調査報告は、おおむね３年ごとに行う義務がある。(H30-29-4改)

   解答 ○ 特定建築物は、定期的に有資格者に検査させ、おおむね３年に１回（特定行政庁が６か月～３年のうち定める時期ごと）、特定行政庁に報告しなければならない。

(3) 図面・修繕履歴の蓄積管理

賃貸住宅の機能維持、収益性保持のためには、日常の点検管理と計画的な修繕が欠かせない。そのため**修繕履歴**（建物建築時の建材・部品情報やその後の維持管理の情報など）を蓄積し、活用していく必要がある。

■図面・届出書類の管理

建物竣工図や建築確認申請書、検査済証などを保管する。賃貸人の了解のもと管理業者も写しを備えておく。

■修繕履歴の必要性

外観調査から見えない部分の劣化も含めて修繕の必要性を判断することで、効果的な修繕計画の立案が可能になる。

■メリット

修繕履歴を蓄積・利用することの利点は次の通りだ。どれも当然のことなので、一通り目を通しておけば、正誤を判定できるはずだ。

①	適切な維持管理の実現	履歴情報活用による計画管理→**維持保全費用の無駄を省くことができる**（維持管理コストの低減）
②	合理的なリフォーム	履歴情報をもとにしたリフォーム計画→現況調査、設計・施工段階の費用低減→**適切な予算・工期でリフォームが可能になる**
③	透明性の確保された賃貸借関係	履歴情報が賃貸借の意思決定時に提供されることで、透明性が確保され、**入居後のトラブル防止**につながる
④	既存建物の適切な評価	賃貸物件の売却・購入に際し、**客観的で透明性の高い価格評価**が可能になる
⑤	災害時の迅速、適切な復旧・補修	迅速かつ適切な災害復旧対応が可能になる
⑥	事故の際の対応支援	万一の不具合の際に、更新工事のための**品番指定を確実迅速に行うことができる**。リコールがあった場合にも確実に対応できる

■情報保管者

⑦ （情報は建物所有者のものだが）、管理業者（管理受託者）が保管して、必要に応じて利用する。追加情報も管理業者が追加する。

⑧ 情報がどんどん増えていくので履歴情報の蓄積を専門とする情報サ

ービス機関に、蓄積を委託することも有効。

⑨ 所有者が建物を売却する、管理委託契約を解除する、といった際には、情報を建物所有者に返却する。

1. 建物の履歴情報の利用によっては、建物の維持保全にかかる費用の無駄を省くことはできない。（R3-14-1）

   解答 ×　建物履歴情報の利用により計画管理が可能となり、維持保全費用の無駄を省くことができる。

2. 建物の履歴情報は、建物の所有者に帰属するものであるが、所有者から管理委託を受けている者が、必要に応じて利用に供することが考えられる。（R3-14-4）

   解答 ○　情報は建物所有者のものだが、管理業者など管理を受託している者が保管して、必要に応じて利用することで、蓄積と利用の実効性が確保される。

(4) 計画修繕・長期修繕計画

　計画修繕により入居率が上がり、賃貸経営の収支上プラスに働く。

覚えよう

■計画修繕

計画修繕の必要性	「修繕計画」を作成し、賃貸人に資金面も含めた準備をしてもらうのが管理業者の重要な業務
計画立案と計画修繕の実施	修繕部位の点検・調査＋他の不具合など全体状況の把握 →工事の基本計画を立案＋資金計画のアドバイス →相見積りをとり施工会社を選択（価格・実績・技術力を総合的に判断） →賃借人に協力を求める（**工事説明会**の開催など）
長期修繕計画の例	対象期間は**30年**程度。数年ごとに見直す

● 計画修繕の実施には、資金的な裏付けが不可欠。維持管理費用を賃貸不動産経営に見込むことが必要となる。

● 修繕工事項目と修繕周期の例

屋根防水改修	露出12年〜、押さえ18年〜
外壁塗装/バルコニー等防水改修	12年〜18年
シーリング改修	8年〜16年
鉄部改修・塗装	4年〜6年
アルミ部改修/舗装改修/外構補修・取替え/屋外排水設備取替え	24年〜36年

● 賃貸住宅の計画修繕に関しては、国交省から「計画修繕ガイドブック」「賃貸住宅の計画的な維持管理及び性能向上の推進について〜計画修繕を含む投資判断の重要性〜」が公表されている。

過去問出題例

1. 予防保全においても、事後保全においても、法定耐用年数どおりに機器を交換することが重要である。(H28-30-4)

    解答　× 現場の劣化状況と収支状況により、交換のタイミングについて判断する。法定耐用年数どおりとは限らない。

2. 計画修繕を実施していくためには、長期修繕計画を策定する必要があるが、修繕管理の費用を賃貸不動産経営の中に見込む必要はない。(H30-39-4)

    解答　× 維持管理費用も賃貸不動産経営の中に見込む必要がある。

(5) 工作物責任

　土地の**工作物の設置・保存**に**瑕疵**があり、他人に損害が生じたときは、占有者又は所有者が責任を負う。賃貸建物の周りのブロック塀が崩れ落ち、通行人を負傷させた場合などがその例だ。

■工作物責任

① 一次的責任は占有者が負う（被害者はまず、占有者に損害賠償請求をする）。

② 占有者が損害防止のために必要な注意をしていた場合は、責任を免れる。この場合、所有者が責任を負う。

③ 損害の原因について他に責任を負う者があるときは、占有者または所有者は、その者に求償できる。

補足説明 ....

- ①：ブロックが劣化している、といった事情は占有者（賃借人など実際に利用している人）でなければ、わからないこともある。一次的責任は占有者になる。

- ②：所有者は過失がなくても責任を負う（**無過失責任**）。最後は所有者が責任を負わないと被害者が救済されないからだ。

- 管理業者が建物の安全確保について事実上の支配をなしうる場合、管理業者が占有者となる。管理上必要な場合は承諾を得ないで賃借された室内に入ることができる、という状況のもとで、火災発生について賃貸管理業者が占有者とした判例がある。

- ③：ブロック塀が壊れたのが、他の人の責任だった場合（「ブロック塀工事業者の手抜き工事が原因だった」、「前の所有者が壊した」など）には、占有者や所有者は求償できる。

1. 建物の設置又は保存に瑕疵があることによって他人に損害を生じたときは、一次的には所有者が土地工作物責任を負い、所有者が損害の発生を防止するのに必要な注意をしたときは、占有者が土地工作物責任を負う。(R3-8-ア)

   解答 ✕ 一次的責任は占有者が負う。本肢は所有者と占有者が逆になっている。

2. 建物の管理を行う賃貸住宅管理業者は、建物の安全確保について事実上の支配をなしうる場合、占有者として土地工作物責任を負うことがある。(R3-8-イ)

   解答 ◯ 管理業者が建物の安全確保について事実上の支配をなしうる場合、占有者となる。

3. 建物に建築基準法違反があることによって他人に損害を生じたときは、建設業者が損害賠償責任を負うのであって、建物の所有者及び占有者は土地工作物責任を負わない。(R3-8-ウ)

   解答 ✕ 欠陥工事によって損害が生じた場合でも一次的責任は占有者が、二次的責任は所有者が負う。この場合、責任を負った（被害者に賠償した）占有者・所有者は、建設業者に求償することができる。

2 | 建物

(1) 構造・耐震性

　管理の対象である建物について、基礎、構造を理解しておく必要がある。耐震改修促進法に対応した耐震化の促進も重要だ。

■建物の基礎

直接基礎	基礎スラブで荷重を直接地盤に伝える	直接基礎
杭基礎	主に杭の周面摩擦力で構造物を支える	摩擦杭：周面摩擦力
	主に杭の先端支持力で構造物を支える	支持杭：先端支持力

補足説明

● 直接基礎は、建物の重量が軽い場合、地盤の地耐力が大きい場合に採用される。

■建物の構造形式

①木造、軽量鉄骨造の特徴

工法	メリット	デメリット
木造在来工法	• 建物の自重（重量）が軽い • 施工しやすい • 設計の自由度が高い	• 防火・耐火性能に劣る
木造2×4（ツーバイフォー）工法（枠組壁工法）	• 構造安全耐力に優れる • 居住性能（断熱・保温）に優れる	• 建物内部に湿気がたまりやすい（気密性が高いため）
プレハブ工法（軽量鉄骨プレハブ構造、軽量コンクリート組立工法）	• コストが安定している（現場管理費が安い） • 工期短縮、省力化、品質向上に優れる	• 設計の自由度が低い（規格化された部材を組み合わせるため）
CLT工法	• 繊維方向で直交するように板を交互に張り合わせたパネルを用いて床、壁、天井（屋根）を構成する工法 • 耐震性、断熱性、遮炎性などに優れている • 超高層の建築も可能	• 価格が高い • 雨水の侵入を防ぐため、外部に面して別途仕上げが必要

②鉄骨造（S造）、鉄筋コンクリート造（RC造）、鉄骨鉄筋コンクリート造（SRC造）の特徴

工法	メリット	デメリット
S造（鉄骨造）	• 鋼材の加工がしやすい • 工期が短い • 工事の省力化が可能 • 耐震性に優れる • 大きな空間を作りやすい（スパンを大きくとれる）	• 耐火被覆、防錆対策が必要 • 風、地震等の揺れの影響を受けやすい • 外壁の目地メンテナンスが必要 • 工事費が木造より高い

RC造（鉄筋コンクリート造）	• 耐火性、耐久性に富む • 遮音性、断熱性が高い	• 地盤改良や杭基礎が必要となることが多い • 木造やS造に比べ、工期が長い • 施工により品質・強度にばらつきが出やすい • 現場でコンクリートを打ち込むので、乾燥収縮によるひび割れが発生しやすい • 解体がしにくい
SRC造（鉄骨鉄筋コンクリート造）	• 耐震性に優れる • 耐火性、耐久性に富む • 遮音性、断熱性が高い	
ＣＦＴ工法	• 鋼管内部にコンクリートを充填した構造 • 強度が高く、大空間を作れる（スパンや階高を大きくできる）	• ＲＣ造、ＳＲＣ造に比べコストが高い

補足説明

● ①：木造ツーバイフォー工法とは、枠組みに構造用合板を張った壁、床によって構成された壁式構造の工法のこと。枠組壁工法ともいう。

● プレハブ工法とは、構成部材を工場製作し、現場では部材の組立てを主に行う工法をいう。

● ②：鉄筋コンクリート造は、コンクリートの中に鉄筋が入っている。さらに中に鉄骨をいれたものが鉄骨鉄筋コンクリート造。鉄（鉄筋や鉄骨）は圧縮に弱く、引っ張りに強い。コンクリートはその逆。鉄筋や鉄骨とコンクリートを組み合わせることで強固で耐久性のある建物を造れる。

● 壁式鉄筋コンクリート造もある。耐震性が高い。

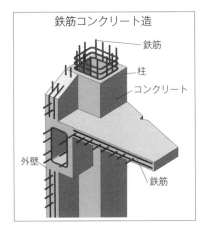

鉄筋コンクリート造

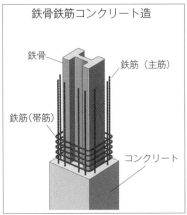

鉄骨鉄筋コンクリート造

1. 鉄筋コンクリート造は、建設工事現場でコンクリートを打ち込むので、乾燥収縮によるひび割れは発生しにくい。（R4-12-1）

　　解答 ✕　建設工事現場でコンクリートを打ち込むので、乾燥収縮によるひび割れが発生しやすくなる。

■ラーメン構造と壁式構造

ラーメン構造	壁式構造
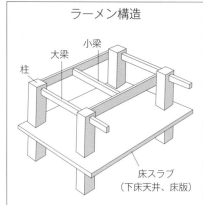	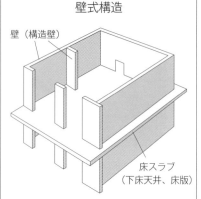
柱と梁を一体化した骨組構造だ。柱と柱の間に掛けられるのが大梁、梁と梁の間に掛けられるのが小梁だ。	壁体や床版で構成する構造方式だ。地震にも強いが、開口部を大きくできない、大空間を作れないという短所もある。

補足説明

- 壁式鉄筋コンクリート造は、主に中低層建築物で採用される（軒高20m、階数5、階高3.5m以下）。

■耐震基準

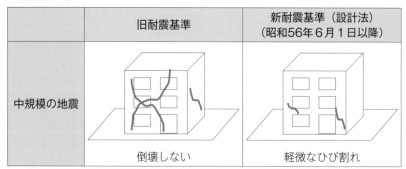

	旧耐震基準	新耐震基準（設計法） （昭和56年６月１日以降）
中規模の地震	倒壊しない	軽微なひび割れ

大規模の地震	規定なし	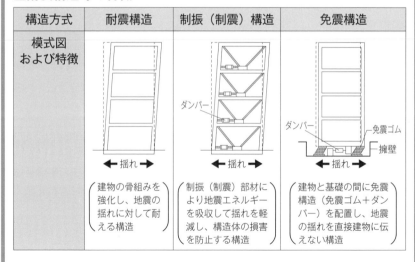 倒壊しない

■賃貸住宅の耐震改修方法

①木造・軽量 鉄骨造	●基礎と土台、柱と梁を金物で緊結して補強する ●筋かい等を用いて耐力壁を増設する、開口部を補強する ●地震力を吸収する制震装置（ダンパー）を取り付ける
②（鉄骨）鉄 筋コンクリ ート造	●耐震壁、筋かい（鉄骨ブレース）を増設する ●建物の外側の架構（フレーム）に新たな補強フレームを増設する（居ながら施工が可能） ●柱を炭素繊維シート等により補強する

■耐震構造等の特徴

構造方式	耐震構造	制振（制震）構造	免震構造
模式図 および特徴	←揺れ→ 建物の骨組みを強化し、地震の揺れに対して耐える構造	ダンパー ←揺れ→ 制振（制震）部材により地震エネルギーを吸収して揺れを軽減し、構造体の損害を防止する構造	ダンパー　免震ゴム 擁壁 ←揺れ→ 建物と基礎の間に免震構造（免震ゴム＋ダンパー）を配置し、地震の揺れを直接建物に伝えない構造

●制振（制震）構造は、塔状の建物では風揺れ対策にも効果が発揮できる。免震構造と比べ工事費も安く、新築・改修どちらにも向いている。

- 免震構造は新築時に利用されることが多い。工事期間や敷地に余裕のある場合には非常に有効な構造方式であり、地震力が低減される分、建物本体の構造工費も低減できる可能性がある。

■耐震改修促進法

- 2013年（平成25年）に法改正があり、不特定多数が利用する大規模な建築物は、耐震診断を行い報告することが義務づけられた（要緊急安全確認大規模建築物）。
- 特定既存耐震不適格建築物：
  以下の条件にすべて該当する**賃貸共同住宅**は、**耐震診断**を行い、必要があると認められるときは、**耐震改修**を行うよう努めなければならない（努力義務）。
  - ア）3階建て以上
  - イ）床面積1,000㎡以上
  - ウ）新耐震基準（設計法）に不適合のもの（昭和56年5月31日以前に建築確認を受けたもの）

補足説明 ••

- 昭和56年5月以前は、「中規模の地震で倒壊しない」レベルが要求されていた（旧耐震基準）。昭和56年6月以降に建築確認を受けた建物は「中規模の地震では軽微なひび割れ、大規模な地震でも倒壊しない」新耐震基準（設計法）が要求される。

▊▊▊▊▊▊▊▊▊▊▊▊▊▊▊▊▊▊▊▊▊▊▊▊ **過去問出題例** ▊▊▊▊▊▊▊▊▊▊▊▊▊▊▊▊▊▊▊▊▊▊▊▊

1. 1978年の宮城県沖地震の被害を踏まえ、1981年に建築基準法の耐震基準が改正され、この法改正の内容に基づく設計法が、いわゆる新耐震設計法である。（R5-12-2）

   解答 ○ 1981年（昭和56年）から新耐震基準が施行された。

2. 特定既存耐震不適格建築物の所有者は、耐震診断を行い、診断の結果、地震に対する安全性の向上を図る必要があると認められるときは、耐震改修を行うよう努めなければならない。（H29-29-2）

解答 ○ 地震に対する安全性の向上を図る必要がある、とは旧耐震基準のままだということ。耐震改修を行うよう努めなければならない。

3. 共同住宅である賃貸住宅においても、耐震診断と耐震改修を行うことが義務付けられている。（R5-12-4）

解答 × 耐震改修促進法では「3階建て以上、床面積1,000㎡以上、昭和56年5月31日以前に建築確認を受けた」賃貸共同住宅について、耐震診断を行い耐震改修することの努力義務が規定されている。これはあくまで努力義務であり耐震診断と耐震改修が義務付けられているわけではない。

4. 塔状の建物では、制振（制震）構造による風揺れ対策の効果は期待できない。（R5-46-2）

解答 × 制振構造は、ダンパーの働きで、風揺れ対策の効果も期待できる。

5. 昭和56年5月31日以前に新築の工事に着手した賃貸住宅（共同住宅に限る）は、すべて特定既存耐震不適格建築物となる。（H29-29-3改）

解答 × 賃貸共同住宅については、①3階建て以上、②床面積1,000㎡以上、③耐震規準に該当しない、の条件のいずれにも該当する場合に、特定既存耐震不適格建築物になる。すべて、ではない。

(2) 屋根・外壁

法的な縛りはないが、屋根・外壁のメンテナンスも求められる。

覚えよう

■ 屋根の種類、防水工法

① 屋根の種類

傾斜屋根	傾斜により雨水を排水させる屋根。金属屋根、スレート屋根、瓦屋根など
陸屋根・ルーフバルコニー	平坦な躯体部（スラブ）に防水を施し、排水溝、排水管を設けて雨水を排水する屋根

傾斜屋根

陸屋根

② 防水工法

メンブレン防水	屋根・屋上・バルコニー等の全面に、薄い皮膜を形成して防水する面状の防水工法。熱アスファルトシート防水、塗膜（ウレタン）防水など
シーリング防水	コンクリートの打ち継ぎ部・目地部、接合部等にシーリング材を充填する線状の防水工法。雨水の浸入を完全に防止することはできない

③ 漏水

雨水の漏水	・屋上・屋根：防水部材の破損、劣化。コンクリート等構造部材の破損。雨水排水設備の不良 ・出窓：出窓の屋根と外壁との取り合い箇所（接合部分）やサッシ周りの不具合・劣化 ・ベランダ：ウレタン塗膜の破損 ・排気口：レンジフード・浴室・トイレの換気扇からの雨水の侵入
配管からの漏水	・配管からの漏水は、床や壁を壊さないと漏水箇所を発見できないことも多い ・給水管の保温不足による結露を原因とする水漏れもある
室内の漏水	洗濯機を溢れさせたり、流し台や洗面台の排水ホースが外れたりが原因で、下の階へ水漏れを起こす場合がある。また、配管からの水漏れやトイレの詰まりを放置すると下階へ漏水することもある

④　外壁の種類

モルタル塗り	壁材（木・コンクリート）の表面にモルタルを塗り、表面に吹きつけ材等の塗装を施したもの
タイル張り	壁材（木・コンクリート）の表面にタイルを張り付けたもの
コンクリート打ち放し	コンクリートの上にモルタルを塗らずに直接仕上げたもの
サイディングパネル	板状の壁材（パネル）を外壁に設置したもの

補足説明

● ③：雨水漏水の発生源を特定することは困難なことが多い。また部分補修で漏水を止めるのは難しく、防水の全面修理や排水設備のやり直しもありうる。

● 漏水事故に伴う、工事費用や入居者等への損害金の支払いを損害保険により補填することは可能。しかし設備や配管の劣化が原因の場合は保険の対象外となることに注意。

過去問出題例

1. 出窓からの雨水の浸入は、出窓の屋根と外壁との取り合い箇所やサッシ周りが主な原因となることが多い。（R4-16-2）

   解答　○　出窓の屋根と外壁との取り合い箇所（接合部分）やサッシ周りの不具合・劣化が原因で雨水が侵入することが多い。

2. 外壁がタイル張りの場合は、タイルの剥がれやクラック、目地やコーキングの劣化に起因する漏水は発生しにくい。（R4-16-3）

   解答　×　タイルの剥がれやクラック、目地やコーキングの劣化に起因する漏水が多い。

■屋根・外壁のメンテナンス

　外壁タイルやモルタル塗りでは、下地のコンクリートや下地のモルタルとの付着力が低下すれば剝落事故につながる。日常点検のほか、剝落事故防止のために定期的な調査・診断も必要となる。部位にもよるが試験対策としては10年で調査と覚えておこう。

傾斜屋根（カラーベスト等）	●屋根表面のコケ・カビの発生、塗膜の劣化による色褪せ・錆（美観の低下） ●夏の温度上昇、冬の気温低下の繰り返しにより、素地の変形、ゆがみが生じ、雨漏りの原因となる ●**10年前後**にて表面塗装を実施する
陸屋根・ルーフバルコニー	●錆の発生やボルトキャップの劣化などを点検する ●ルーフバルコニーなどの防水面の膨れや亀裂、立ち上がりのシーリングの劣化などを点検する ●陸屋根では、落ち葉やゴミが樋_{とい}や排水口をふさぐと、屋上の防水面の破損や漏水の原因になる
コンクリート打ち放し等	●汚れ、カビの除去 ●コンクリート自体の塩害・中性化・凍害・鉄筋発錆に伴う爆裂の点検
ピンネット工法の外壁	●タイル張り同様、**10年ごと**に全面打診、又は赤外線調査を行う
タイル張りの外壁	●原則竣工後**10年ごと**に全面打診、又は赤外線調査 ●（一定の条件を満たす）有機系接着剤張り工法による外壁タイルについては、引張接着試験により確認する方法でもよい
外壁の調査・診断	●法定点検：（外壁改修等から）10年経過してから最初の調査の際に全面打診等により調査する ●日常点検（目視：不具合の早期発見）→1次診断（目視・指触・軽微な機器：現状把握・劣化の危険性の判断）→2次診断（非破壊・微破壊試験：改修の要否の判断）→3次診断（局部破壊試験：より詳細な診断・評価）

● 外壁の劣化現象と注意ポイント

剥落・欠損	タイルのひび割れ、浮き、剥落を目視で確認。外壁近辺にタイルなどが落ちていたことがあるかなどのヒアリング
ひび割れ	建物出隅部、コンクリート打継ぎ部、パラペット部など
白華現象	セメントの石灰等が水に溶けて表面に染み出す現象。タイル表面、目地部などの白色付着物の有無を確認する
ポップアウト	塗装膜の小さな破壊
チョーキング	表面塗装膜やシーリング材が劣化して粉状になる。手で触ると白くなる

● 雨樋のメンテナンス：雨水のオーバーフローは建物の劣化を早める。清掃、表面塗装、（ゆがみがある場合には）交換も必要。

過去問出題例

1. タイル張り外壁の定期調査方法で、接着剤張り工法以外は、劣化等によりタイルが剥離するおそれがあるので、原則竣工後10年ごとに全面打診等の調査を行わなければならない。（R3-16-4）

   解答 × 接着剤張り工法についても、全面打診等の調査を行わなければならない。

2. 陸屋根では、土砂や落ち葉、ゴミ等が排水口をふさいでしまうと、屋上に雨水が溜まり、防水の性能に影響を与え、漏水の原因にもなる。（R3-16-1）

   解答 ○ 陸屋根では、落ち葉やゴミが樋や排水口をふさぐと、屋上の防水面の破損や漏水の原因になる。

3. モルタルやコンクリート中に含まれる石灰分が水に溶けて外壁表面に流れ出し、白く結晶化する現象は、内部に雨水等が浸入することにより発生し、目視によって確認することができる。（R4-17-ウ）

   解答 ○ モルタルやコンクリート中に含まれる石灰分が水に溶けて外壁表面に流れ出し、白く結晶化する現象を「白華現象」という。外壁面の浮きやひび割れ部に雨水などが進入したことにより発生する場合が多い。白華現象は、タイル表面、目地部などの白色付着物の有無を目視することにより確認できる。

第7章 賃貸住宅の維持保全

265

(3) 建築基準法による規制

　建物の安全性、衛生を維持するために必要な**最低限度**の構造が、建築基準法に規定されている。

■採光に関する基準

① 住宅の居室は、**採光**に有効な開口部（窓）を設けなければならない。床面積の 1 ／ 7 以上が原則（照明器具の設置により 1 /10 まで緩和される）

■内装制限

② 火災の際、建物内部の延焼を防ぐため、内装材料が制限されている（難燃材料、不燃材料を用いるなど）。新築時だけでなく、賃貸借契約による原状回復工事も内装制限の対象となる。また、消防法により、カーテン・絨毯なども対象となる。

■換気に関する基準

③ 住宅の居室には、**換気**のために床面積の 1 /20 以上の開口部を設けなければならない。

④ 2003（平成 15）年 7 月 1 日以降に着工された新築建物は、ごく一部の例外を除いてシックハウス対策として**24 時間換気システム**の設置が必要（中古住宅の増改築についても適用される）。

　3　設備の基礎知識と維持管理　(2)**換気設備**も参照

●①：襖など常に開放できるもので間仕切られた２つの居室は、採光・換気の規定上、１室とみなすことができる。

※和室には窓がないが、LDKとの間が襖になっており、開放することができる。
和室とLDKが１室とみなされる。和室部分も有効な居室となる。

●事務所や店舗であれば、①の採光規定は適用されない。事務所等から住宅へ用途変更する際、採光規定が問題となることも多い。

●④：シックハウス症候群は、建材や家具、日用品から発散するホルムアルデヒドやVOC（トルエンなどの揮発性有機化合物）が原因となって引き起こされる。そのため、ホルムアルデヒドは使用が制限されている。また、クロルピリホス（シロアリ除去剤）を添加した建築材料は使用禁止（添加後５年以上経過したものは使用可）。

●24時間換気とは、一般の居室で0.5回/ h以上（毎時半分以上の空気が入れ換わる）、廊下や便所で0.3回/ h以上の換気能力をいう。

過去問出題例

1. 住宅の居室では、開口部の面積のうち、採光に有効な部分の面積は、原則として、その居室の床面積の７分の１以上としなければならない。（R1-28-2改）

　解答　○　住宅の居室には、採光のために、原則として、１/ ７以上の開口部が必要（照明器具の設置により1/10まで緩和される）。

2. 建築基準法では、内装材料など、内装制限に関する規定があるが、入居者の入替え時に行う原状回復のための内部造作工事は対象とならない。（R4-14-1）

第**7**章　賃貸住宅の維持保全

解答　× 　建築基準法では、建物内部の延焼を防ぐため、用途規模に応じて内
　　　　　　　　装制限を設けている。壁や天井の室内に面する部分の仕上げを「難
　　　　　　　　燃材料」（燃えにくい材料）以上にするなどがその例。内装制限は
　　　　　　　　新築時だけでなく、原状回復のための内部造作工事も対象となる。

3. 建築基準法では、内装制限として、火災の発生による建物内部の延焼を防ぐた
め、その用途規模に応じて内装材料などにさまざまな制限を加えている。
（R5-13-1）

　　解答　○ 　火災の際、建物内部の延焼を防ぐため、内装材料が制限されている
　　　　　　　　（難燃材料、不燃材料を用いるなど）。

4. 新築建物は、ごく一部の例外を除いて、シックハウスの原因となる揮発性有機
化合物の除去対策として24時間稼働する機械換気設備の設置が義務づけられ
ている。（R3-19-4）

　　解答　○ 　新築建物は、原則として24時間換気システムの設置が必要（一部、
　　　　　　　　例外がある）。

5. シックハウス症候群の原因となる揮発性有機化合物（VOC）の除去対策とし
て、すべての住宅は、24時間稼働する機械換気設備の設置が義務付けられて
いる。（H29-40-1）

　　解答　× 　2003（平成15）年7月以降、建物には24時間稼働の機械換気設
　　　　　　　　備の設置が義務付けられているが、例外もある。すべての住宅では
　　　　　　　　ない。

6. シックハウス対策として、居室を有する建築物は、建築材料及び換気設備に関
する技術基準に適合するものとしなければならない。（H30-28-4）

　　解答　○ 　2003年（平成15年）7月1日以降に着工された新築建物はシッ
　　　　　　　　クハウス対策として、居室を有する建築物は、建築材料および換気
　　　　　　　　設備を一定の技術的基準に適合するものとしなければならないと規
　　　　　　　　定されている。

7. 建築基準法のシックハウス対策の規定は、新築だけでなく、中古住宅において
も増改築、大規模な修繕や模様替えを行う場合に適用となる。（R4-14-2）

　　解答　○ 　中古住宅にもシックハウス対策の規定が適用される。

覚えよう

■防火区画

① 防火区画となる壁・床は、**耐火構造**にする。区画を構成する部分に開口部を設ける場合には、防火扉や防火シャッターなどの**防火設備**にする。

② 管理業者は、防火設備の機能を阻害しないような維持管理を行う必要がある。

- 防火戸が自動的に閉鎖する妨げとならない管理を行う。
- 入居者に、火災発生時には防火戸が自動的に閉鎖することを伝える。

補足説明

- 耐火構造とは「火災にものすごく強い構造」程度の理解でよい。耐火構造＞準耐火構造＞防火構造　の順だ。

過去問出題例

1. 賃貸住宅管理業者による日常的な維持管理においては、防火区画のための防火設備の機能を阻害しないような維持管理を行う必要がある。（R5-13-2）

   解答　○　防火設備の機能を阻害しないような維持管理が求められる。

2. 防火区画となる壁・床は、耐火構造としなければならず、区画を構成する部分に開口部を設ける場合には、防火扉や防火シャッターなどの防火設備としなければならない。（R4-14-3）

   解答　○　火災の被害を最小限に抑えるために、耐火構造の壁や床を使って建物を一定の区画に区切る。これが防火区画だ。開口部を設ける場合には、防火扉や防火シャッターなどの防火設備としなければならない。

覚えよう

■構造に関する基準

① 居室の天井高は2.1m以上でなければならない。

②　１つの部屋で天井高が異なる場合には、平均の高さが天井高となる。

③　天井高が1.4m以下、かつ床面積の１／２未満である部分（小屋裏物置、いわゆるロフト）は、床面積には算入されない。

④　防火上の安全性を確保するための構造部分を**主要構造部**という（「構造耐力上主要な部分」とは別）。壁、柱、床、はり、屋根又は階段等が主要構造部にあたる。

■避難規定

⑤　直通階段：共同住宅では、居室の各部分から直通階段までの歩行距離の制限がある（耐火構造等は50m以下、耐火性が低い場合には30m以下など）。

以下の場合には２つ以上の直通階段を設ける（緩和規定あり。あくまで原則）

6階以上	構造、面積にかかわらず２つ以上の直通階段を設ける	
5階以下	耐火構造、準耐火構造、不燃材料造	延床面積200㎡以上
	上記以外の構造（火災に弱い）	延床面積100㎡以上

⑥　（床面積100㎡超の）共同住宅の共用廊下は一定以上の幅を確保しなければならない。

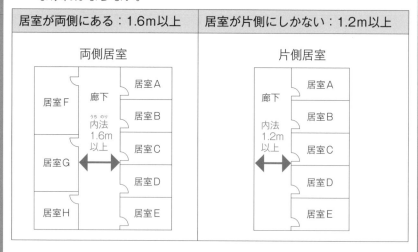

居室が両側にある：1.6m以上	居室が片側にしかない：1.2m以上
両側居室	片側居室

⑦　共同住宅の共用廊下や階段には、**非常用照明**（停電時に自動点灯する）の設置が必要（外気に開放された部分は除く）。

⑧　すべての建築物では、3階以上で高さ31m以下の階には、**非常用の進入口**を設ける（消防隊が入るため）。ただし非常用昇降機がある場合や、外壁面の10m以内ごとに一定規模以上の窓を設けた場合には非常用進入口は不要。

■アスベスト規制

⑨　アスベスト（石綿）を添加した建築材料の使用は禁止されている。アスベスト含有が禁止前に使用されていた建築材料の撤去や内装改修等に伴う仕上材を撤去する場合には、撤去方法等が規定されている。

⑩　大気汚染防止法、石綿障害予防規則などが改正され、事前調査と調査結果の保存、計画届の対象拡大などが盛り込まれるなど、改修工事に対する石綿対策が強化されている。

⑪　2023（令和5）年10月1日着工の工事から、以下が義務付けられた。

（ア）　建築物の解体等を行うときは、**工事の規模に関わらず**、有資格者による**事前調査**を行う。

（イ）　事前調査で石綿等の使用の有無が不明のときは、有資格者による**分析調査**を行う。

補足説明 ・・・

●③：小屋裏物置（ロフトやグルニエとも呼ばれる）とは、天井高を高くしてスペースを設けた部分をいう。床面積には算入されないので容積率制限などで床面積が増やせない場合でも、収納スペース等を作ることができる。

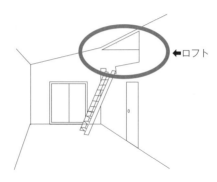
←ロフト

● ⑤：直通階段とは、その階から直接外部に避難できる階に直通している階段のこと。

● 建築物省エネ法の改正により、建築物の販売・賃貸の際には、省エネ性能ラベルの表示が義務付けられた。（第8章の1入居者募集　（2）募集広告　参照）

―――――――――――――――――― 過去問出題例 ――――――――――――――――――

1. 天井高が1.4m以下で、かつ設置される階の床面積の2分の1未満であるなどの基準を満たし、小屋裏物置（いわゆるロフト）として扱われる部分は、床面積に算定される。（R2-48-3改）

   解答 × 　小屋裏物置（いわゆるロフト）は、床面積に算定されない。

2. （共同住宅の避難施設において）住戸の床面積の合計が100㎡を超える階では、両側に居室のある場合には、1.2m以上の廊下の幅が必要とされる。（H29-28-1）

   解答 × 　「両側廊下の場合」には、廊下の幅は1.6m以上必要。「片側廊下」なら1.2mでよい。

3. 主要構造部には、間柱、小ばり、屋外階段、ひさしも含まれる。（R5-13-4）

   解答 × 　主要構造部とは、壁、柱、床、はり、屋根、階段など防火上の安全性を確保するための構造部分をいう。間柱、ひさし、屋外階段など構造上重要でない部分は主要構造部ではない。

(4) 換気

換気には自然換気と機械換気がある。機械換気の３つの種類とそれぞれの特徴について押さえておこう。

覚えよう

■機械換気設備

シックハウス対策として、新築住宅の居室には、原則として機械換気設備の設置が義務化されている。

換気の種類	給気	排気	特徴
①第１種機械換気 	機械	機械	• 給気、排気とも機械を用いる • 熱交換型換気設備（セントラル空調方式の住宅など）、機械室、電気室等に採用される
②第２種機械換気 	機械	自然	• 清浄な空気を供給する必要のある工場、病院等で採用される • 室内が正圧になるため、室内の空気が汚染されている場合、他の部屋に流出することもある

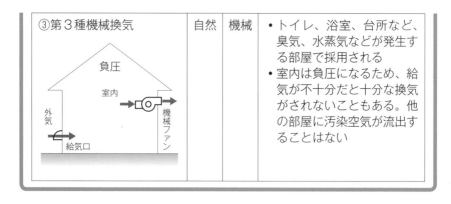

③第3種機械換気	自然	機械	・トイレ、浴室、台所など、臭気、水蒸気などが発生する部屋で採用される ・室内は負圧になるため、給気が不十分だと十分な換気がされないこともある。他の部屋に汚染空気が流出することはない

補足説明 ･･･

● 正圧とは、周囲よりも室内の気圧が高いこと。負圧はその反対（室内の気圧が低い）。

▌▌▌▌▌▌▌▌▌▌▌▌▌▌▌▌▌▌ 過去問出題例 ▌▌▌▌▌▌▌▌▌▌▌▌▌▌▌▌▌▌▌

1. 自然換気は、換気扇や送風機等を利用しない方式であるため、建物内外の自然条件によっては、安定した換気量や換気圧力を期待することはできない。（R1-32-1）

   解答 ○ 自然換気では、安定した換気量や換気圧力を期待することはできない。

2. 給気、排気ともに機械換気とする方式は、居室に用いられる熱交換型換気設備や機械室、電気室等に採用される。（R1-32-3）

   解答 ○ 第1種機械換気は、機械室・電気室等に採用される。

3. 機械換気の第2種換気は、室内が負圧になるため、他の部屋へ汚染空気が入らない。（H27-39-3）

   解答 × 第2種機械換気は、給気のみ機械で行う。室内は正圧になる。

4. 第3種機械換気は、室内が負圧になるため、他の部屋へ汚染空気が入らない方式である。（H28-39-3）

   解答 ○ 第3種機械換気では、汚染空気は機械で排気されるので他の部屋に

入らない。また、室内は負圧になる。

5. 給気側にファンを用いて、給気口と組み合わせて用いる換気方式では、室内は負圧になる。（R1-32-2）

解答 × 機械で給気する（第2種換気）ので、室内は正圧になる。

3 │設備の基礎知識と維持管理

(1) 消防設備と防火管理

　設備関係の中でも試験対策上も実務上も最も大切なものといってよいだろう。居住者（収容人員）が50人以上の共同住宅の所有者は、防火管理者を設置する必要がある。

覚えよう

■防火対象物
① 消防法では、不特定多数の人が利用する建物（店舗、集会施設等）を**防火対象物**として消防設備の設置や点検を義務づけている。
② 防火対象物はその用途により、特定用途防火対象物（店舗、ホテル、映画館、病院など）と非特定用途防火対象物に分かれる。**共同住宅は非特定用途防火対象物**。
③ 非特定用途防火対象物の収容人員が**50人以上**の場合、管理権原者は**防火管理者**を選任する必要がある。共同住宅は、**所有者が管理権原者**（建物の管理の権限を有する者のこと）になる。
④ 防火管理者は、消防計画の作成、消火・避難訓練の実施、防火設備の維持管理を行う。
⑤ 共同住宅の**防火管理責任は管理権原者（所有者）**にある。防火管理者を選任したからといって、管理権原者が防火管理責任を免れるわけではない。
⑥ 賃貸人（所有者）は、防火管理業務を管理業者に一括委託することで防火管理者を選任することもできる。その場合でも消防署への選任届出義務は、賃貸人（所有者）にある。

■消火器

⑦ 消火器の主流は、普通火災（Ａ火災）、油火災（Ｂ火災）、電気火災（Ｃ火災）に適応できるＡＢＣ粉末消火器。

⑧ 業務用消火器は10年をめどに消火剤を交換するのが望ましい。住宅用消火器の使用期限はおおむね５年で、詰め替えできない構造になっている。

■火災報知設備

⑨ 自動火災報知設備と住宅用防災警報器

自動火災報知設備	マンションやアパート全体に警報ベルなどで火災を知らせるもの。熱感知器（定温式スポット型）と煙感知器（イオン化式スポット型）とがある
住宅用防災警報器	寝室等にいる人に火災の発生を音で知らせるもの（自動火災報知設備等が設置されない）500㎡未満の住宅であっても、住宅用防災警報器の設置が義務付けられている

⑩ 住宅用防災警報器の設置義務

設置義務者	住宅の所有者、管理者、占有者（賃借人等）
設置場所	就寝の用に供する居室、台所
設置の免除	スプリンクラー設備や自動火災報知設備が設置されている場合には、住宅用防災警報器の設置は免除される

- ●③：共同住宅の収容人数は、1K・1DKは1人、1LDK・2DKは2人、というように計算方法が決まっている（計算方法まで覚える必要はない）。

- ●管理権原者は、防火管理者に消防計画を作成させ、消火・通報・避難訓練等を実施しなければならない。

- ●⑨：複合用途建築物でも住宅部分には、住宅用防災警報器の設置が必要。

████████████████████████ **過去問出題例** ████████████████████████

1. 共同住宅は、消防法上「特定用途防火対象物」に分類される。（H27-32-1）

   解答 ✕ 共同住宅は、「非」特定用途防火対象物だ。

2. 収容人数が50人以上であっても賃貸住宅であるならば、防火管理者を選任する必要はない。（H30-32-1改）

   解答 ✕ 賃貸住宅であっても収容人数が50人以上の場合、管理権原者（所有者）は、防火管理者を選任し、防火管理業務を行わせる。

3. 共同住宅は、賃貸物件であっても、収容人員が50人以上の場合は防火管理者を定め、防火管理を行う必要がある。（H29-31-ウ）

   解答 ○ 賃貸物件であっても、収容人数が50人以上であれば防火管理者を選任し、防火管理業務を行わせる。

4. 管理権原者は、賃貸住宅で収容人員が50人の場合、防火管理者を選任し、防火管理業務を行わせなければならない。（H30-32-1改）

   解答 ○ 管理権原者（賃貸住宅の場合は所有者）とは、建物の管理について権限を有する者のこと。防火管理責任も負う。賃貸住宅で収容人員が50人以上の場合は、管理権原者が防火管理者を選任し、防火管理業務を行わせる。

5. 自動火災報知設備等が設置されていないすべての住宅には、住宅用防災警報器の設置が義務付けられている。（H29-31-ア）

   解答 ○ 自動火災報知設備等が設置されている場合には、住宅用防災警報器の設置は免除されるが、そうでないならば住宅用防災警報器の設置

が必要。

6. 複合用途建物では、住宅用防災報知器を住宅部分またはその他の部分のいずれかに設置しなければならない。(H28-31-1)

解答 ✕ その他の部分には設置不要。「住宅用」防災警報器（寝室等にいる人に火災の発生を音声などで知らせるもの）なので、住宅部分に設置すればよい。

(2) 給水・給湯設備

実務的には重要だが、出題はそれほど多くない。基本的事項だけを確認しておこう。

覚えよう

■給水管の種類と特徴

①	塩化ビニル管 （合成樹脂管）	・耐食性に優れ（錆びにくい）、軽量で施工しやすい ・（鋼管に比べ）強靭性、耐熱性では劣る ・温度変化による伸縮に配慮が必要
②	鋼管	・耐食性、耐熱性に優れる

■給水方式

方式	特徴	受水槽の有無
① 直結直圧方式 	・水道本管から分岐させた給水管から各住戸へ**直接給水**する方式 ・受水槽やポンプは使用しない ・低層で小規模の建物で使用される	なし

方式	特徴	受水槽の有無
② 直結増圧方式 	• （水道本管から分岐させ引き込んだ）上水を、**増圧給水ポンプ**を使って各住戸へ直接給水する方式 • 中規模なマンションで採用される • 定期的なポンプの検査が必要	なし ＋ 増圧給水ポンプ
③ 高置（高架）水槽方式 	• （水道本管から分岐させ引き込んだ）上水を、受水槽に貯水し、揚水ポンプにより屋上に設置された**高置水槽**に送水。そこから、重力を利用して各住戸に供給する方式 • 上層階で圧力不足、下層階で圧力過大となることがある • 断水時や停電時でも一定時間は給水できる	あり ＋ 揚水ポンプ ＋ 高置水槽
④ 加圧給水方式 	• （水道本管から分岐させ引き込んだ）上水を、受水槽に貯水し、加圧ポンプにより各住戸に供給する方式	あり ＋ 加圧ポンプ

■室内の配管方式

先分岐方式 室内に引き込んだ給水を分岐して、キッチン、トイレ等に接続する方式 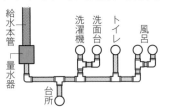	分岐するため配管の継ぎ目が多い。2か所以上で同時に使うと水圧が落ちる可能性あり
さや管ヘッダー方式 水回り部に設置されたヘッダーから管をタコ足状に分配し、各水栓等の器具に接続する方式 **ヘッダー方式** 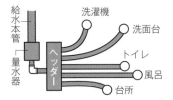	耐久性、更新性、施工性、使用性に優れ、現在の給水・給湯配管方式として広く普及している

補足説明 ....

● 鋼管以上に耐久性に優れる**ステンレス管**もある。近年のマンションの共用部分で用いられることが多い。

● 鋼管の内側に塩化ビニル管を接着させた硬質塩ビライニング鋼管もある。

● 給水設備については、適正な水圧と適切な流速で供給する。

水圧が高すぎる	ウォーターハンマー現象（水栓を急に締めると、水の慣性で管内に衝撃と高水圧が発生する現象）により、メーターの故障やバルブの破損等を引き起こす。漏水の原因にもなる
水圧が低すぎる	給湯中に水圧が低下すれば、給湯器のガスの燃焼に支障をきたし、機器を壊す可能性がある

1. 塩ビ管は、強靱性、耐衝撃性、耐火性で鋼管より劣るが、軽量で耐食性に優れている。（H29-30-4）

   解答 ○ 塩ビ管とは、塩化ビニル管（合成樹脂管）のこと。鋼管より耐火性等は劣るが、軽量で耐食性に優れている（錆びにくい）。

2. 合成樹脂管を採用する場合には、温度変化に伴う伸縮に配慮する必要がない。（R1-30-3）

   解答 × 合成樹脂管（塩化ビニル管）は温度変化の影響を受けやすい。

3. 水道直結方式の直結増圧方式は、水道本管から引き込んだ上水を増圧給水ポンプで各住戸へ直接給水する方式であるため、定期的なポンプの検査が必要である。（R1-30-1）

   解答 ○ 増圧給水ポンプを使用するので、ポンプの定期的な検査が必要となる。

4. 受水槽方式のうち高置（高架）水槽方式は、水道本管から分岐して引き込んだ上水をいったん受水槽に蓄え、揚水ポンプによって屋上に設置された高置水槽に送水し、重力により各住戸へ給水する方式である。（R2-40-1）

   解答 ○ 屋上に設置された高置水槽から、各住戸へ給水する。だから高置（高架）水槽方式だ。

5. 高置水槽方式は、受水槽と高置水槽を利用するため、水道本管の断水時や、停電時でも一定の時間なら給水することが可能である。（R1-30-4）

   解答 ○ 高置水槽方式は、（水道本管から分岐させ引き込んだ）上水を、受水槽に貯水し、揚水ポンプにより屋上に設置された高置水槽に送水。そこから、重力を利用して各住戸に供給する。水槽に水を蓄えるので、断水時や停電時でも、一定の時間なら給水することが可能だ。

■給水設備の管理

受水槽（給水タンク）内の汚染を防ぐため以下の規定がある

- 建物内に設置する場合、外部から受水槽（給水タンク）の天井、底または周壁の保守点検が容易かつ安全に行うことができること
- 受水槽（給水タンク）の天井、底または周壁は、建物の軀体と兼用しないこと
- 内部には飲用水以外の配管設備を設けないこと
- 保守点検のために直径60cm以上のマンホールを設けること（圧力タンク等は除く）

■給湯設備

給湯方式には以下の方法がある。

飲用給湯方式	ガスや電気を熱源とする貯湯式給湯器を必要箇所に個別に設置する方式
局所給湯方式	給湯系統ごとに加熱装置を設けて給湯する方式。一管式配管で給湯する
中央（セントラル）給湯方式	建物の屋上や地下の機械室に熱源機器（ボイラーなど）と貯湯タンクを設け、建物各所へ配管で供給する方式。ホテルや商業ビルなどの大きな建物に使用される。二管式配管とし、循環ポンプを設置する

補足説明

- 飲料水の給水・給湯系統の配管とその他の系統の配管が直接接続される「クロスコネクション」は、禁止されている。

- ガス給湯器に表示される号数は、現状の水温プラス25℃温かくしたお湯を1分間に1ℓ出せる能力を示す（例：24号なら水温15℃の時、40℃のお湯を1分間に24ℓ供給できる）。16号の給湯器では、キッチンとお風呂に同時に給湯できない。20号なら2か所、24号なら3か所まで同時に給湯できる目安となる。

- エコキュートなどの電気給湯は、換気設備が不要、燃焼音がなく静か、不完全燃焼による事故の心配がない、といったメリットがある。

(3) 排水・通気設備

　排水設備だけでなく、臭気を排出したり排水を流れやすくするために設けられる通気設備についても確認しておこう。

覚えよう

■排水設備

① 排水には３種類ある。

汚水	トイレからの排水
雑排水	台所、浴室、洗面所等からの生活雑排水
雨水	雨、雪など

② 排水管には、管内からの臭気や害虫の侵入を防止するために排水トラップが設けられている。

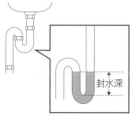

S字トラップ

封水深

※封水深が浅いと破封しやすく、深いと自浄作用がなくなる。5〜10㎝が適切とされる。

③ 排水トラップは、構造的に、サイホン式トラップ（管トラップ）と非サイホン式トラップ（隔壁トラップ）とに分類される。

サイホン式トラップ（管トラップ）	S字トラップなど。手洗いや洗面台に利用される
非サイホン式トラップ（隔壁トラップ）	わんトラップ（ベルトラップ）など。キッチンや浴室の防水パンなど床排水に利用される

● ① : 公共下水には合流式と分流式がある。合流式は、家庭から出る汚水・雑排水と雨水を一緒に処理するもの。汚水・雑排水と雨水を分けて処理するのが分流式。分流式の方が下水処理施設の負担が小さくなる。

● 公共下水道を利用せず、浄化槽で汚水・雑排水を処理する方法もある。

● ② : 1系統の排水管に対し、2つ以上の排水トラップを直列に設置することを二重トラップという。二重トラップは、排水の流れが悪くなるため禁止されている。

● トラップの封水が流出したり蒸発してしまうことをトラップの破封という。排水管内の圧力変動（誘導サイホン作用、はね出し作用等）、長期間使用しないことによる封水の蒸発などによりトラップの破封が起きる。

過去問出題例

1. 排水トラップの封水深は、深いと破封しやすく、浅いと自浄作用がなくなる。（R1-31-1）

   解答 × 封水深が、浅いと破封しやすく、深いと自浄作用がなくなる。5〜10cmが適切とされる。

2. 管内の圧力変動による排水トラップの封水の流出や、長期間の空室による封水の蒸発は、悪臭の原因となる。（R5-17-2）

   解答 ○ 排水管のなかに少量の水（「封水」）を残留させることで排水管を封じ、下水臭や虫が室内に入ることを防いでいる。封水が流出・蒸発によりなくなると、悪臭の原因となる。

3. 洗濯機の防水パンに使用されるサイホン式トラップには、毛髪や布糸などが詰まりやすく、毛細管作用により破封することがある。（R5-17-1）

   解答 × 洗濯機の防水パンなど床排水には、「わんトラップ」が用いられる（非サイホン式）。

■通気設備

伸頂通気方式	排水立て管の先端を延長した伸頂通気管を屋上等で大気に開口する方式
通気立て管方式	排水立て管に、最下層よりも低い位置で接続して通気管を立ち上げ、最上の伸頂通気管に接続するか、単独で直接大気に開口する方式（2管式）

(4) 電気設備・ガス設備

　一般家庭でもっとも多い契約種別は「従量電灯B」。10アンペアから60アンペアまでの電力供給が可能なものだ。

■共同住宅の引込み（受電方式）

①	低圧引込み	100ボルト又は200ボルト。従量電灯B契約で単相2線式の場合は、100ボルトのみの供給（200ボルトの機器が使用できない場合がある）
②	高圧引込み	一定規模以上の共同住宅で、各住戸と共用部分の契約電力の総量が50kw以上のときは、6,000ボルトの高圧引込みとなる。この場合、受変電設備を設置する必要がある

補足説明 ....

●①：低圧引込みでも、建物全体で契約電力が50kwを超えた場合、電力会社が使用する電気室（借室）に変圧器等の供給施設を設ける場合がある。

●②：共同住宅で高圧引込みの場合でも、各住戸の契約は、従量電灯Bと同様（100ボルト又は200ボルト）。

■住戸内の電気設備

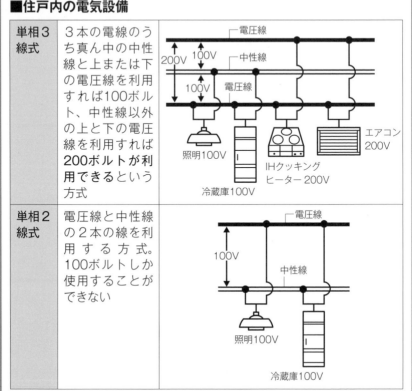

単相3線式	3本の電線のうち真ん中の中性線と上または下の電圧線を利用すれば100ボルト、中性線以外の上と下の電圧線を利用すれば**200ボルト**が利用できるという方式	
単相2線式	電圧線と中性線の2本の線を利用する方式。100ボルトしか使用することができない	

■電気設備の維持管理

① 住戸内には電力会社と契約した契約アンペアを示す「アンペアブレーカー」の他に、ELB（「漏電遮断機」「漏電ブレーカー」）が設置されている。ELBは、電気配線や電気製品の故障等による漏電を察知して回路を遮断し、感電や火災を防ぐ。

② 地震で設定値以上の揺れがあれば、ブレーカーやコンセントなどを自動的に止める**感震ブレーカー**も設置されている。

■ガス設備

種類	都市ガス	LPガス（プロパンガス）
原料	天然ガス	液化石油ガス（プロパンが主成分）
特徴	空気より軽い（ガス漏れでは天井に滞留）→ガス警報器は天井面の下方30cm以内に設置	空気より重い（ガス漏れでは低いところに滞留）→床面上方30cm以内に設置
供給方法	ガス導管を通じて各戸に供給	LPガスボンベを事業者が配送

● ガスメーター（マイコンメーター）には、ガスの計量機能だけでなく、保安機能（異常時にガスの供給を遮断する機能）がある。家庭用ガスメーターは10年以内に1回、取替えが必要。

● ガス警報器の有効期限（所定の性能を維持できる期限）は、取付後5年。

● 近年のガス管には、屋外埋設管はポリエチレン管やポリエチレン被覆鋼管、屋内配管は塩化ビニル被覆鋼管が多く使われている。従来の鋳鉄管（屋外埋設管）、白ガス管（屋内配管）より耐久性が高い。

過去問出題例

1. 単相2線式は、電圧線と中性線の2本の線を利用する方式であり、200ボルトの電力が必要となる家電製品等を使用することができる。（R4-19-2）

   解答 × 「（3本の電線のうち）電圧線と中性線の2本の線を利用し、200ボルトの電力が必要となる家電製品等を使用することができる」のは単相3線式。単相2線式は、電圧線と中性線が各1本で構成され100ボルトの電圧しか供給できない。

2. プロパンガスのガス警報器は、床面の上方30cm以内の壁などに設置して、ガス漏れを検知して確実に鳴動する必要がある。（R4-19-3）

解答 ○ プロパンガスは空気よりも重いため、プロパンガスのガス漏れ警報器は、床上（30cm）の位置に取り付ける必要がある。

3．住戸に供給される電力の単相3線式では、3本の電線のうち真ん中の中性線と上または下の電圧線を利用すれば100ボルト、中性線以外の上と下の電圧線を利用すれば200ボルトが利用できる。（R2-41-3）

解答 ○ 単相3線式では、3本の電線のうち真ん中の中性線と上、又は下の電圧線を利用すれば100ボルト、中性線以外の上と下の電圧線を利用すれば200ボルトが利用できる。

4．ELB（アース・リーク・ブレーカー）は、地震発生時に設定値以上の揺れを検知したときに、ブレーカーやコンセントなどの電気を自動的に止める器具である。（R2-41-4）

解答 × ELB（「漏電遮断機」「漏電ブレーカー」）は、漏電を察知して回路を遮断し、感電や火災を防ぐ器具だ。地震発生時に設定値以上の揺れを検知したときに、ブレーカーやコンセントなどの電気を自動的に止めるのは、感震ブレーカーだ。

(5) エレベーター設備・機械式駐車設備

エレベーター設備は建築基準法によって、法定点検・定期報告が求められる。機械式駐車設備は、法定点検がない（ガイドラインに基づく自主点検のみ）。

覚えよう

■エレベーター設備
①エレベーターの種類

ロープ式	屋上等の建物上部に機械室を設け、ロープを巻き上げ（下げ）て、上下運行させる方式。ビルやマンションで多く採用される
油圧式	機械室の油圧パワーユニットからシリンダーに油を送ることで昇降させる方式。低層の建物に採用される

②エレベーターの保守契約

フルメンテナンス契約	部品取替えや機器の修理を状況にあわせて行う契約。大規模な修繕まで含めるため、月々の**契約料は割高**となる。予算管理が容易
POG契約	消耗部品付契約のことで、定期点検や契約範囲内の消耗品（パーツ・オイル・グリス）の交換は含まれるが、それ以外の部品の取替え、修理は別料金になる契約。月々の契約料は安いが、費用見積りと確認に時間がかかる（**迅速性に欠ける**）、**経年劣化により費用が増加**するといった短所がある

③法定点検：建物の賃貸人は、**年１回**、**昇降機定期点検報告書**を特定行政庁に提出しなければならない（ホームエレベーター及び労働安全衛生法に基づく性能検査を受検しているものは、定期報告不要）。

第7章
賃貸住宅の維持保全

補足説明 ･･･

● ①：ロープ式で、巻上機をエレベーターシャフト内に設置できる「マシンルームレス」が近年増加している。

● ②：フルメンテナンス契約でも乗降扉や三方枠の塗装、かご内の床・壁・天井の修理、新しい機能による改造や新規取替えは含まれない（交換には別途料金要）。天災や故意による損壊等の修理費も含まれない。

覚えよう

■機械式駐車設備
① 立体駐車場設備には、タワー式・ピット式・横行昇降式などのタイプがある。
② 一定期間で交換する部品があり、メンテナンス費用の予算化が必要
③ 入居者に機械操作等利用方法を周知徹底させ、事故を未然に防ぐようにしなければならない。
④ 駐車場の構造や規模により、不活性ガス消火設備等の設置が義務づけられており、その使用方法等を日頃から習熟しておくことが大切である。

1. エレベーターの保守契約におけるPOG契約（パーツ・オイル＆グリース契約）は、契約範囲外の部品の取替えや機器の修理は別料金となるので、経年劣化により費用が増加することはない。（H28-32-1）

    解答 × POG契約では、経年劣化により費用が増加する。

2. 建物の所有者又は管理者は、特定行政庁が定める時期に、昇降機定期点検報告書を提出しなければならない。（H28-32-3）

    解答 ○ エレベーター（昇降機）の故障は、大きな事故につながりかねない。きちんと点検し、特定行政庁に定期点検報告書を提出しなければならない。

3. 機械式駐車場設備は、その構造や規模により、不活性ガス消火設備、泡消火設備、ハロゲン化物消火設備等の設置が義務付けられている。（H28-32-4）

    解答 ○ 駐車場の構造や規模により、不活性ガス消火設備等の設置が義務づけられており、その使用方法等を日ごろから習熟しておくことが大切だ。

(6) 入居者の安心・安全のための措置

　実務上は重要なことだが、試験問題としては出題しにくいところ（常識で答えられる問題か、細かいことを問う問題になってしまう）。気楽にいこう。

■賃借人の居住ルール遵守指導、クレーム対応

① **生活騒音**

- 事実確認。いつ（時間）、どこで（どの部屋で、誰が）、どのような騒音を発生させているのかを確認する。
- 騒音発生源が本人である場合には、本人に直接注意。対応によっては連帯保証人への連絡も検討する。
- 改善されない場合には、文書で警告。（それでも改善されないのなら）賃貸人と協議のうえ、契約を解除する。
- 騒音被害を受けた賃借人に対し、経過や結果を報告する。

② **共用部分**

- 集合住宅の廊下・階段への私物放置→即座に撤去を求める。
- 自転車置き場・ゴミ置き場の利用ルール違反→掲示版やチラシで入居者に注意を促し、是正を求める。

③ **ペット飼育**

- 鳴き声、糞尿処理、悪臭（ペット３大トラブル）
- 賃借人同士だけでなく、近隣住民との間でもトラブルになりやすい。
- ペット飼育ルールを定める。

補足説明 ....

- ①：クレームがあっても受忍レベル以内というケースもある。管理業者はクレームを鵜呑みにせず、よく確かめてから行動を起こす姿勢が大切になる。

- ②：分譲マンションの場合、賃貸住宅管理業務の対象は専有部分であり、共用部分には及ばない。しかし、賃借人は共用部分の管理規約上のルールも遵守しなければならない。そのため管理規約のコピーを渡すなどその内容を理解してもらう必要がある。

過去問出題例

1. 火災発生時に避難通路がふさがれていると、脱出が阻害されるため、ベランダの物置、廊下の自転車、階段や踊り場のダンボールなどを見つけたら、即座に撤去を求めるべきである。（R1-26-ウ）

解答 ○ 共用部分の管理も管理業者の業務だ。避難通路の確保のために私物を置いた入居者に撤去を求める（管理業者が勝手に撤去するのではない）。

2. 分譲マンションの一住戸の賃貸管理を受託する場合、管理業者は賃借人に当該マンションの共用部分に関する管理規約の内容を提示する必要はない。(H28-25-3)

解答 × 管理規約のコピーを渡すなど、共用部分に関する管理規約の内容を理解してもらう必要がある。

覚えよう

■緊急事態へ対応

①	上階からの漏水発生時	❶ 電話で「急いで上階に行き、水漏れの事実を告げてください」と要請する ❷ 現場へ急行（上階の合鍵があれば持参） ❸ 修理会社へ連絡する ❹ 上階への立ち入り許可を求める（給排水の接続異常の確認、蛇口を止める）。立入りできない場合は水道元栓を締める ❺ 保険会社、賃貸人へ連絡する ❻ 修理手配、被害の復旧、費用負担の調整
②	火災発生時	• 管理員がいる場合 現場へ急行。避難誘導。同時に、建物全体に火災の発生を知らせる。消防署への通報も • 管理員不在の場合 消防署への通報。現場へ急行し、被害の拡大防止に協力する
③	地震発生時	• 管理員がいる場合 地震が収まった後、建物内の点検を行う 危険が生じている→居住者を避難場所に誘導 火災発生→避難誘導、火災発生の報知、消防署への通報、初期消火活動 • 管理員不在の場合 震災後できるだけ早く建物を訪問。被害状況の確認。復旧、後片付け

④ 犯罪発生時	• 被害状況の把握
	• 保険による補償手続き支援
	• 再発防止策（侵入経路の遮断、非常警報装置の設置）
	• 防犯を呼びかける掲示。賃借人に注意を促す

補足説明

● 賃貸住宅の当事者は次のような保険に加入していることが通常である。

入居者（賃借人）	賃貸住宅居住者総合保険	火災等事故の際の入居者の家財の補償、建物所有者への賠償責任の補償
建物所有者（賃貸人）	施設所有者賠償責任保険	建物が原因で損害を与えた賠償責任の補償

過去問出題例

1. 天井からの漏水が、建物の劣化に起因せず、上階入居者の使用方法に原因があると判明した場合、上階入居者が付保する賃貸住宅居住者総合保険と、建物所有者が付保する施設所有者賠償責任保険を適用できる。（R4-7-イ改）

   解答 ✕ 建物所有者が加入する「施設所有者賠償責任保険」は、建物が原因で発生した損害を賠償するものだ。今回は、上階入居者のせいで漏水が発生している。「施設所有者賠償責任保険」は適用できない。保険が適用できるとすれば、上階入居者が加入している「賃貸住宅居住者総合保険」になる。

2. 上階がある居室の天井からの漏水の発生を入居者から知らされた場合、管理員が置かれている建物であっても、「急いで上階に行き、下階に水が漏っている旨を告げて下さい。」と入居者に伝え、修理業者と共に現場へ行く。（H30-27-3）

   解答 ✕ 水漏れが発生した際は、電話で「急いで上階に行き、水漏れの事実を告げてください」と要請するとともに、現場へ急行する。修理業者と共に現場へ行くのではない。

3. 空き巣被害が発生した後は、警察の巡回も厳しくなり、しばらくは犯人も警戒するので、掲示板等に空き巣被害が発生した旨の掲示さえすれば、管理業者の

対応として足りる。（H30-27-4）

> **解答** × 掲示だけでなく、侵入経路の遮断や非常警報装置の設置等再発防止に努める。

4. 賃借人から管理業者に対し、クレームやトラブルが発生したとの電話連絡があった場合には、電話で状況を聞くことよりも、まずは現場へ駆けつけることを優先すべきである。（H28-25-1）

> **解答** × 電話で解決するトラブルもある。まずは電話で状況をよく聞くことが重要だ。

5. 管理員が置かれていない建物では、自動火災報知器の発報や賃借人からの通報で火災の発生を感知後、通報を受けた者は直ちに現場へ駆けつけ、火災を確認し賃借人等の避難誘導を行った後に消防署へ通報しなければならない。（H30-27-1）

> **解答** × 火災が発生したのであれば、消防署への通報が最優先だ。現場に向かう間に被害が拡大しかねない。

(7) 住環境の整備、防犯・防火・防災対策、空室管理

　賃借人の快適で安全な居住、賃貸人の資産管理のため、住環境の整備、防犯対策等にも細心の注意を払う必要がある。

覚えよう

■住環境の整備

① 植栽の管理	・除草剤の散布にあたっては、入居者、近隣住民に対する事前通知を行い、洗濯物やペットの室内への一時移動など協力を求める ・入居者が日常的に使用する部分は、除草剤の使用を控える
② 駐車場・駐輪場の管理	・無断駐車防止のため、パイロン、埋め込み式ポールなどを活用する ・入居者の協力のもと不用自転車、放置自転車の一斉整理を行う

③	共用部分（廊下、階段など）の管理	・入居者の私物があれば撤去を求める（管理業者、賃貸人が撤去するのではない）
④	ブロック塀の点検	・1981年以前に設置された一定の**塀**は、診断義務化の対象となる（塀の所有者は**耐震診断結果を報告**しなければならない）
⑤	清掃業務	・台風シーズン前には、ドレイン回りのゴミ取りを行う
⑥	害虫等	・害虫類の駆除のため、建物全館一斉の薬剤散布などを行う ・3,000㎡以上の「特定建築物」は法令により害虫の防除が義務づけられている。

|||||||||||| 過去問出題例 ||||||||||||||||||||||||||||||

1. 建物共用部分に入居者が物を置いていると緊急時の避難の妨げになるため、管理業者は直ちに撤去すべきである。（H29-25-4）

   解答　×　入居者の私物を管理業者が勝手に撤去することはできない。入居者に注意し撤去を求める。

2. 都道府県及び市町村が定める耐震改修促進計画に記載された道路にある1981（昭和56）年以前に設置された塀のうち、高さが前面道路中心線からの距離の1／2.5倍を超えるもので、長さが25mを超える塀の所有者は、耐震診断結果を各自治体が計画で定める期間内に報告しなければならない。（R1-26-ア）

   解答　○　1981（昭和56）年以前に設置された塀で、一定の条件を満たすものは、耐震診断結果を報告しなければならない（要件の細かい数字まで覚える必要はない）。

■防犯・防火・防災対策

① 共用部分の照度の確保等

（「防犯に配慮した共同住宅に係る設計指針」による）

場所	照度の確保	見通しなど
共用玄関、共用メールコーナー、エレベーターホール	50ルクス以上	周囲からの見通しの確保
エレベーターのかご内		防犯カメラの設置、非常ボタン、かご内を見通せる窓
（共用玄関以外の）共用出入口、共用廊下・階段	20ルクス以上	見通しの確保
自転車置場、オートバイ置場、駐車場	3ルクス以上	
管理人室		共用玄関、共用メールコーナー、エレベーターホールを見通せる位置に

② 管理業者や仲介業者が同行することなく、希望者に鍵の暗証番号などを伝え内見させることは、避ける。空室が犯罪に利用されることにつながる可能性があるからだ。

■空室管理

③ 定期的に入室して、**換気**を行う。必要に応じて**清掃**を行う。

④ 水回りや空調機器などについて、新たな賃借人が入居する際に不具合が生じないようにする。日常的に、外観点検や施錠状況を確認する。

■水害等のハザード対策

⑤ 地域の地震や水害ハザードマップを用意し、「屋内での安全確保」で対応可能か、「早期の立退き避難が必要な区域」なのかについて、事前に入居者に告知する。

....

- 共用玄関は、各住戸と通話可能なインターホンとこれに連動した電気錠を有した玄関扉によるオートロックシステムが導入されたものであることが望ましい。

- 住戸の玄関扉には「ピッキング対応の錠」「補助錠」「ドアスコープ等」「ドアチェーン等」を設置。

- 住戸の窓は、「共用廊下に面する住戸の窓」「接地階に存する住戸の窓」のうち、バルコニー等に面するもの以外のものには面格子を設置。

- 侵入が想定される階でバルコニー等に面する住戸の窓には、「錠付きクレセント」「補助錠」を設置（侵入防止に有効な措置）。

- バルコニーのたて樋、手すり等を利用した侵入の防止。バルコニーの手すりは、見通しを確保する。

- 空室の管理は、入居者募集の準備でもある。室内を良好な状況に維持するのは、募集の基礎だ。

- 空室の管理は防犯上からも必要。空室の管理が不十分だと、不審者の立入りや犯罪を誘発する。入居者の安全確保からも、管理業者が適切に空室を管理することが必要。

- **空室の管理は、管理業者の職責**であって、その真価が問われる業務である。

||||||||||||||||||||||||||||||||| 過去問出題例 |||||||||||||||||||||||||||||||||

1. 入居希望者に鍵の暗証番号を伝え、管理業者が立ち会うことなく室内を内見させることは、空室が犯罪に利用されることにつながる可能性があるため、慎む

第**7**章 賃貸住宅の維持保全

べきである。（R1-26-イ）

解答 ○ 内見希望者だけでなく、見知らぬ仲介会社からの内見申込みに対しても、安易に暗証番号などを教えるべきではない。

－ MEMO －

室内の換気方式に関する次の記述のうち、誤っているものはどれか。

[R5-14]

1 自然換気方式は、室内外の温度差による対流や風圧等の自然条件を利用しているため、換気扇の騒音もなく経済的であり、いつでも安定した換気量が確保できる。

2 機械換気方式は、換気扇や送風機等を利用した強制的な換気方式であり、必要なときに換気ができるが、エネルギー源が必要となる。

3 住宅では、台所、浴室、便所等からの排気は機械換気とし、給気は給気口から取り入れる第3種換気を採用することが多い。

4 第3種換気において給気の取入れが十分でないまま機械による排気を行うと、室内外の差圧が増大することによる障害が発生する。

 建物各部の漏水や詰まりによる不具合の発生に関する次の記述のうち、適切なものはいくつあるか。 [R5-15]

（ア） 雨水による漏水の原因として、屋上や屋根の防水部分の劣化や破損によって生じるもの、コンクリート等の構造部材のクラックや破損によって生じるものなどがある。

（イ） 建物内部の漏水は、雨水か入居者の過失又は不注意によるものがほとんどであり、給水管や排水管からの漏水は発生しない。

（ウ） 入居者の不注意等による漏水としては、洗濯水の溢れ、流し台や洗面台の排水ホースの外れ、トイレの詰まりを放置したことによる漏水などがある。

（エ） 雨樋に落ち葉などが蓄積し詰まりが生じると、降雨時にオーバーフローを起こし、軒天や破風部に水が回り、建物全体の劣化を早めることがある。

1 1つ
2 2つ
3 3つ
4 4つ

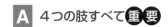

問1 正解 1

 4つの肢すべて 重要

1 × 自然換気では、安定した換気量や換気圧力を期待することはできない。

2 ○ 機械換気は換気扇や送風機等の機械を利用して、強制的に換気する方式だ。必要なときに安定した換気ができるが、エネルギー源が必要なので費用はかかる。

3 ○ 住宅では、発生した臭気を外に出すため第3種換気が採用されることが多い（第1種換気はランニングコストがかかる）。

4 ○ 第3種換気では室内は負圧になるため、給気が不十分だと十分な換気がされないこともある。

問2 正解 3

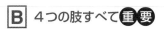 **4つの肢すべて 重要**

（ア） ○ 雨水による漏水は、防水部材の破損・劣化、コンクリート等構造部材の破損等によって生じる。

（イ） × 洗濯機を溢れさせるなど入居者の不注意を原因とするものも多いが、それだけではなく、給排水管の接合部分の劣化、給水管の保温不足による結露を原因とする水漏れなど、給水管や排水管からの漏水も少なくない。

（ウ） ○ 洗濯機を溢れさせたり、流し台や洗面台の排水ホースが外れたりが原因で、下の階へ水漏れを起こす場合がある。また、配管からの水漏れやトイレの詰まりを放置すると下階へ漏水することもある

（エ） ○ 雨樋に落ち葉などが詰まると降雨時にオーバーフローを起こし、建物全体の劣化を早めることがある。

以上より、適切なものはア、ウ、エの3つであり、正解は3となる。

問3 屋根や外壁等の劣化と点検に関する次の記述のうち、最も適切なものはどれか。　　　　　　　　　　　　　　　　　　　　　　　[R 5 -16]

1　傾斜屋根には、金属屋根、スレート屋根などがあり、経年劣化により屋根表面にコケ・カビ等が発生したり、塗膜の劣化による色あせ等が起きたりするので、概ね3年前後での表面塗装の補修が必要である。

2　陸屋根では、風で運ばれた土砂が堆積したり、落ち葉やゴミが排水口等をふさぐことがあるが、それが原因で屋上の防水機能が低下することはない。

3　コンクリート打ち放しの場合、外壁表面に発生した雨水の汚れやコケ・カビ、塩害や中性化の問題があるが、美観上の問題であり、定期的な点検は必要ない。

4　ルーフバルコニーでは、防水面の膨れや亀裂、立ち上がりのシーリングの劣化などが発生するので、定期的な点検や補修が必要である。

 問4 給水設備に関する次の記述のうち、不適切なものはどれか。　[R 5 -47]

1　給水圧力が高い場合などにおいて、給水管内の水流を急に締め切ったときに、水の慣性で管内に衝撃と高水圧が発生するウォーターハンマー現象は、器具の破損や漏水の原因となる。

2　給水管内に発生する錆による赤水や腐食障害を防止するため、給水配管には、各種の樹脂ライニング鋼管・ステンレス鋼鋼管・銅管・合成樹脂管などが使用されている。

3　クロスコネクションとは、飲料水の給水・給湯系統の配管が飲料水以外の系統の配管と接続されていることである。

4　直結直圧方式は、水道水をいったん受水槽に貯め、これをポンプで屋上や塔屋等に設置した高置水槽に汲み上げて給水する方式であり、給水本管の断水や停電時にも短時間ならば給水が可能である。

問3 正解 **4**　　　 肢1と4が**重要**

1　×　おおむね10年前後で表面塗装を実施する。

2　×　陸屋根では、落ち葉やゴミが樋といや排水口をふさぐと、屋上の防水面の破損や漏水の原因になる。

3　×　塩害や中性化は、コンクリート内部の鉄筋の腐食の原因になる（美観上の問題にとどまらない）。定期的な点検が必要となる。

4　○　ルーフバルコニーでは、防水面の膨れや亀裂、立ち上がりのシーリングの劣化などの点検や補修が必要となる。

問4 正解 **4**　　　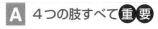 4つの肢すべて**重要**

1　○　ウォーターハンマー現象は、器具の破損や漏水の原因となる。

2　○　腐食しにくい給水管を用いる。

3　○　飲料水の給水・給湯系統の配管と飲料水以外の配管とが直接接続されていることをクロスコネクションという。クロスコネクションは、禁止されている。

4　×　これは高置（高架）水槽方式の説明。

問5 賃貸住宅管理業者が管理する賃貸住宅が建築基準法第12条第1項による調査及び報告を義務付けられている場合に関する次の記述のうち、正しいものはいくつあるか。 [R 4 - 9]

（ア） 調査及び報告の対象は、建築物たる賃貸住宅の敷地、構造及び建築設備である。

（イ） 調査を行うことができる者は、一級建築士、二級建築士又は建築物調査員資格者証の交付を受けている者である。

（ウ） 報告が義務付けられている者は、原則として所有者であるが、所有者と管理者が異なる場合には管理者である。

（エ） 調査及び報告の周期は、特定行政庁が定めるところによる。

1　1つ
2　2つ
3　3つ
4　4つ

問6 建築基準についての法令の避難規定に関する次の記述のうち、誤っているものはいくつあるか。 [R 4 -13]

（ア） 共同住宅では、居室の各部分から直通階段までの距離の制限がある。

（イ） 共同住宅の6階以上の階には、居室の床面積にかかわらず直通階段を2つ以上設置する必要がある。

（ウ） 建築物の各室から地上へ通じる避難通路となる廊下や階段（外気に開放された部分は除く。）には、非常用照明の設置義務が課されている。

1　なし
2　1つ
3　2つ
4　3つ

正解 4  **B** 肢エが細かい知識。

(ア) ○ 建築物の敷地、構造及び建築設備について、定期的な調査、報告が義務付けられている。

(イ) ○ 定期調査を行うことができるのは、1・2級建築士または「建築物調査員資格者証の交付を受けている者」だ。

(ウ) ○ 報告義務があるのは、原則として所有者だ。ただし所有者と管理者が異なる場合は、管理者に報告義務がある。

(エ) ○ 報告の時期は、建築物の用途、構造、延べ面積等に応じて、特定行政庁が定めている（6か月～3年に1回の報告）。

以上より、正しいものはア・イ・ウ・エの4つであり、正解は4となる。

 正解 1 **B** 3つの肢とも**重要**

(ア) ○ 共同住宅では、直通階段まで距離の制限がある（耐火構造は50m以下など）。避難経路まで遠いのはダメなのだ。

(イ) ○ 6階以上の階には、居室の床面積にかかわらず直通階段を2つ以上設置する必要がある。なお、5階以下については、その階における居室の床面積の合計が100㎡超（耐火構造・準耐火構造は200㎡超）の場合に、直通階段が2つ以上必要となる。

(ウ) ○ 建築物の各室から地上へ到る避難通路となる廊下や階段（外気に開放された部分は除く）には、非常用照明の設置義務が課されている。非常用照明はバッテリーを内蔵した照明器具で、停電時に自動的に点灯する仕組みでなければならない。

以上より、誤っているものはなしであり、正解は1となる。

第**7**章

賃貸住宅の維持保全

排水・通気設備等に関する次の記述のうち、誤っているものはいくつあるか。 [R 4 -18]

（ア） 公共下水道は、建物外部の下水道管の設置方法により、汚水、雑排水と雨水を同じ下水道管に合流して排水する合流式と、雨水用の下水道管を別に設けて排水する分流式がある。

（イ） 1系統の排水管に対し、2つ以上の排水トラップを直列に設置することは、排水の流れを良くする効果がある。

（ウ） 排水管内の圧力変動によって、トラップの封水が流出したり、長期間排水がされず、トラップの封水が蒸発してしまうことをトラップの破封という。

1 なし
2 1つ
3 2つ
4 3つ

 住宅の居室に関する次の記述のうち、誤っているものはどれか。
[R 3 -12]

1 住宅の居室とは、人が長時間いる場所のことであり、居間や寝室等が該当し、便所は除かれる。

2 住宅の居室には、原則として、床面積の20分の1以上の換気に有効な開口部が必要である。

3 襖等常に開放できるもので間仕切られた2つの居室は、換気に関し、1室とみなすことはできない。

4 共同住宅では、その階における居室の床面積の合計が100平方メートル（耐火、準耐火構造の場合は200平方メートル）を超える場合は、避難するための直通階段を2つ以上設けなければならない。

正解 2 **A** 3つの肢とも**重要**

(ア) ○ 公共下水には合流式と分流式がある。合流式は、家庭から出る汚水・雑排水と雨水を一緒に処理するもの。汚水・雑排水と雨水を分けて処理するのが分流式。分流式の方が下水処理施設の負担が小さくなる。

(イ) × 1系統の排水管に対し、2つ以上の排水トラップを直列に設置することを二重トラップという。二重トラップは、排水の流れが悪くなるため禁止されている。

(ウ) ○ トラップの封水が流出したり蒸発してしまうことをトラップの破封という。排水管内の圧力変動（誘導サイホン作用、はね出し作用等）、長期間使用しないことによる封水の蒸発などによりトラップの破封が起きる。

以上より、誤っているものはイの1つであり、正解は2となる。

 正解 3 **B** 肢2、3が**重要**

1 ○ 居室とは、(住居、娯楽などの目的のために) 継続的に使用する部屋をいう。住宅であればリビング、ダイニング、寝室、書斎などが居室だ。便所は居室ではない。納戸、廊下、玄関ホールなども居室ではない。住宅であれば浴室、キッチンも居室ではない。

2 ○ 住宅の居室には換気のために、原則として、1／20以上の開口部が必要。なお採光のために、原則として、1／7以上の開口部が必要。

3 × 襖（ふすま）など常に開放できるもので間仕切られている2つの居室は、換気や採光に関して1室とみなすことができる。

4 ○ 一定規模以上の共同住宅には2つ以上の直通階段の設置が必要。

問9 賃貸住宅の耐震改修方法に関する次の記述のうち、最も不適切なものはどれか。 [R3 -13]

1 木造において、基礎と土台、柱と梁を金物で緊結して補強する。

2 木造において、壁や開口部を構造パネルや筋かい等で補強する。

3 木造において、地震力を吸収する制震装置（ダンパー）を取り付けても効果がない。

4 鉄筋コンクリート造において、耐震壁や筋かいを増設する。

 問10 建物の修繕に関する次の記述のうち、最も不適切なものはどれか。 [R3 -17]

1 建物は時間の経過とともに劣化するので、長期修繕計画を策定し、維持管理コストを試算することは有益である一方、その費用は不確定なことから賃貸経営の中に見込むことはできない。

2 長期修繕計画は、数年に一度は見直しを行うことにより、適切な実施時期を確定することが必要である。

3 長期修繕計画によって修繕費とその支払時期が明確になることから、将来に備えて計画的な資金の積立てが必要となる。

4 計画修繕を実施することで、住環境の性能が維持でき、入居率や家賃水準の確保につながり、賃貸不動産の安定的経営を実現できる。

1 ○ 基礎と土台、柱と梁を金物で緊結して補強するのは、木造の耐震改修方法の1つだ。

2 ○ 既存壁を構造パネルなどで補強する、開口部を筋かい（鉄骨ブレース）等で補強する、というのは木造の耐震改修方法として有効だ。

3 × 木造においてもダンパーを設置することは効果がある。

4 ○ 鉄筋コンクリートの耐震壁、筋かいを増設するのは有効な耐震改修方法だ。

 正解 **1**　　　　 **C** どれも常識で判断できる問題だ

1 × 長期修繕計画を策定して維持管理費用を試算し、賃貸経営の中に見込むことが重要。

2 ○ 長期修繕計画は数年ごとに見直しが必要だ。

3 ○ 長期修繕計画により、修繕費と支払時期が明確になる。それにより効果的な資金計画が立てやすくなるのだ。

4 ○ 住環境の維持が安定的な賃貸不動産経営には欠かせない。

第7章 賃貸住宅の維持保全

給水設備・給湯設備に関する次の記述のうち、最も不適切なものはどれか。 [R 3 -18]

1 水道直結方式のうち直結増圧方式は、水道本管から分岐して引き込んだ上水を増圧給水ポンプで各住居へ直接給水する方式である。

2 さや管ヘッダー方式は、台所と浴室等、同時に 2 か所以上で使用しても水量や水圧の変動が少ない。

3 受水槽の天井、底又は周壁は、建物の躯体と兼用することができる。

4 ガス給湯機に表示される号数は、 1 分間に現状の水温＋25℃のお湯をどれだけの量（リットル）を出すことができるかを表した数値である。

 「防犯に配慮した共同住宅に係る設計指針」（国土交通省住宅局平成13年3 月23日策定）において、新築される共同住宅に防犯上必要とされる事項に関する次の記述のうち、最も不適切なものはどれか。 [R 3 -11]

1 エレベーターのかご内には、防犯カメラを設置するものとされている。

2 住戸の玄関扉について、ピッキングが困難な構造を有する錠の設置までは不要とされている。

3 接地階に存する住戸の窓で、バルコニー等に面するもの以外のものは、面格子の設置等の侵入防止に有効な措置を行うものとされている。

4 共用玄関の照明設備の照度は、その内側の床面においては概ね50ルクス以上とされている。

正解 3 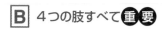 **A** 4つの肢すべて **重要**

1 ○ 直結増圧方式の説明。正しい。中規模な建物で採用されることが多いことも覚えておこう。

2 ○ さや管ヘッダー方式は、ヘッダーから管を分配しているため、2か所以上で使用しても水量や水圧の変更は少ない。

3 × 受水槽（給水タンク）の汚染を防ぐため、受水槽（給水タンク）の天井、底または周壁は、建物の躯体と兼用することができない。

4 ○ 24号なら水温15℃の時、40℃のお湯を1分間に24ℓ供給できる。

 正解 2 **B** 4つの肢すべて **重要**

1 ○ エレベーターのかご内には、防犯カメラを設置する。非常ボタン等により外部に連絡可能とすることも覚えておこう。

2 × 破壊やピッキングが困難な錠を設置する。なお、補助錠の設置も必要だ。

3 ○ 接地階（いわゆる避難階のこと。通常は1階だ）の窓には面格子を入れ、窓からの侵入を防止する（バルコニーに面する窓は除く）。

4 ○ 共用玄関や共用メールコーナー、エレベーターホールには50ルクス以上の照度が必要だ。

A **問13** 賃貸住宅等の管理と自然災害に関する次の記述のうち、最も不適切なものはどれか。 [R3-7]

1 賃貸借契約締結時には、賃借人に対し、地方公共団体が作成した水害ハザードマップ等に記載された避難所の位置について示すことが望ましい。

2 ブロック塀の耐震診断や除去・改修等を行う場合、地方公共団体が設ける助成金制度の活用を検討することが望ましい。

3 震災等の不可抗力による賃貸住宅の損傷の修繕費用は賃借人が負担すべきものではない。

4 震災等の不可抗力により賃貸住宅の設備の一部が損傷した場合、賃貸人はその修繕を拒むことができる。

正解 4　　　　　　　　　　**A** 肢1、3、4が特に **重要**

1　○　リスクがあるのなら賃借人に説明することが望ましい。なお、宅建業法では、賃貸借契約を媒介・代理する宅建業者は、重要事項説明として水害ハザードマップにおける位置を示すことが望ましいとされている。

2　○　耐震診断や除去・改修工事にはお金がかかる。とはいえ、安全性の低いブロック塀を放置していては、通行人等に不測の被害を及ぼす可能性がある。助成金を活用してでも実施した方がよい。

3　○　不可抗力による損傷であれば、賃貸人が修繕費用を負担すべきだ。地震で壊れたものを賃借人に直せ、というのは無茶な話だというのは常識で考えればわかるだろう。

4　×　不可抗力であったとしても、賃貸人は修繕を拒むことはできない。設備がきちんとした状態で貸す義務があるからだ。

第8章 管理業務の実施に関する事項

30秒講義　入居者募集から鍵の交換など建物管理の実務や、賃料改定、未収家賃の回収、契約終了時の原状回復など賃貸管理の実務的な知識を学ぶ章だ。理論的に難しいことはない。しっかりと覚えて得点源としよう。

1 | 入居者募集

(1) 募集のための事前準備

　賃貸建物の入居者を募集する前に、権利関係、建物の利用制限の有無、附帯設備などの状況について確認する必要がある。

覚えよう

■事前調査
① 権利関係の調査
- ●登記名義人（所有権者）と賃貸人が異ならないか
- ●抵当権の有無
- ●差押えなど権利の行使（賃貸）を制限する内容の登記がないか
② 賃貸人および近隣に対するヒアリング・調査
　火災・自殺等心理的瑕疵を伴う物件でないか
③ 分譲マンションの管理規約の確認
　管理規約の内容（専有部分の利用制限等）
④ 附帯設備の調査
　冷暖房設備、給湯設備等に故障、不具合がないか

補足説明 ....
- ●登記記録は誰でも見ることができる。法務局だけでなくインターネットでも閲覧可能だ。

● 登記記録の構成

表題部		物件の所在地、面積など物理的現況が記録される
権利部	甲区	所有権に関する事項が記録される
	乙区	所有権以外の権利（抵当権、賃借権など）に関する事項が記録される

● 登記記録により、建物の構造、建築年を調査することもできる。特に1981年5月31日以前に建築確認を受けたものは、耐震性の確認が必要（旧耐震基準＝やや脆弱な建物である可能性がある）。

● 専有部分を賃貸する際には管理組合に届出が必要な場合もあるので、管理規約などで確認する。

▌▌▌▌▌▌▌▌▌▌▌▌▌▌▌▌▌▌▌▌▌▌▌ **過去問出題例** ▌▌▌▌▌▌▌▌▌▌▌▌▌▌▌▌▌▌▌▌

1. 物件の権利関係の調査のために登記記録を閲覧するときは、乙区に基づき、登記上の名義人と賃貸人が異ならないかを確認する必要がある。（R1-12-2）

   解答 × 登記上の名義人（＝所有権者）は、登記記録の権利部「甲区」に記録されている。

2. 不動産の表示に関する登記において、1個の建物は必ず1筆の土地の上に存在し、複数の筆の土地の上に存することはない。（R1-33-1）

   解答 × 複数の土地にまたがって建物が存在することがある。

3. 分譲マンション（区分所有建物）の1住戸を賃貸する場合、当該マンションの管理組合が定めた管理規約等、賃借人が遵守しなければならない事項について確認する必要がある。（R1-12-3）

   解答 ○ 管理規約等、賃借人が遵守しなければならない事項について確認する。

4. 前の賃借人が設置した設備を附帯設備として新しい賃借人に貸す場合、賃貸人は、当該設備が故障してもその修理費を負担しなくてよいから、事前にその状態を確認する必要はない。（H28-12-3）

   解答 × 附帯設備が故障した場合には、賃貸人が修理費を負担する。従って貸し出す前に付帯設備の状態を確認しておく必要がある。

(2) 募集広告

　入居者募集広告については、一定のルールがある。常識で判断できる部分もあるが、表示規約など業界特有の規制（ルール）の概要を確認しておこう。令和6年4月から省エネ性能表示制度もスタートした。

覚えよう

■賃貸管理と宅建業法

① 　賃貸住宅の所有者から依頼を受けて、入居者（賃借人）を募集するのは、賃貸借契約の代理・媒介にあたる。**宅建業免許**が必要だ。

② 　賃借人募集＝広告に関し、宅建業法では以下のようなルールがある。

- **取引態様の明示義務**：広告するときには、取引態様（媒介か代理等）を明示しなければならない（注文を受ける際にも）。
- **誇大広告等の禁止**：実際よりも優良な物件であると誤認させたり、有利な条件であるかのように誤認させたりするのは禁じられている。
- **広告開始時期の制限**：建築確認など（建物建築に）必要な許可が下りるまでは広告することはできない。
- 居住用賃貸借の媒介報酬は、賃貸人・賃借人それぞれから賃料の0.5月（＋消費税）まで受領できる。承諾があれば、賃貸人・賃借人合わせて1月分（＋消費税）まで受領割合の変更等が可（例：賃貸人0.3月、賃借人0.7月というのもOK）。

補足説明

- ①：賃貸住宅の所有者が自ら募集活動をする場合には、宅建業法の適用はない。

- ②：重要な事項の不告知、賃借人が誤解するような断定的判断の提供、威迫行為、といった行為も禁止されている。

- 取引することができない物件（取引する意思のない物件）を広告する「**おとり広告**」も、もちろん禁止されている。

1. 管理業者が賃貸人から賃借人の募集業務を受託する場合には、宅地建物取引業法が適用される。(H29-10-イ)

   解答 ○ 賃借人の募集は、賃貸借契約の代理・媒介にあたる。管理業者が行う場合であっても、宅建業法が適用される。宅建業免許がないと募集行為はできない。

2. 賃貸人に対しては、宅地建物取引業法の適用はないので、宅地建物取引業の免許を有しない管理業者であっても、賃貸人の書面による承諾がある場合には、募集業務を行うことができる。(H27-11-3)

   解答 × 宅建業の免許を有しない管理業者は募集業務を行うことはできない。賃貸人の承諾があってもダメ。

3. 重要な事項について、故意に事実を告げず、又は不実(本当でないこと)を告げることは宅建業法により禁止されている。(H30-10-ア)

   解答 ○ 「重要な事項の不告知」及び「不実告知」の禁止だ。

4. 成約済みの物件を速やかに広告から削除せずに当該物件のインターネット広告等を掲載することは、おとり広告に該当する。

   解答 ○ 成約済ということは実際には借りることができない物件だ。インターネットに広告を掲載し続けることは、おとり広告に該当する。

5. 実際には取引する意思のない実在する物件を広告することは、物件の内容が事実に基づくものである限り、おとり広告に該当しない。

   解答 × 取引する意思がない、ということは実際には借りることができない物件だ。存在していても借りることができないものを広告することは、おとり広告となる。

覚えよう

■不動産公正競争規約(主な規制)

① 新築とは、建築工事完了後1年未満で、人が住んだことのないもの(居住の用に供されたことがないもの)をいう。

第8章 管理業務の実施に関する事項

② 徒歩による所要時間は、道路距離80mにつき１分を要する（１分未満の端数が生じたときは、１分として算出）ものとする。

③ 道路距離又は所要時間を表示するときは、起点及び着点を明示して表示する。物件の起点は、物件の区画のうち駅その他施設に最も近い地点（マンション及びアパートにあっては、**建物の出入口**）とし、駅その他の施設の着点は、その**施設の出入口**（施設の利用時間内において常時利用できるものに限る。）とする。

④ 団地と駅その他の施設との間の道路距離又は所要時間は、取引する区画のうちそれぞれの施設ごとにその施設から最も近い区画（マンション及びアパートにあっては、その施設から**最も近い建物の出入口**）と最も遠い区画（マンション及びアパートにあっては、その施設から**最も遠い建物の出入口**）を起点として算出した数値の両方を表示する（例：駅から５分〜７分）。

⑤ 自動車による所要時間は、道路距離を明示して、走行に通常要する時間を表示する。

⑥ 建物面積は、メートル法で表示（坪表示ではない）。**１㎡未満は切り捨て**表示する。

⑦ 建物の面積に車庫、地下室等の面積が含まれるときは、その旨及びその面積を表示する。

||||||||||||||||||||||||||||| 過去問出題例 |||||||||||||||||||||||||||||

1. 管理業者が宅地建物取引業者である場合であっても、広告会社にその内容を全面的に任せて作成させた広告を使用して募集業務を行うときは、不動産の表示に関する公正競争規約に従う必要はない。（R1-12-4）

   解答 ×　（広告作成をしたのが広告会社であったとしても）募集業務をしている管理業者も公正競争規約を守らなければならない。不当表示があれば管理業者も責任を問われる。

2. 中古賃貸マンションとは、建築後３年以上経過し、または居住の用に供されたことがあるマンションであって、住戸ごとに、賃貸するもののことである。（R1-11-イ）

   解答 ×　建築後１年以上経過すれば、中古マンションになる（３年以上ではない）。

3. 自転車による所要時間は、走行に通常要する時間の表示に加え、道路距離を明示する。（R1-11-ア）

> **解答** ○ 通常要する時間だけでなく、道路距離も明示する。本肢は「自転車」だが「自動車」による所要時間の場合も同様だ。

覚えよう

■建築物省エネ法による表示制度

① 住宅やビルを販売・賃貸する者は、広告など募集活動に際しては、省エネ性能ラベルを表示するよう努めなければならない（努力義務）。

② ラベルには省エネ性能（エネルギー消費性能）と断熱性能が★マークや数字で表示される。目安光熱費も表示できる。

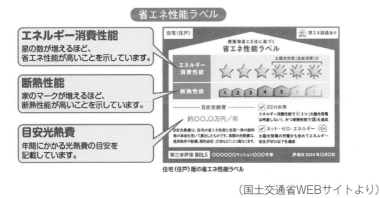

住宅（住戸）版の省エネ性能ラベル

（国土交通省WEBサイトより）

補足説明

● ①：努力義務だが、表示をしない場合、国土交通大臣により勧告や事業者名の公表などの措置がとられる。

● 表示の努力義務を負う事業者は、法人に限らない。個人で賃貸事業を営む者にも、広告するのであれば、ラベル表示の努力義務がある。

● 募集活動に際して、表示の努力義務があるので、広告物だけでなく対面営業や物件調査のための資料、調査報告書にも表示する。一方、自用の注文住宅や自社ビルにはラベル表示の義務はない。

●ラベルとともに評価書が発行される。

(3) 入居審査

　賃貸借は継続的取引関係になるので、誰に貸してもよい、というわけではない。家賃をきちんと支払えるのか、周囲とトラブルを起こさないかなど、入居審査のポイントを確認しておこう。

覚えよう

■入居審査

① 　本人確認：実際に申込みを行っている者が、書類上の**申込者と同一であるかどうか**を確認する。
② 　職業、年齢、家族構成、年収などが申込物件にあった妥当なものかを確認する。
③ 　入居審査は慎重であるだけでなく、**迅速性**も要求される（借り手優位の市場状況では、希望者が他の物件に移ってしまう）。
④ 　入居者の最終決定者は、管理受託方式では、建物所有者（賃貸人）になる。一方、サブリース方式では、サブリース業者（転貸人）になる。
⑤ 　入居の可否の連絡は、最終的には書面で行う。
⑥ 　入居を断る場合には、入居申込書等の**書類は返却**する（個人情報保護の観点から）。

補足説明 ....

●申込者が外国人の場合の身元確認書類として、パスポート、住民票（外国人にも発行される）、勤務証明書、在学証明書などがある。

●②：賃料に対して年収が不当に高い場合、第三者を入居させる目的のケースがありうる。また、同居人との合算で年収を考慮する場合には、同居人の仕事の継続の予定について確認する。

1. 借受希望者の職業・年齢・家族構成・年収が申込物件に妥当かどうか検討することは、差別的な審査であるため、することができない。（H30-11-3）

   解答 × 入居審査に際しては、職業等の妥当性について確認する。

2. 申込者が外国人の場合、住民票が発行されないので身元確認書類としてパスポート等を利用する。（H27-12-3）

   解答 × 外国人にも住民票が発行される。身元確認書類として利用することができる。

3. 入居希望者が独身の後期高齢者である場合、健康状態の確認のため、病歴を申告する書類の提出を求める必要がある。（R4-47-1）

   解答 × 病歴は要配慮個人情報の一つだ。その取得には原則として本人の同意が必要（本人が拒むのに強制してはならない）。（単身高齢）入居希望者に対し、「病歴を申告するよう求める」ことは病歴情報の提供を強制することになりかねない。

4. 入居希望者の年収と募集賃料とのバランスがとれていないと判断される場合であっても、契約者ではない同居人の年収の申告を求めるべきではない。（R4-47-2）

   解答 × 賃料と年収のバランスがとれているか確認することも入居審査のポイントの一つだ。その際、同居人との合算で年収を考慮するということもあり、同居人の年収の申告を求めることになる（同居人の仕事継続の予定についても確認する）。

5. 入居資格審査は、慎重かつ丁寧に行うべきであり、時間をかけすぎるということはない。（予想）

   解答 × 入居審査に時間をかけすぎると借受希望者がほかの物件を賃借してしまうこともあり得るため、迅速性が求められる。

2 | 借受希望者への説明

(1) 宅建業法における重要事項説明等

　宅建業者は賃貸住宅の代理・媒介を行う場合、宅建士をして、（宅建業者ではない）借受希望者に対し、書面を交付して重要事項説明を行わなければならない。

覚えよう

■宅建業法に基づく重要事項説明
① 契約成立前に宅建士が書面を交付して説明する。
② テレビ会議システム等を利用したIT重説も可能
③ 中古住宅については、建物状況調査（インスペクション）の実施の有無、実施している場合には結果の概要を説明する。
④ 賃貸住宅の管理が管理業者に委託されている場合、業者の名称と住所を説明する。

■その他の説明事項
⑤ 建物を賃借するうえで重要な考慮要素となる事実について、賃貸人には告知義務がある。（告知があれば当該建物賃貸借契約が締結されないような）告知義務違反があれば、賃貸人は、賃借人に対し費用相当額を賠償すべき義務を負う。
⑥ 借受希望者に建物の共同ルールや日常生活の留意事項を理解してもらうために、「入居のしおり」を配布することも有用

補足説明 ∙∙∙

- ①：重説の義務は宅建業者にある。宅建士の義務ではない。また重説書面は電磁的方法による提供も可能。

- 賃貸人には宅建業法が適用されない。宅建業者自らが賃貸人となる場合、その業者には重説義務がない。

- ②：IT重説では、書類・図面を視認できる、双方向で音声のやり取りができる環

境が必要。重説書面等をあらかじめ送付して行う。

● 宅建士は重説に際し、宅建士証を提示する。

● ③：建物状況調査は、**実施後１年以内のもの**が説明の対象となる。

(2) 人の死の告知に関するガイドライン

　居住用不動産に関するガイドラインが国交省より発表されている。ガイドラインに沿った対応を行わなくても直ちに宅建業違反となるわけではないが、行政庁の監督にあたって参考にされる。また、宅建業者がガイドラインに基づく対応を行った場合であっても、民事上の責任を回避できるものではない。

覚えよう

■調査について
① 　（特段の事情がないのであれば）人の死に関する事案が発生したか否かを宅建業者が自発的に調査する義務はない。
② 　人の死に関する事案の発生を知った場合、この事実が取引の相手方等の判断に重要な影響を及ぼすと考えられるならば、宅建業者は、買主・借主に対して告知しなければならない。

■告知について
③ 　自然死又は日常生活の中での不慮の事故による死であれば告知する必要はない（特殊清掃が行われた場合を除く）。
④ 　「自然死・不慮の事故による死」以外、又は、特殊清掃が行われた場合、賃貸借であれば、発覚後概ね３年を経過したのであれば告知は不要。
⑤ 　売買に関しては告知期間が定まっていない。
⑥ 　上記③、④に該当する場合であっても、「買主・借主から事案の有無を問われた」「社会的影響が大きい事案」であれば告知する。
⑦ 　告知に際しては、亡くなった方やその遺族等の名誉・生活の平穏に十分配慮する。そのため、氏名・年齢・住所・家族構成や具体的な死の態様、発見状況等を告げる必要はない。

対象不動産・通常使用する共用部分で発生した死

		自然死・不慮の事故	その他の死
賃貸	特殊清掃なし	告知不要③	3年未満は告知要、その後は告知不要④
	特殊清掃あり	告知要③	
売買	特殊清掃なし	告知不要③	告知要⑤
	特殊清掃あり	告知要③	

※前記の③、④のうち告知不要なケースでも、「事案の有無を問われた」、「社会的影響が大きい」等の場合は、告知が必要となる（→⑥）。

補足説明

● 「自然死・不慮の事故以外の死が発生した場合」「特殊清掃等が行われた場合」で、隣接住戸や日常生活において通常使用しない集合住宅の共用部分において発生したものは、原則、告知は不要。ただし社会的影響が大きい場合は告知する。

過去問出題例

1. （「宅地建物取引業者による人の死の告知に関するガイドライン」に関する記述）入居者が入浴中に溺死したときは、宅地建物取引業者は、次の賃貸借取引の際、原則として、借主に告知する必要がある。（R4-43-イ）

   解答 ✕　ガイドラインでは、入浴中の溺死は、日常生活の中で生じた不慮の事故による死であり、これが借主の判断に重要な影響を及ぼす可能性は低いと考えられることから、自然死と同様に、原則として、これを告げなくてもよい、としている。

2. 入居者が死亡した場合、宅地建物取引業者は、死亡時から3年を経過している場合であっても、借主から事案の有無について問われたときは、調査を通じて判明した点を告知する必要がある。（R4-43-ウ）

   解答 ○　ガイドラインでは、借主から事案の有無について問われた場合には、当該事案は取引の相手方等の判断に重要な影響を及ぼすと考えられるため、調査を通じて判明した点を告げる必要がある、としている。

3. 宅地建物取引業者が人の死について告知する際は、事案の発生時期、場所、死

因及び特殊清掃等が行われた場合にはその旨を告げるものとし、具体的な死の態様、発見状況等を告げる必要はない。(R4-43-エ)

> **解答** ○ 告知する場合も「亡くなった方やその遺族等の名誉及び生活の平穏に十分配慮し、これらを不当に侵害することのないようにする必要があることから、氏名、年齢、住所、家族構成や具体的な死の態様、発見状況等を告げる必要はない」としている。

3 賃借人の入退去

(1) 鍵の管理（交換）

鍵の管理、交換については常識的な判断で対応できるものが多い。

> **覚えよう**
>
> **■鍵の管理**
> ① 賃貸人から預かった鍵は「鍵管理台帳」を作成するなど厳重に管理する。
> ② 賃借人に鍵を引き渡す際は「鍵受領書」を受け取る（本数を明記）。
> ③ マスターキーは、賃借人の不在時に非常事態が発生した場合に室内に立ち入る際などに使用する（室内に入る際は、複数人で入る）。
>
> **■鍵、錠（シリンダー）の種類**
> ④ 鍵にはいろいろあるが、ロータリー（U9）シリンダーをしっかり覚えよう。
>
> | ディスクシリンダー | 数年前までは広く普及していたが、ピッキングに対し脆弱なため現在は製造中止になった |
> |---|---|
> | ロータリー（U9）シリンダー | ピッキングに対する**防犯性**が高く、ディスクシリンダーの製造中止後、**最も普及**している |
> | ディンプルシリンダー | 鍵の表面にディンプル（窪み）がある。防犯性が高い。高級物件で使用される |
> | カードキー対応シリンダー | 携帯に便利。複製が困難なため防犯性が高い |

暗証番号設定式 シリンダー	シリンダー交換が不要なため、鍵交換費用を 削減できる
ハイテク機器	指紋認証電子錠などハイテク錠もある

■鍵の交換

⑤　鍵交換の費用負担

	費用負担者
賃借人が替わる	賃貸人が負担するのが望 ましい
賃借人が鍵を紛失した	賃借人負担
賃貸人、賃借人のいずれかが鍵交換を 希望	希望した方が交換費用を 負担する

⑥　鍵交換の時期

前の賃借人の退去後、新しく**入居する賃借人が決まった後**がよい
（リフォーム時に鍵交換すると、複数の入居希望者を案内する際に、
合鍵等を作成されるリスクがある）。

補足説明

- ●③：マスターキーは、管理・保管責任の明確化が必要。保管場所にも注意（他の
鍵と区別して保管する）。また、マスターキーを保管する目的を賃借人に説明し
ておくことが望ましい。

- ●管理業者が鍵を保管しないという管理方法もある。賃貸住宅標準管理受託契約書
では、鍵の管理は建物所有者が行うとしている。

- ●④：侵入盗の約7割が5分で侵入をあきらめるとされる。警察庁により防犯性能
試験に合格した「CP認定錠」または「1ドア2ロック」を玄関扉に採用するこ
とが望ましい。

- ●⑤：賃借人が替わる際には鍵を交換することが望ましい。「賃借人が安全に居住
できる物件」を賃貸する義務が、賃貸人にはある。以前の入居者が合鍵を作って
いた等の理由で被害が発生した場合、賃貸人が損害賠償責任を問われる可能性も
ある。

- ●後述する4　原状回復ガイドライン　でも、鍵交換費用は原則として賃貸人負担

としている。

1. 管理物件での非常事態に対する早期対処のため、管理業者の従業員が各部屋の鍵を常時携行する。(H30-26-4)

   解答 × 従業員が各部屋の鍵を常時携行するのはリスクが高い。

2. 管理業者にて賃貸不動産の鍵を保管せず、万一のときには専門の解錠業者に解錠させるという賃貸管理の方法もある。(H28-26-4)

   解答 ○ マスターキーを必ず用意しなければならない、というわけではない。

3. ロータリー（U9）シリンダー錠は、以前は広く普及していたが、ピッキング被害が増加したため、現在は製造が中止されている。(H28-26-2改)

   解答 × 製造が中止されているのは、ディスクシリンダー錠だ。**ロータリー（U9）シリンダー錠**はディスクシリンダー錠の製造中止後、最も普及している。

4. 新規入居の場合は、賃借人が鍵を紛失した場合と同様に、鍵の交換に要する費用を賃借人負担とする。(H30-26-2)

   解答 × 新たな賃借人が入居するに際しての鍵交換費用は原則賃貸人負担だ。

5. 新しい賃借人が決まり、新しい鍵を取り付けたところ、賃借人から「防犯面に強い鍵」に交換するよう要望された場合、賃借人にその費用の負担を請求できない。(H30-26-3)

   解答 × 賃借人の要望で鍵を交換するのだから、交換費用を請求できる。

6. 鍵交換は従前の賃借人が退去した後、入居する賃借人が決定する前までに行うことが望ましい。(H27-23-4)

   解答 × 新しい賃借人の決定後に交換するのが望ましい。

4 | 原状回復ガイドライン

(1) ガイドラインの基本的な考え方

　賃借人には原状回復義務がある。どこまで賃借人が費用負担しなければならないのか。その指針を示したのが国交省の「**原状回復ガイドライン（以下、GLと表記）**」だ。

覚えよう

■**民法の規定**
- ●賃貸借契約が終了したときは、原状回復義務を負うが、「通常の使用収益によって生じた損耗」「経年劣化」「賃借人の責めに帰すことができない事由（賃借人に責任がないもの）」については、原状回復の対象外であることが民法の条文上も明記されている。

■**GLの基本的な考え方**
- ●GLでは、原状回復を「賃借人の居住、使用により発生した建物価値の減少のうち、賃借人の故意・過失、善管注意義務違反、その他通常の使用を超えるような使用による損耗・毀損を復旧すること」と定義している。賃借人が借りた当時の状態に戻すことが義務づけられているわけではない。
- ●基本的には経年劣化・通常損耗と考えられるものであっても、その後の手入れ等賃借人の管理が悪く、損耗等が発生または拡大したと考えられるものの復旧は、賃借人負担となる。

賃貸人負担	• **経年劣化**による損耗・毀損 • **通常損耗**（通常の住まい方、使い方でも発生するもの） 　例：家具の設置による床・カーペットのへこみ／壁のポスターによるクロスの変色 • 建物価値を増大させるもの 　例：次の入居者確保のためのリフォーム

賃借人負担	・賃借人の**故意・過失**や**善管注意義務違反**による損耗・毀損 　例：落書き／ペット飼育による汚れ・臭い／鍵の紛失による取り換え ・賃借人の住まい方、使い方次第で発生したりしなかったりすると考えられる損耗・毀損 　例：庭に生い茂った雑草 ・賃借人の管理が悪く発生した損耗・毀損 　例：賃借人の管理が悪いために発生した浴槽のカビ・水垢

補足説明 ....

●GLはあくまで「指針」。法的拘束力はない。

●GLには、「具体的な経過年数の考え方」（別表2）、「契約書に添付する原状回復の条件に関する様式」（別表3）、「原状回復の精算明細等に関する様式」（別表4）が添付されている。

●震災等不可抗力による損耗、上階の居住者など第三者がもたらした損耗は、賃借人の負担とはならない。

●2023年に公表された『「原状回復をめぐるトラブルとガイドライン」に関する参考資料』では、トラブルになりやすいケースの原状回復費用の算定を掲載している。また、特約が設けられることがあることから、GLと見比べて契約内容を確認し、納得したうえで契約することが重要であるとしている。さらに、原状回復費用の請求に疑問があれば、請求内容の内訳や根拠等を聞いて確認することが大切であるとしている。

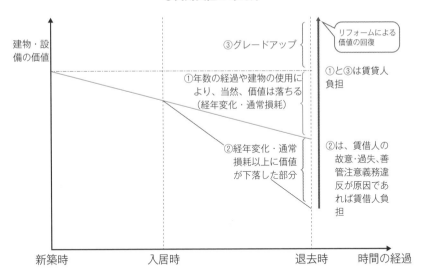

●費用負担の考え方

建物・設備の価値

③グレードアップ

リフォームによる価値の回復

①年数の経過や建物の使用により、当然、価値は落ちる（経年変化・通常損耗）

①と③は賃貸人負担

②経年変化・通常損耗以上に価値が下落した部分

②は、賃借人の故意・過失、善管注意義務違反が原因であれば賃借人負担

新築時　　入居時　　　　退去時　時間の経過

● ①の経年変化や通常損耗の回復費用は家賃に含まれている（そういう費用を想定して賃料設定している）と考えられる。従って賃貸人負担。それ以上の価値下落について（図中②）賃借人に責任があるのなら賃借人負担。図中③のグレードアップにあたるようなリフォーム工事費は当然、賃貸人負担だ。

● より具体的な負担例

部位	賃貸人負担	賃借人負担
床（畳、カーペット、フローリング）	畳の表替え／フローリングのワックスがけ／家具設置による床・カーペットのへこみ	カーペットに飲み物をこぼしたことによるシミ・カビ／冷蔵庫下のサビ跡（賃借人が放置し汚損につながったもの）／引越し作業で生じたキズ／落書き等の**故意**による毀損
壁、天井（クロスなど）	テレビ、冷蔵庫等の後部壁面の黒ずみ／壁に貼ったポスターや絵画の跡／エアコン設置による壁のビス穴・跡／クロスの変色（日照によるもの）	台所の油汚れ（手入れが悪くススや油が付着）／結露を**放置**したことにより拡大したカビ・シミ／クーラーから水漏れし**放置**したことによる壁の腐食／**タバコ等のヤニ・臭い**／天井に直接つけた照明器具の跡／落書き等の**故意**による毀損

建具（襖、柱など）	網戸の張替え（破損していないが次の入居者確保のために行う）／地震で破損したガラス／網入りガラスの亀裂（自然発生したもの）	ペット飼育によるキズ・臭い／落書き等の**故意**による毀損
設備・その他（鍵など）	（専門業者による）全体のハウスクリーニング／**エアコンの内部洗浄**／台所・トイレの消毒／浴槽・風呂釜の取換え（破損していないが次の入居者確保のために行う）／設備の交換（機器の寿命によるもの）	ガスコンロ置き場や換気扇等の油汚れ・スス／風呂・トイレ・洗面台の水垢、カビ／日常生活の不適切な手入れ・**用法違反**による設備の毀損／庭に生い茂った**雑草の除去**

●紛らわしいもの

部位	賃貸人負担	賃借人負担
畳の変色・フローリングの色落ち	日照など通常の生活によるもの	賃借人の不注意で雨が吹き込んだことによるもの
壁等の画鋲・ピン等の穴	下地ボードの張替えが不要な程度のもの	下地ボードの張替えが必要なもの
鍵の取換え	破損、鍵紛失がない場合	賃借人による破損、鍵紛失による場合

||||||||||||||||||||||||||||| 過去問出題例 |||||||||||||||||||||||||||||

1. 民法では、賃借人は、賃借物を受け取った後に生じた損傷（通常の使用収益によって生じた損耗や賃借物の経年変化を除く）がある場合において、その損傷が賃借人の責めに帰することができない事由によるものである場合を除き、賃貸借の終了時に、その損傷を原状に復する義務を負うとされている。（R5-11-4）

> **解答** ○ 民法では賃借人の原状回復義務について規定している（第621条）が、「損傷が賃借人の責めに帰することができない事由によるものである場合」は除かれている。

2. 原状回復にかかるトラブルを未然に防止するためには、原状回復条件を賃貸借契約書においてあらかじめ合意しておくことが重要であるため、原状回復ガイドラインでは、賃貸借契約書に添付する原状回復の条件に関する様式が示されている。（R5-11-2）

○ GLには、「契約書に添付する原状回復の条件に関する様式」（別表3）が添付されている。

(2) 特約

GLはあくまで指針であり、法的な強制力があるわけではない。したがってGLと異なる特約も有効だ。ただし以下の要件を満たす必要がある。

覚えよう

■特約
① 特約の必要性があり、かつ、暴利的でないなどの客観的・合理的理由が存在すること〈費用の妥当性〉
② 賃借人が特約によって通常の原状回復義務を超えた修繕等の義務を負うことについて認識していること〈賃借人が負担を認識〉
③ 賃借人が特約による義務負担の意思表示をしていること〈賃借人の意思表示〉

補足説明

● クリーニング特約（退去の際、クリーニング費用として敷金から一定額を差し引く特約）も前記3つの条件を満たせば有効。

過去問出題例

※以下の問題のガイドラインとは国土交通省の「原状回復をめぐるトラブルとガイドライン（再改訂版）」を指す。

1. ガイドラインによれば、震災等の不可抗力による損耗や、賃借人と無関係な第三者がもたらした損耗等については、賃借人が負担すべきであるとされている。（H29-26-1）

   × 「不可抗力」「第三者がもたらした損耗」であれば賃借人の責任ではなく、負担する必要はない。

2. ガイドラインによれば、家具を設置したことだけによる床、カーペットのへこ

み、設置跡については、賃貸人負担とすることが妥当とされている。（R1-21-ア）

> **解答** ○ 家具設置によるカーペットのへこみは、通常の使用による損耗だ。賃貸人負担になる。

3. ガイドラインによれば、賃借人の故意過失、善管注意義務違反、その他通常の使用を超えるような使用による損耗等のいずれにも該当せず、次の入居者を確保する目的で行う設備の交換や化粧直し等のリフォームは、賃貸人の負担となる経年変化及び通常損耗の修繕に該当する。（H28-24-1）

> **解答** ○ リフォーム（建物価値を増大させるもの）は、賃貸人の負担となる。

4. ガイドラインによれば、通常損耗に関しガイドラインと異なる原状回復の取扱いを定める場合、賃貸借契約締結時に「通常損耗は賃借人の負担である。」と伝えれば足り、その旨を賃貸借契約書に具体的に記載したり、その旨を賃借人が明確に認識して合意の内容とすることまでは要しない。（H29-24-1）

> **解答** × ガイドラインと異なる特約も有効だが、「具体的に記載したり、その旨を賃借人が明確に認識して合意の内容とする」ことが必要。

5. ガイドラインによれば、ポスターやカレンダー等の掲示のための壁等の画鋲の穴は、壁等の釘穴、ねじ穴と同視され、賃借人の負担による修繕に該当する。（H28-24-2）

> **解答** × ポスターやカレンダー等の掲示のための壁等の画鋲の穴は通常の損耗。賃貸人負担。

(3) 賃借人が修理、交換する範囲

　賃借人が原状回復費用を負担する場合であっても、入居の際、既に使用され劣化していたクロスやカーペットを新品の状態にまで戻す費用を負担させることは公平ではない（賃貸人は中古品を貸して、新品を返してもらうことになる）。経過年数により、賃借人の負担割合は減少する。

　もっとも経過年数を超えた設備等であっても使用できるものがある。それを、**賃借人が故意・過失で破損させた場合には修理費は賃借人の負担となる**（6年経過したがまだ使えるクロスに故意に落書きした場合には、落書きを

消す費用を請求される）。

■賃借人が負担する範囲

〈基本的な考え方〉

① 可能な限り毀損部分の補修費用相当分となるよう限定的なものとする（補修工事が最低限可能な施工単位を基本とする）。

② いわゆる模様合わせ、色合わせについては、賃借人の負担としない。

部位	負担する範囲	経過年数の考慮
クロス（壁紙）	㎡単位※1	6年で残存価値1円
カーペット、クッションフロア	毀損等が複数箇所にわたる場合は当該居室全体	
畳床	1枚単位	
畳表		考慮しない※2（消耗品扱い）
襖紙、障子紙		
フローリング	部分補修であれば、原則、㎡単位になる。毀損等が複数箇所にわたる場合は当該居室全体になる	考慮しない※3 **フローリング全体を張り替える場合は、経過年数を考慮する**

※1　賃借人が毀損させた箇所を含む1面分までは賃借人負担とできる。

※2　消耗品としての性格が強く、毀損の軽重にかかわらず価値の減少が大きい。そのため、経過年数を考慮せず、張替え等の費用について毀損等を発生させた賃借人の負担とするのが妥当。

※3　フローリングの部分補修を行ったとしても、いわばつぎはぎ状態であり、将来的には全体の張替えが必要になる（部分補修により、フローリング全体としての価値が高まったわけではない）。にもかかわらず経過年数によって賃借人の負担を軽くすることは、賃貸人が費用の負担を強いられることになり不合理である。したがって、経過年数を考慮せず、部分補修費用について毀損等を発生させた賃借人の負担とするのが妥当であると考えられる。
ただし、毀損が全体にわたるため、**フローリング全体を張り替える**

場合は、経過年数を考慮する。

■手続面での対応

　原状回復という賃貸借の「出口（退去時）」の問題を、「入口（入居時）」の問題ととらえることがトラブルの未然防止につながる。

③　物件確認の徹底：「入居時・退去時物件状況確認リスト」を作り、事実関係を明確にする（平面図への記入、写真も有効）。

④　原状回復に関する契約条件の開示：原状回復条件を契約書に添付し、あらかじめ合意しておく。

⑤　物件・設備の使用上の注意を周知する。

補足説明 ....

● 経過年数による原状回復負担割合

　6年で価値が1円になるとすれば、3年経過したものは50％の価値となる。3年目に退去する場合、賃借人は（原状回復義務がある場合でも）50％負担すればよいことになる。

設備等の経過年数と貸借人負担割合（耐用年数6年及び8年・定額法の場合）

貸借人負担割合（原状回復義務がある場合）

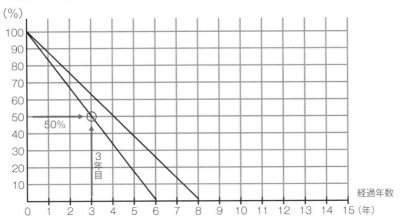

●設備等が中古品の場合

耐用年数が6年のもの（6年間で価値が1円になる。クロスやカーペットなど）を3年使用した後に入居した場合には、価値が50%からスタートすることになる。入居から3年経過すれば、価値は1円になり、基本的には賃借人の修繕費負担はなくなる（残存価値が1円であっても使用できるものを賃借人が故意に毀損した場合には、修繕義務が発生する）。

具体的な負担割合については、契約当事者（貸主、借主）が確認の上、あらかじめ協議して決定する。

入居時の状態と賃借人負担割合（耐用年数6年、定額法の場合）

賃借人負担割合（原状回復義務がある場合）

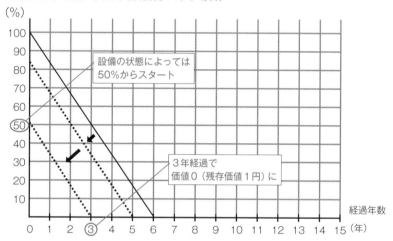

※入居時の設備等の状態により、左方にシフトさせる。新築や交換、張替えの直後であれば、始点は（入居年数、割合）＝（0年、100%）となる。

※グラフの出発点を何%にするかは、契約当事者が入居時点の状態を確認のうえ、協議して決定することが適当である。

▮▮▮▮▮▮▮▮▮▮▮▮▮▮▮▮▮▮▮▮▮▮ 過去問出題例 ▮▮▮▮▮▮▮▮▮▮▮▮▮▮▮▮▮▮▮▮▮▮

1. ガイドラインによれば、クッションフロアは8年で残存価値1円となるような直線または曲線を想定し、賃借人の負担を決定する。（R1-22-ア）

   解答 ×　6年で残存価値1円として、賃借人負担を決定する。

2. ガイドラインによれば、畳表は減価償却資産として取り扱われ、経過年数が考

慮される。（H28-24-4）

> **解答** × 畳表は消耗品。経過年数を考慮しない。賃借人の故意過失によるシミ、カビ、色落ちがあれば、原則1枚単位で賃借人が修繕費用を負担する。

3. 賃借人は、退去時に壁のクロスの経年劣化及び通常損耗分の張替えについて、ガイドラインで示されているグラフに従い張替え費用を負担しなければならない。（H27-28-1）

> **解答** × ガイドラインに従って賃借人が負担するのは、「賃借人の故意、過失」「善管注意義務違反」「通常の使用を超えるような使用」による損耗。経年劣化・通常損耗であれば賃借人負担とはならない。

4. 畳の補修は原則1枚単位とするが、毀損等が複数枚にわたる場合、当該居室全体の補修費用を借主の負担とする。（R4-11-3）

> **解答** × 畳の補修は1枚単位が原則。毀損等が複数枚にわたる場合は、その枚数だ。居室全体ではない。

5. （原状回復における経過年数の考慮について）ガイドラインによれば、賃借人が喫煙したことによって必要となったクロスの張替え費用は、経過年数を考慮することなく賃借人の負担となる。（R1-22-ウ）

> **解答** × クロスは経過年数6年で残存価値1円となるよう賃借人の負担額を想定する。つまり経過年数が考慮される。

6. 原状回復ガイドラインによれば、賃借人の過失によりフローリング床全体の張り替えが必要となった場合の張り替え費用は、経年変化を考慮せず、全額賃借人の負担となる。（R2-31-イ）

> **解答** × フローリング全体を張り替えるのであれば、経過年数が考慮される（建物の耐用年数で計算する）。

7. 原状回復ガイドラインによれば、耐用年数を経過した壁クロスであっても、賃借人が故意に落書きをした部分を消すのに要する費用は、賃借人の負担となることがある。（R2-31-ウ）

> **解答** ○ 耐用年数を経過していても、故意に行った落書きについては、賃借人負担となりうる。

8. ガイドラインによれば、クリーニングについては経過年数を考慮して費用に差をつけることはしない。(H29-27-2)

> **解答** ○ クリーニングは経過年数を考慮しない。もし、通常の清掃を実施していないのであれば、賃借人負担となる。

9. タバコのヤニがクロスの一部に付着して変色した場合、当該居室全体のクリーニング又は張替費用を借主の負担とする。(R4-11-2)

> **解答** × 居室「全体」においてヤニが付着した場合には、当該居室全体のクリーニング又は張替費用を賃借人負担とする。本肢はクロスの「一部」に付着し変色…、なので、全体のクリーニング費用等を借主負担とすることはできない。

10. 原状回復ガイドラインによれば、ハウスクリーニング費用は、賃借人が通常の清掃を実施していないために必要となった場合であっても、賃貸人の負担である。(R2-32-ア)

> **解答** × 賃借人が通常の清掃を実施していないために必要となったクリーニング費用は賃借人負担となる。

11. （原状回復ガイドラインにおける借主の負担に関する記述）補修工事が最低限可能な施工単位を基本とするが、いわゆる模様合わせや色合わせについては、借主の負担とする。(R4-11-1)

> **解答** × 「いわゆる模様合わせ、色合わせについては、賃借人の負担としない」というのが原状回復GLの基本的な考え方だ。

5 │ 業務に関するコンプライアンス

(1) 人権の尊重

　賃貸住宅管理業者は、外国人の人権の問題や同和問題などにおいて、基本的人権を尊重して業務を遂行しなければならない。

■障害を理由とする差別の解消の推進に関する法律（障害者差別解消法）

① 差別的取扱いの禁止

障害を理由に、サービス提供の拒否、場所・時間帯などの制限、条件を付ける、といったことは、差別的取扱いに該当し禁止される。

② 合理的配慮提供義務

障害者の性別、年齢及び障害の状態に応じて、必要かつ合理的な配慮をしなければならない（例：手続きにおいて、障害者の求めに応じて文章を読み上る、書類の作成時に書きやすいように手を添える、など）。

合理的な配慮は、法改正により努力義務から、**法律上の義務**となった。

③ ガイドライン

国交省は、不動産管理業に関して、障害者差別解消法で禁止される行為等の具体例をガイドラインとして公表している。

補足説明 ....

- 障害者とは、身体障害、知的障害、精神障害（発達障害を含む）その他の心身の機能の障害がある者であって、障害及び社会的障壁により継続的に日常生活又は社会生活に相当な制限を受ける状態にあるものをいう。

- 主務大臣は、差別的取扱いの禁止及び合理的配慮提供義務に関して、事業者に対し、報告を求め、または助言、指導もしくは勧告をすることができる。違反に対しては罰則もある。

(2) 個人情報保護法

管理業者は、個人情報を取り扱う。**個人情報保護法**に基づき、情報の適切な取得・利用を行わなければならない。

■用語の意味

① **個人情報**とは、「生存する個人」に関する情報で、「情報に含まれる記述等により特定の**個人を識別**することができるもの」または「**個人識別符号**が含まれるもの」をいう。

② 本人に対する不当な差別、偏見が生じないように、その取扱いにとくに配慮を要するものを**要配慮個人情報**という。人種、信条、社会的身分、病歴、犯罪の経歴、犯罪により害を被った事実などが該当する（国籍は要配慮個人情報ではない）。

　要配慮個人情報の取得には、原則として本人の同意が必要。また、後述するオプトアウトによる第三者提供は認められない。

③ 個人情報を含む情報の集合物であって、特定の個人情報を検索することができるよう体系化したものを**個人情報データベース**等という。電子計算機（コンピュータ）により検索可能としたものだけでなく、顧客カードや名刺を50音順に並べたものなども個人情報データベースに該当する。

④ 個人情報データベース等を事業の用に供している者を**個人情報取扱事業者**という。

⑤ 個人情報取扱事業者が、データの開示・訂正・削除等を行う権限を有する情報を**保有個人データ**という。短期間で消去するものであっても、保有個人データとなる。

■個人情報の取得・利用

⑥ 個人情報取扱事業者は、個人情報を取り扱うにあたって、その**利用目的**をできる限り特定しなければならない。利用目的は公表または本人に**通知**する（利用目的の通知）。

■第三者提供

⑦ 原則として、本人の同意を得ずに個人情報を第三者に提供してはならない。

⑧ **オプトアウト制度**を利用すれば、本人の同意なしに個人情報の提供が可能になる。

⑨ 個人情報取扱事業者は、原則として第三者提供の**記録を作成**する。

> **補足説明** ⋯⋯⋯⋯⋯⋯⋯⋯⋯⋯⋯⋯⋯⋯⋯⋯⋯⋯⋯⋯⋯⋯⋯⋯⋯⋯⋯⋯

- ①：身体、財産、職種、肩書等の属性に関して、事実、判断、評価を表すすべての情報が個人情報になる。

- 「情報に含まれる記述等により特定の個人を識別することができるもの」とは、名前、住所など情報に含まれる表記によって、特定の個人を識別できるものをいう。音声、防犯カメラの映像も含まれる。

- 「**個人識別符号**」とは、個人の身体的特徴や個人に割り当てられた番号をデータに変換した文字や番号のこと。顔認識データ、指紋認識データ、パスポート番号、基礎年金番号、免許証番号、住民票コード、マイナンバーなどは個人識別符号だ。**個人識別符号が含まれるものはそれだけで個人情報**となる。

- ⑦：本人の同意を得ずに、利用目的の達成に必要な範囲を超えて個人情報を扱ってはならない。また、利用目的を変更した場合には、本人に通知する。

- ⑧：「**オプトアウト制度**」とは、「第三者提供する旨を本人に通知（または公表）する」「個人情報保護委員会に届け出る」ことにより、本人の同意なしで個人情報を第三者に提供できる制度。ただし、**要配慮個人情報**は、**オプトアウトは禁止**されている。

▌▌▌▌▌▌▌▌▌▌▌▌▌▌▌▌▌▌▌▌ **過去問出題例** ▌▌▌▌▌▌▌▌▌▌▌▌▌▌▌▌▌▌▌▌

1. 個人情報保護法が適用される個人情報とは、広く個人一般に関する情報であって、当該情報により特定の個人を識別することができるものをいう。（H28-3-1）

   解答 ✕ 個人情報とは、「生存する個人」に関する情報。「広く個人一般」に関する情報ではない。

2. 特定の個人を識別することができる情報のうち、氏名は個人情報保護法による個人情報に該当するが、運転免許証番号やマイナンバーのような符号は、個人情報保護法による個人情報に該当しない。（R1-4-2）

   解答 ✕ 運転免許証番号やマイナンバーなどの符号は、個人情報だ。これらは個人識別符号だからだ。個人識別符号が含まれるものはそれだけで個人情報だ。

3. 管理業者が、あらかじめ賃借人の同意を得て、その賃借人の個人情報を第三者

に提供する場合には、当該第三者が記録を作成するので、管理業者としての記録作成義務はない。（R1-4-3）

> **解答** ✕ 個人情報取扱事業者は、原則として第三者提供の記録を作成する。管理業者は個人情報取扱事業者にあたるので、第三者提供の記録を作成しなければならない。

4. 指定流通機構（レインズ）にアクセスできる管理業者は、自ら作成した個人情報を保有していなくても、個人情報保護法による個人情報取扱事業者である。（R1-4-4）

> **解答** ○ 自社で個人情報を保有していなくても、**レインズ**（個人情報データベースにあたる）を利用していれば**個人情報取扱事業者**にあたる。

5. 個人情報を含む情報の集合物については、電子計算機によって特定の個人情報が検索できるように体系的に構成されていなくても、個人情報データベースに該当することがある。（H27-2-4）

> **解答** ○ 顧客カードなども個人情報データベースに該当する。

6. 賃借人から新型コロナウイルスに感染したとの連絡を受けて、速やかに賃貸人及び他の賃借人に対して、感染した賃借人を特定して告知した。（このことは、個人情報の取り扱いとして適切である）。（R2-33-1）

> **解答** ✕ 病歴は、要配慮個人情報だ。本人の同意なしに第三者に提供することはできない。

(3) 消費者契約法

　事業者と消費者では、情報の質や量、交渉力に大きな差があるため、消費者に契約を取り消す権利を与え、不当な内容を無効としている。

覚えよう

■賃貸借契約と消費者契約
① 経営規模や専門的知識の有無を問わず、アパートの賃貸人や投資向けのマンションの賃貸人も事業者に該当する（個人であっても事業目的で取引するなら事業者）。

② 居住目的で物件を借りる個人の賃借人はすべて消費者に該当する。

■消費者契約法による規制

項目	内容	具体例
契約の取消し	「事実と異なる内容を告げられた」「不利益な事実を故意に告げられなかった」などから誤認して成約をした場合は、消費者は契約の取消しができる	「南隣にマンションが建設されることを知りながら陽当たり良好と案内した」「心理的瑕疵を告げずに成約させた」などは取消しの対象となる
不当条項の無効	消費者に不利益をもたらす一定の条項については、無効となる	「滞納賃料に対する遅延損害金の利率が高すぎる」「賃借人の債務不履行により契約が解除された場合の違約金が平均的な損害額を超える」などは超えた部分が無効となる
特約の内容に係る規制	「消費者の不作為をもって契約成立とする」「法令よりも消費者の権利を制限したり、義務をより多く課すような内容で、消費者の利益を一方的に害する」といった契約条項は、無効となる	原状回復に係る負担の特約や敷金返還に係る特約などで、賃借人に不利であり、正当化する理由がない場合には、特約は無効となる

補足説明

●広告において虚偽や不利益事実の不告知があった場合にも、消費者契約法により契約を取消しできる場合もある。

●家賃債務保証委託契約において、「追い出し条項」（＝賃料が支払われない場合、家賃債務保証業者が賃貸借契約を無催告で解除できるとし、賃借人が建物を明け渡したものとみなす条項）が設けられることがある。
令和4年12月の最高裁判決では、家賃債務保証会社の「追い出し条項」について、消費者契約法違反であり無効、と判断した。

■消費者団体訴訟制度

① 事業者が、不当勧誘行為を行っている（そのおそれがある）ときには、「適格消費者団体」が当該事業者に対し、行為の差止めと被害回復（払ったお金の返還）を請求できる（消費者団体訴訟）。

② 消費者団体訴訟ができるのは差止請求と被害回復。損害賠償請求（慰謝料請求）などは認められない。

⑷ 住宅宿泊事業法

住宅が一定期間、民泊施設として利用されることもある。一定の場合には、管理業者が管理を受託することになる。

■住宅宿泊管理業者への委託義務

① 次のいずれかの場合には、**住宅宿泊事業者**は、住宅宿泊管理業者に業務を委託しなければならない。〈**狭義の家主不在型**〉
（1）居室数が5を超える
（2）人を宿泊させる間に、住宅宿泊事業者（家主）が不在となる

■住宅宿泊管理業者

② 住宅宿泊管理業を行うには、**国土交通大臣の登録**を受ける。有効期間は5年。

③ 登録を受けるには、以下の条件を満たす必要がある。

欠格事由に該当しないこと	心身の故障により住宅宿泊管理業を的確に遂行することができない者として省令で定めるもの、破産者、登録取消し後5年を経過しない者、禁錮以上の刑又は住宅宿泊事業法で罰金以上の刑の執行を終わってから5年を経過しない者、暴力団員等、財政的基礎や管理業を的確に遂行するための体制が整わない者　等

法令適合性の確保 （どれか一つに該当すればよい）	●管理受託契約に関する実務講習の修了者 ●住宅の取引・管理に関し2年以上の実務経験がある者 ●国土交通大臣が認めた者
適切な業務の実施	●宿泊者名簿の正確な記載を確保するための措置 ●外国人宿泊者への説明・情報提供の措置 ●宿泊者に対する騒音防止の説明 ●地域住民からの苦情等への対応

④ **契約締結前の書面交付義務**：管理受託契約を締結するまでに、契約内容等について、書面を交付して、委託者（住宅宿泊事業者）に説明する。書面交付に代えて委託者の承諾を得て電磁的方法による情報提供も認められる。

⑤ **契約締結時の書面交付義務**：管理受託契約を締結したときは、遅滞なく、契約内容を記載した書面を交付（委託者の承諾を得て電磁的方法により提供することを含む）しなければならない。

⑥ 住宅宿泊管理業者は、事務所ごとに**帳簿**を備え付け、**標識**を掲げなければならない。

⑦ 住宅宿泊管理業務の**全部を再委託**することはできない。

補足説明 ....

●①：住宅宿泊事業（民泊）を行うには、都道府県知事への届出が必要だ。

▐▐▐▐▐▐▐▐▐▐▐▐▐▐▐▐▐▐▐▐▐▐▐ **過去問出題例** ▐▐▐▐▐▐▐▐▐▐▐▐▐▐▐▐▐▐▐▐▐▐

1. 住宅宿泊事業者は、狭義の家主不在型の住宅宿泊事業については、住宅宿泊管理業務を住宅宿泊管理業者に委託しなければならない。（R1-28-エ）

   解答 ○ 「狭義の家主不在型」であれば、住宅宿泊管理業者に委託しなければならない。

2. 住宅宿泊管理業を行うためには、国土交通大臣の登録を受けなければならない。（R1-28-ウ）

   解答 ○ 住宅宿泊管理業を営むには、国土交通大臣の登録を受けなければならない。

3. 住宅宿泊管理業者が管理受託契約の締結前に委託者に対して行う締結前書面の交付は、電磁的方法による情報提供を行った場合であっても、別途行わなければならない。(R1-28-ア)

> **解答** × 契約締結前の書面交付は、電磁的方法による情報提供に代えることもできる。

(5) 関連法令等

その他の法令にも簡単に目を通しておこう。

覚えよう

■消費生活用製品安全法
① 長期使用製品安全点検制度ガイドラインでは、特定保守製品の附属する建物の賃貸人に対し「一般消費者である所有者よりも、点検その他の保守を実施して賃借人を保護する社会的責任を有している」として、安全意識の向上にとりわけ努めることを求めている。

■家電リサイクル法（特定家庭用機器再商品化法）
② 家電リサイクル法では「エアコン」「テレビ」「冷蔵庫・冷凍庫」「洗濯機・衣類乾燥機」（いずれも家庭用機器のみ）について、小売業者と製造業者による引取りとリサイクル（再商品化）を義務づけている。
③ 賃貸住宅管理業者が小売業者に該当する場合は、エアコン等の引取りとメーカーへの引渡しの義務がある。小売業者に該当しない場合は、エアコン等の購入先の小売業者に、家電リサイクル券の発行と排出者控えの交付を依頼することが望ましい。

■改正住宅セーフティネット法
④ 空き家等を活用した「住宅確保要配慮者」の入居を拒まない賃貸住宅の登録制度が設けられている。
⑤ 住宅扶助費の代理納付による入居の円滑化も図られている。

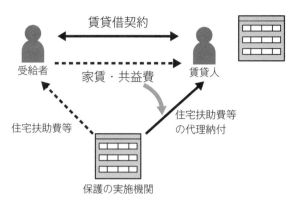

出所：国土交通省

⑥　適正に家賃債務保証を行う業者は、住宅金融支援機構による保険を受けることができる。

■家賃債務保証業者登録制度

⑦　家賃債務保証業を営む者は、国土交通大臣の登録を受けることができる（登録は任意）。登録事業者は公開される（登録簿の閲覧、帳簿の閲覧など）。

⑧　公営住宅における家賃債務保証も制度の対象。

6 │ 不動産業に関する基本知識

(1) 土地の価格

物件調査の際には、公的に示された土地の価格を確認する。

覚えよう

■公的に示される価格

公示価格 （地価公示法）	●標準地について２人以上の不動産鑑定士が調査し、土地鑑定委員会が決定する ●１月１日時点の価格を３月に公表

基準地の価格 （国土法）	●都道府県の地価調査による価格（1名以上の不動産鑑定士が鑑定評価し、知事が価格を決定する） ●7月1日時点の価格を9月に公表
相続税路線価	●相続税・贈与税の課税における宅地の評価のための価格 ●1月1日時点の価格を7月に公表 ●公示価格の80％程度で評価される
固定資産税評価額	●固定資産税を課税するための評価額 ●前年の1月1日の時点における評価額であり、3年ごとに評価替えが行われる ●公示価格の70％程度で評価される

(2) 保険

　賃貸不動産経営は、多くのリスク（危険）を伴う。リスクの軽減・分散の手段として保険が利用される。保険商品の特性、補償の範囲を理解し、関係者に情報提供することも賃貸不動産経営に対する支援業務の一つだ。

覚えよう

■保険
① 賃貸不動産経営においては、保険3分類のうち、第2分野である**損害保険**が活用される。
② 損害保険のうち、火災保険（火災や風水害などによる損害を補償する）と、地震保険（地震・噴火・津波による損害を補償する）をあわせて、「すまいの保険」と呼ぶ。
③ 地震保険は、火災保険に付帯して締結される（地震保険単独では加入できない）。
④ 賃貸人に対し損害賠償をするために、**借家人賠償責任保険**（家財に関する**火災保険の特約**）に加入することが賃貸借契約の条件とされることもある。

■失火責任法
⑤ 他人の所有する家屋を破損させた場合、不法行為責任を問われる

（損害賠償を請求される）。しかし、失火の場合は異なる。**失火責任法**により、失火者に重大な過失がなければ被災者は損害賠償請求できない。そのため、火災の類焼に備えて、建物所有者が自ら火災保険に加入しておく必要がある。

⑥　賃貸住宅が賃借人の失火により焼失し、賃貸借契約終了時にその貸借物の返還が不可能になった場合には、債務不履行責任が生じる（不法行為責任ではないので失火責任法は関係ない）。そのため失火者（賃借人）は建物所有者に対する損害賠償責任を負う。このような場合に備える保険が、**借家人賠償保険**（特約）である。

補足説明 ．．．

● 保険とは、将来起こるかもしれない危険に対し、保険契約者（加入者）が公平に負担を分担し事故に備える、相互扶助の精神から生まれた助け合いの制度。賃貸不動産経営のリスクを軽減・分散するために保険が利用される。

● ①：保険の3分類

第1分野	生命保険（人の生存・死亡について保険金を支払う）
第2分野	損害保険（偶然の事故により生じた損害に対して保険金を支払う。火災・自動車保険など）
第3分野	人のけがや病気などの場合に保険金を支払う（傷害、医療ガン保険など）

● ②：地震保険の保険金額は、付帯される損害保険契約の保険金額の30〜50%まで（居住用建物は5,000万円、生活用動産は1,000万円が限度）。

1. 近隣からの類焼による被害を受けても、失火者に重大な過失がある場合を除き、失火者には損害賠償責任を問えないため、類焼被害に対しては被害者自らが火災保険に加入して備えておく必要がある。(R4-48-3)

   解答 ○ 失火の責任に関する法律により、失火者に重過失がない限り責任を問えない。そのため、隣家からの類焼被害に備えて、被害者(建物所有者)自らが火災保険に加入しておく必要がある。

2. 保険料は、保険会社が引き受けるリスクの度合いに比例するものでなければならず、例えば木造建物であれば構造上の危険度は同じであるため、保険料率は全国一律で定められている。(R4-48-4)

   解答 × 火災保険は、火災だけでなく落雷、破裂・爆発による損害も補償の対象としている。同じ木造建物であっても、構造、地域等により危険度が異なるため、保険料率は、それぞれの危険度に応じて決定している(全国一律ではない)。

3. 賃貸不動産の経営において最も有用な保険は、保険業法上の「第二分野」に分類される損害保険である。(R1-40-2)

   解答 ○ 賃貸不動産経営においては、第2分野である損害保険が活用される。

4. 住宅に関する火災保険である「すまいの保険」は、火災、落雷、破裂・爆発、風災、雹災、雪災により建物や家財に生じた損害に備える保険である。(H30-34-3)

   解答 ○ 「すまいの保険」は火災・落雷等による建物や家財の損害を補償する。通常の火災保険よりも補償範囲が広い。

5. 地震、噴火又はこれらによる津波を原因とする建物や家財の損害を補償するものは地震保険と呼ばれ、現在の扱いにおいては、他の保険に関係なく単独で加入することができる。(R1-40-3)

   解答 × 地震保険は、火災保険に付帯して加入する。

6. 地震保険は、住宅の火災保険に付帯して加入する保険であり、保険金額は、主契約の火災保険金額の30〜50%以内の範囲で、建物5,000万円、家財1,000

万円までとされている。(R2-42-4)

解答 ○ 地震保険の保険金額は、付帯される火災保険契約の保険金額の30〜50%まで（居住用建物は5,000万円、生活用動産は1,000万円が限度）。

7. 保険は、保険会社の商品によって特性が異なるので、関係者に適切なアドバイスをするためには、その内容をよく理解しておく必要がある。(H30-34-4)

解答 ○ 保険について賃貸人や賃借人に適切なアドバイスができるようにしておくことは、賃貸管理に係る支援業務の一つだ。

8. 賃貸不動産の賃借人は、自己の家財に対する損害保険として、借家人賠償責任保険に単独で加入することができる。(R2-42-3)

解答 × 借家人賠償責任保険は、家財に関する**火災保険の特約**として加入する。借家人賠償責任保険に単独で加入することはできない。

9. 保険商品の分類には、保険業法上、「第一分野」「第二分野」「第三分野」という分類方法があり、賃貸不動産の経営において、最も有用な保険は第二分野の損害保険である。(H29-34-4)

解答 ○ 賃貸不動産経営においては、偶然の事故等により生じた損害に対して保険金を支払う第二分野の損害保険が有用だ。

(3) 不動産の証券化

　不動産証券化とは、不動産の権利を証券に結びつけることで、不動産投資と不動産事業の管理運営をマネジメントする仕組みである。証券化業務に伴う用語を確認しておこう。

■不動産の証券化

① アセットマネジメント（AM）とプロパティマネジメント（PM）

アセットマネジ メント （AM）	不動産投資について、投資家から委託を受け、総合的な計画の策定、投資の決定・実行、建物管理・会計処理などについてPM会社から報告を受け、管理運営を指示しながら、売却によって投資資金を回収する、一連の業務。**資金運用**の計画、決定・実施、実施の管理を行う。ＡＭを行う専門家はアセットマネージャーと呼ばれる
プロパティマネジメント （PM）	ＡＭ会社から委託を受け、**実際の賃貸住宅の管理、運営**を行う。ＰＭに携わる担当者はプロパティマネージャーと呼ばれる

② PM会社は、アセットマネージャーから委託を受け（選定され）、その指示のもとに、PM業務を行う。

③ PM会社は、自らの業務の合理性について説明責任を果たすために、客観的な根拠を常に準備しておかなければならない。

④ PMの業務内容は、賃貸管理と同一であるが、投資家のために「報告業務」「調査・提案業務」「所有者の変更に伴う業務」の重要性が高まる。

報告業務	賃料徴収、預託金受領、必要な経費の支出を行い、アセットマネージャーとの間で精算を行い、取りまとめて報告書を作成する
調査・提案業務	・調査・提案業務は、投資家の投資判断に資することが求められる ・テナントリテンション（賃借人の維持）も提案業務に含まれる。可能な限り賃借人が退出しないよう引き止め、維持するのもＰＭ会社の責務 ・長期的な観点から建物の価値を高める**改修について積極的な計画、提案**も行う。収益拡大とコスト削減の両面から、計画の基礎資料の収集、計画策定や年間予算の作成を行う
所有者の変更に伴う業務	旧所有者から新所有者に賃貸人の地位が円滑に引き継がれるように尽力する

⑤ 証券化には、「**資産流動型**（投資対象が先に決まり、後からお金を集める）」と「**ファンド型**（お金を集めてから投資対象が決まる）」がある。

....

● 高度な専門知識、経験、能力が必要とされる不動産の証券化においては、AMとPMに役割分担（**アンバンドリング**）させるのが一般的である。

● 不動産鑑定評価のDCF法※の収益費用項目では、PMフィー（管理業務に係る経費）も運営費用として計上される。
※DCF法：不動産の価格を求める手法の一つ。

|||||||||||||||||||||||||||| **過去問出題例** ||||||||||||||||||||||||||||

1. アセットマネジメントは、実際の賃貸管理・運営を行うのに対し、プロパティマネジメントは、資金運用の計画・実施を行う。（H28-34-4）

   解答 × AMとPMの説明が逆。

2. プロパティマネジメント会社は、アセットマネージャーから選定され、その委託を受けてプロパティマネジメント業務を担当する。（H29-33-1）

   解答 ○ PM会社は、アセットマネージャーから委託を受け（選定され）、その指示のもとに、PM業務を行う。

   解答 ○ PM会社には投資家に対する説明責任がある。

3. プロパティマネジメントにおいては、所有者の変更に伴う業務は、投資家のために重要性が高い業務ではなく、アセットマネージャーの業務である。（R1-34-1）

   解答 × ①報告業務、②調査・提案業務とともに③所有者の変更に伴う業務も、重要なPM業務である。旧所有者から新所有者に賃貸人の地位が円滑に引き継がれるよう、努力するのだ。

4. プロパティマネジメントの賃貸借に関する提案業務には、賃借人の維持を意味するテナントリテンション（tenant retention）に関する内容は含まれない。（R1-34-3）

解答 ✕ 賃借人を引き止め、維持するテナントリテンションもPMの提案業務に含まれる。

5. アセットマネージャーは、プロパティマネージャーの指示のもとに、アセットマネジメント業務を担当する。（R4-50-4）

   解答 ✕ プロパティマネージャーが、アセットマネージャーの指示のもとにプロパティマネジメント業務を担当する。

6. 所有者の交代に際し、旧所有者から新所有者に賃貸人の地位が円滑に引き継がれるように尽力することは、重要なアセットマネジメント業務である。（H29-33-4）

   解答 ✕ 所有者交代に関する業務も、プロパティマネージャーの重要な業務。

7. DCF法の収益費用項目のうち、運営費用の中には、対象不動産の管理業務に係る経費となるPMフィーが含まれている。（H29-33-3）

   解答 ○ DCF法の収益費用項目では、PMフィー（管理業務に係る経費）も運営費用として計上される。

8. 現存する建物の価値を維持することに加え、さらに管理の質を高め、長期的な観点から建物の価値を高める改修を行うことについて積極的な計画、提案を行うのは、プロパティマネージャーの役割ではない。（R1-34-4）

   解答 ✕ 長期的な観点から建物の価値を高める改修を計画、提案するのもプロパティマネージャーの役割だ。

9. 不動産投資について、資金運用の計画、決定・実施、実施の管理を行うのがプロパティマネジメントである。（R4-50-3）

   解答 ✕ 不動産投資について、資金運用の計画、決定・実施、実施の管理を行うのはアセットマネジメントである。これに対し、実際の賃貸管理・運営を行うのがプロパティマネジメントだ。

10. 流動化型（資産流動化型）の証券化は、お金を集めてから投資対象が決まるタイプであり、はじめに投資資金がある場合に行われる不動産証券化の仕組みである。（R5-50-2）

   解答 ✕ 不動産の証券化には、「資産流動型」と「ファンド型」とがある。

本肢のように先にお金を集めるのはファンド型だ。

11. アセットマネージャーには、収益拡大とコスト削減の両面から、具体的に、計画の基礎資料の収集、計画策定等の調査・提案が求められる。(H30-33-1)

> **解答** ✕ 具体的に計画の基礎資料の収集、計画策定等の調査・提案をするのは、プロパティマネージャーの業務だ。

12. 不動産証券化においてアセットマネージャーが説明・情報開示責任を果たすために必要な情報は、管理業者の情報を基礎とするので、管理業者としては、特に投資家のために、透明性の高い説明と報告をする役割を担っている。(H30-1-2)

> **解答** ✕ 投資家のためだけでなく、アセットマネージャーや貸主に対しても透明性の高い説明と報告が求められる。

（4）相続

相続の基本ルールを確認しておこう。

覚えよう

■法定相続人と相続分

① 相続人は、配偶者と子がなるのが基本（ア）。子がいない場合には配偶者と親（直系尊属）が相続人（イ）。子も親もいない場合には、配偶者と兄弟姉妹が相続人となる（ウ）。
   それぞれの場合の分け方（法定相続分）は以下のとおり。

相続人	配偶者の割合（取り分）	
（ア）配偶者と子	1／2	残りを配偶者以外の相続人で均等に分ける
（イ）配偶者と親（直系尊属）	2／3	
（ウ）配偶者と兄弟姉妹	3／4	

② 法改正により、**相続登記が義務化**された。相続の開始及び所有権の取得を知った日から3か月以内に不動産の名義の変更登記をしなければならない。

■遺言

③ 遺言で相続分を定めれば、法定相続分より優先される。また、遺言はいつでも撤回できる。

④ 遺言の方式

	自筆証書遺言	公正証書遺言	秘密証書遺言
作成方法	遺言の全文、日付、氏名を自書（手書き）し、押印する	遺言者が口述し、公証人が筆記する。遺言者、証人が内容を確認して署名・押印	遺言書に署名捺印し、封印。公証人が日付等を記入
立会人（証人）	不要	必要（2人以上）	必要（2人以上）
検認（本物か？）	必要（法務局に保管した場合は不要）	不要	必要

⑤ 遺留分：兄弟姉妹以外の相続人には、遺産の一定割合が保証されている（全額他人に遺贈されても、遺留分侵害額に相当する金銭の支払いを請求することができる）。「直系尊属のみが相続人である場合3分の1」「それ以外の場合2分の1」が遺留分となる。

補足説明

● 胎児も養子も、子として相続人となる（節税目的の養子縁組も有効）。

● 被相続人（死亡した人）の死亡前に子が死亡していた場合には、子の相続権をその子（被相続人からみれば孫）が**代襲相続**する。

● 内縁関係（婚姻届を出していない同居状態）では、相続人にはなれない。ただし、相続人がいない場合には、内縁の妻（夫）が居住用の建物の賃借権を承継できる（承継したくない場合は、1月以内にその旨意思表示）。

● 相続人が複数人ある場合には、遺産は共同相続人の共有となる（その後、遺産分割協議により各相続人に分ける）。

● 相続人になれない理由として相続**欠格事由**と**廃除**がある。

● 相続人は自己のために相続があったことを知ったときから3か月以内に**限定承**

認、**相続放棄**のいずれかをしなければ、**単純承認**したものとみなされる。

●相続放棄した場合には代襲相続は生じない。また相続開始前に相続放棄することはできない。

●③：複数の遺言がなされた場合、前の遺言のうち後の遺言に抵触する部分（矛盾する部分）は撤回されたものとみなされる。

●④：自筆証書遺言は全文「自筆」することが必要だが、自筆証書に添付する財産目録についてはワープロで作成することも可能（財産目録のすべてのページに署名・押印する必要がある）。

●被相続人の配偶者は、被相続人の財産に属した建物に相続開始の時に居住していた場合、建物の所有権を他の相続人が相続しても、終身の間、無償で建物に住み続けることができる（**配偶者居住権：要件を充たす必要あり**）。

●遺留分を侵害する遺言も、当然に無効となるわけではない。

■■■■■■■■■■■■■■■■■■■■■■■ 過去問出題例 ■■■■■■■■■■■■■■■■■■■■■■■

1. 賃借人が死亡し、相続人がいない場合、事実上夫婦の関係にある者が同居しているときは、その同居者が賃借人の地位を承継することができる。（H30-13-エ）

   解答 ○ 相続人がいない場合には、事実上夫婦の関係にある者（＝内縁の妻・夫）が居住用の建物の賃借権を承継できる。

2. 賃貸住宅の賃借人が死亡し、複数の相続人がいる場合、賃貸人が賃貸借契約の債務不履行を理由に解除するためには、相続人の一人に解除の意思表示をすればよい。（R1-14-3）

   解答 × 相続人が複数いるので、賃借人は複数になる（共有状態）。賃貸人が解除するならば、賃借人全員に対して意思表示しなければならない。

3. 賃貸住宅の賃貸人に相続が開始し、共同相続人が物件を共同相続した場合、相続人が解除権を行使するためには、過半数の共有持分を有していなければならない。（H29-16-ウ）

   解答 ○ 相続人が複数いるので、賃貸住宅の賃貸人が複数になった。つまりこの賃貸住宅は共有状態だ。賃貸借契約の解除（管理行為）には、

共有持分の過半数の賛成が必要だ。

(5) 税金

実務上は大変重要だが、試験対策としては深入りしないことをお勧めする。

覚えよう

■所得税、住民税（賃貸不動産の所得に対する税）

不動産を賃貸して得られた不動産所得に課税される（申告納税方式）。
収入－必要経費＝不動産所得だ。

① 不動産事業（個人経営）の開始にあたっては「開業届」、「減価償却方法の届出書」、「青色申告書」を税務署に提出する（**届出３点セット**）。

② 収入金額

● 1／1～12/31までの間に受領すべき金額が収入となる。

● 計上時期：実際に収入がなくても、計上日が来たら収入として計上する（例：**未収賃料**も収入として計上する）。

項目	計上日
賃料（支払い期日定めあり）	支払期日
権利金・礼金・更新料	物件の引き渡し日または契約の効力発生日
敷金・保証金のうち賃借人に返還しない部分（敷引など）	賃借人に返還しないことが決定した日

③ 必要経費

● 必要経費が多いほど不動産所得が減る（支払う税金が少なくなる）。何が経費として認められるか確認しておこう。

必要経費として認められる	認められない
貸倒損失（回収不能の賃料）	滞納による未払い賃料
事業税、消費税、印紙税	所得税、住民税
借入金利息	借入金の元本返済部分
減価償却費、損害保険料（掛け捨て部分）、修繕費（資本的支出は除く）	

④　青色申告

　「事業規模により不動産の貸付を行っている」「正規の簿記の原則（複式簿記）により記帳している」など一定要件を満たすことで、青色申告控除として65万円控除することができる（その年の3/15までに「青色申告承認申請書」を提出する）。

補足説明 ....

●②：回収不能の賃料（**貸倒損失**）について

滞納による未収賃料も収入として計上する。これが原則。しかし回収不能の賃料まで収入があったとして税金を課されるのは不合理だ。そこで、**貸倒損失**が生じた場合には、その損失はその年の経費として計上できる。ただし、単に長期間滞納しているだけ、というのでは貸倒損失とは認められない（回収するよう努力せよ、ということ）。

●③：減価償却費：建物や設備など高額なものは、全額を購入した年だけの経費とするのではなく、耐用年数に応じた期間で分割して1年ずつ計上する。土地は減価償却がない。減価償却の方法は、個人の場合は「定額法」が原則だ。

●リフォーム工事を行った場合、経費として認められるのか。**修繕費は必要経費として認められるが、改修工事費（資本的支出）は認められない。**一定規模以上の額になると、賃貸物件の価値を高めるものと扱われ、その年度の経費として計上できないのだ。

修繕費	必要経費	「60万円未満の工事」または「前期末取得価額の概ね10%以下」に該当
改修工事費	経費ではない	上記以外（60万円以上の多額の工事など）

1. 賃料の支払がなければ、税務上、収入として扱う必要はなく、貸借対照表への計上も不要である。(H29-23-1)

   解答 × 未収賃料であっても（未入金であっても）、支払日に収入として計上する。また、貸借対照表にも未収入金として計上する。

2. 所得税や住民税を支払った場合、これらの税金は不動産所得の計算上、必要経費に含めることができる。(R5-49-2)

   解答 × 所得税、住民税は必要経費としては認められない。

3. 不動産所得の損失額のうち賃貸建物を取得するための借入金利息がある場合であっても、その損失を他の所得と損益通算することはできない。(H30-35-2)

   解答 × 賃貸建物を取得するための借入金利息の損失は、他の所得と損益通算できる。

4. 賃貸借契約書に「保証金は退去時にその10%を償却するものとする」との記載がある場合、賃貸人は、償却額を契約初年度の収入金額に含めなければならない。(H27-36-3)

   解答 ○ 敷金・保証金のうち「返還しないもの」（敷引、保証金償却などという）は、収入に含める。契約締結時から償却（＝返還しない）が決まっているのだから、契約初年度の収入として計上する。

5. 不動産の貸付が事業的規模であること、正規の簿記の原則により取引を記帳していること、及び電子申告要件等一定の要件を満たす場合には、青色申告による控除額は65万円である。(R4-49-ウ)

   解答 ○ 正規の簿記の原則（複式簿記）により取引を記帳など、一定の要件を満たすことにより、65万円の控除を受けることができる。

覚えよう

■相続税（不動産を相続することにより課される税）

申告課税

正味の遺産額－基礎控除額＝相続税の課税遺産額

① 基礎控除額：3,000万円＋（600万円×法定相続人の人数）
② 賃貸不動産の評価

所有地に賃貸住宅を建設すると、貸家建付地となり、相続税の評価額が下がる。→正味遺産額が減る。→課税遺産額・相続税額も減る。

貸家建付地	賃貸物件の敷地は、（自用の敷地よりも）評価額が低くなる
貸家	貸家は、（自用の建物よりも）評価額が低くなる
小規模宅地の評価減の特例	• 一定の要件を満たせば、相続税が安くなる • 貸付事業用宅地の相続税は、200㎡以下の部分について、評価額は**50%減額**される • 自宅の敷地は、330㎡以下の部分について評価額が**80%減額**される

■相続時精算課税制度

③ 贈与時に「（課税価格－2,500万円－110万円）×20%」で贈与税額を計算する（2,610万円までは課税額が0となる）。相続発生時には、贈与時の評価額を相続財産に加算して相続税を計算する。

贈与者	60歳以上の親、祖父母
受贈者	18歳以上の「推定相続人」である直系卑属。所得金額の制限はない

■固定資産税（不動産を所有することにより課される税）

④ 1月1日時点の土地・建物の所有者に対し、市町村が課税する。賦課課税方式
⑤ 税額＝課税標準（固定資産税台帳登録価格）×1.4%（標準税率）
⑥ 小規模住宅用地（200㎡以下の住宅用地）は、課税標準額が1／6に減じられる（住宅を取得しやすくするため）。200㎡超の部分は1／3になる。

補足説明 ••

●賃貸住宅を建てた土地（貸家建付地）や貸家は自用の土地や建物に比べ、相続税評価額が下がる。

(1)貸家建付地の評価額＝自用地の評価額×（１－借地権割合×借家権割合（30％）
　×賃貸割合）
(2)貸家の評価額＝建物の固定資産税評価額×（１－借家権割合（30％）×賃貸割
　合）
　＊借地権割合は地域によって異なるが、借家権割合は全国一律30％。

● 空家特別措置法の特定空家に該当すると、固定資産税の住宅用地の課税標準の特
例が受けられない。

■■■■■■■■■■■■■■■■■■■■■■■■■■ 過去問出題例 ■■■■■■■■■■■■■■■■■■■■■■■■■■

1. 法定相続人が配偶者と子２人の場合の遺産に係る基礎控除額は、「3,000万円
　＋600万円×３人＝4,800万円」となる。（R1-36-1）

　解答 ○　基礎控除額＝3,000万円＋（600万円×法定相続人の人数）

2. 小規模宅地等についての相続税の課税価格の計算の特例により、被相続人の貸
　付事業用宅地等については、240㎡までの部分について80％減額することが
　できる。（H30-36-4）

　解答 ×　200㎡まで50％減額とすることができる。

3. 被相続人と同一生計親族が居住していた自宅の敷地に小規模宅地等の特例を適
　用する場合には、200㎡までの部分について評価額を50％減額することがで
　きる。（R2-43-2）

　解答 ×　50％の減額は、貸付事業用宅地等だ。自宅の敷地は一定の要件を満
　　　　たす場合、330㎡以下の部分について80％減額することができる。

4. 賃貸建物の敷地に相続税の小規模宅地等の特例を適用する場合には、評価額か
　ら200㎡までの部分について50％減額することができる。（R1-36-3）

　解答 ○　貸付事業用宅地の相続税は、200㎡以下の部分について、評価額
　　　　は50％減額される。

5. 土地の固定資産税については、住宅（賃貸用も含む。）を建てることにより軽
　減される措置が設けられている。（R5-49-3）

　解答 ○　小規模住宅用地（200㎡以下の住宅用地）の固定資産税課税標準
　　　　額は１／６に減じられる（200㎡超の部分は１／３）。

6. 固定資産税は、毎年4月1日時点の土地・建物などの所有者に対して課される地方税で、遊休土地にアパート等の居住用の家屋を建築した場合には、固定資産税が6分の1又は3分の1に軽減される。（R1-35-3）

   解答 × 固定資産税は1月1日時点の所有者に課税される。

7. 遊休土地にアパート等の居住用の家屋を建築した場合、その完成が令和4年1月15日であったときは、建物に関する令和4年の固定資産税は課税されない。（R4-49-イ）

   解答 ○ 固定資産税は1月1日時点の土地・建物の所有者に対し課税される。建築が令和4年1月15日ということは、令和4年1月1日には存在しなかったことになる。令和4年の固定資産税は課税されない。

賃貸住宅の入居者の募集広告に関する次の記述のうち、最も不適切なものはどれか。 [R5-44]

1 管理業者が募集広告のために作成した間取り図は、賃貸人にも確認してもらう必要がある。

2 募集広告に新築として記載する物件は、建築後1年未満であって、居住の用に供されたことがないものでなければならない。

3 募集する貸室が集合住宅内である場合、最寄り駅までの所要時間算出の起点は募集対象の貸室の玄関である。

4 すでに成約済みの物件をインターネット広告から削除せず掲載を継続すると、宅地建物取引業法で禁止されたおとり広告とされる場合がある。

 宅地建物取引業法及び不当景品類及び不当表示防止法に基づく不動産の表示に関する公正競争規約に従った不動産の表示方法に関する次の記述のうち、正しいものの組合せはどれか。 [R2-18改]

（ア）「新築」とは、建築工事完了後1年未満であることをいう。

（イ）「マンション」とは、鉄筋コンクリート造りその他堅固な建物であって、一棟の建物が、共用部分を除き、構造上、数個の部分に区画され、各部分がそれぞれ独立して居住の用に供されるものをいう。

（ウ）自転車による所要時間は、道路距離250mにつき1分間を要するものとして算出した数値を表示する。この場合において、1分未満の端数が生じたときは1分として算出する。

（エ）面積は、メートル法により表示し、1㎡未満の数値は、切り捨てて表示することができる。

1 ア、イ

2 イ、エ

3 ア、ウ

4 ウ、エ

 正解 **3**　　　　　　　　　　　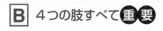

1　○　正確な間取り図で広告しないと不当表示となってしまう可能性もある。賃貸人にも確認してもらう必要がある。

2　○　不動産の表示に関する公正競争規約では、新築とは建築後1年未満で居住の用に供していないもの、としている。

3　×　マンションやアパートなど集合住宅の場合、建物の出入り口（エントランス）が起点となる。

4　○　成約済であれば取引できない（買えない、借りられない）。取引できない物件を広告し続けることはおとり広告に該当する。

 正解 **2**　　　　　　　　　　　4つの肢すべて 重 要

（ア）　×　新築とは、建築工事完了後1年未満で、人が住んだことのないもの（居住の用に供されたことがないもの）をいう。建築後1年未満であっても人が住んだものは新築とは呼べない。

（イ）　○　構造上数個の部分（住戸）に区画されている、つまり一つの建物に複数の住戸がある「共同住宅」のことをマンションまたはアパートという。マンションは堅固な建物（鉄筋コンクリート造など）、アパートは非堅固な建物（木造など）だ。

（ウ）　×　道路距離250mを1分とするような規定はない。自転車による所要時間は、道路距離を明示して、走行に通常要する時間を表示する。

（エ）　○　面積はメートル法で表示。つまり㎡（平方メートル）で表示する。坪表示ではない。また、1㎡未満は切り捨てる（切り上げると実際の面積よりも大きく表示することになってしまう）。

以上より、正しいものの組合せはイとエであり、正解は2となる。

管理業者が行う賃借人募集・入居者の決定に関する次の記述のうち、最も不適切なものはどれか。　　　　　　　　　　　　　　　　　　　[H29-11]

1 管理受託方式では、借受希望者が当該物件に入居するのがふさわしいかどうかや、入居条件が妥当かどうかを管理業者が最終的に判断する。

2 借受希望者に対する入居可否の通知は、書面で行う。

3 借受希望者に対し、入居を断る場合には、個人情報保護の観点から、入居申込書等の書類を返却する。

4 入居資格審査は、時間をかけすぎると、借受希望者がほかの物件を賃借してしまうこともあり得るため、迅速性が求められる。

 宅地建物取引業法に基づき、賃貸取引に係るITを活用した重要事項説明を実施する場合に関する次の記述のうち、正しいものはいくつあるか。

[R 2 -16改]

（ア） 宅地建物取引士及び重要事項の説明を受けようとする者が、図面等の書類及び説明の内容を十分に理解できる程度に映像を視認でき、かつ、双方が発する音声を十分に聞きとり、やり取りができる環境で実施されなければならない。

（イ） 宅地建物取引士が記名した重要事項説明書及び添付資料が、重要事項の説明を受けようとする者にあらかじめ送付されていなければならない。

（ウ） 重要事項の説明を受けようとする者が、重要事項説明書及び添付資料を確認しながら説明を受けることができる状況にあること、及び映像音声の状況について、宅地建物取引士が説明開始前に確認しなければならない。

（エ） 重要事項説明を開始した後、映像を視認できず、又は音声を聞き取ることができない状況が生じた場合には、直ちに説明を中断し、当該状況が解消された後に説明を再開しなければならない。

1 1つ　　　2 2つ　　　3 3つ　　　4 4つ

正解 1 4つの肢すべて**重要**

1 × 管理受託方式の場合には、賃貸人（建物所有者）が入居者の最終決定権者になる。サブリース方式であれば、サブリース業者が賃貸人なので最終決定権者になる。

2 ○ 入居の可否の連絡は、最終的には書面で行う。

3 ○ 入居を断る場合には、入居申込書等の書類は返却する。

4 ○ 入居審査は慎重であるだけでなく、迅速性も要求される（借り手優位の市場状況では、希望者が他の物件に移ってしまう）。

正解 4  肢ア、イが特に**重要**

（ア） ○ IT重説では、書類・図面を視認できる、双方向で音声のやり取りができる環境が必要。

（イ） ○ IT重説は、重説書面等をあらかじめ送付して行う。

（ウ） ○ IT重説では、適切な状況にあるか宅建士が説明前に確認する。

（エ） ○ IT重説にふさわしい状況となっていないのならば直ちに中断する。状況が整ってから再開する。当たり前のことだ。

以上より、正しいものはア、イ、ウ、エの4つであり、正解は4となる。

> **POINT**　本来、重説は対面で行うことを想定している。IT技術進化、効率化の要求により、IT重説（オンライン重説）も認められるようになったが、本来が対面であることを考えれば肢ア、イは容易に理解できるだろうし、肢ウ、エの正誤も判断できるはずだ。

第**8**章　管理業務の実施に関する事項

A **問5** 「宅地建物取引業者による人の死の告知に関するガイドライン」（国土交通省不動産・建設経済局令和3年10月公表）に関する次の記述のうち、賃貸借契約の媒介を行う宅地建物取引業者の対応として最も適切なものはどれか。 [R5-40]

1 自然死又は日常生活の中での不慮の死（以下「自然死等」という。）以外の死が発生した居室について、新たに賃借人が入居し、退去したという事情がある場合は、当該死の発生日から3年以内に賃貸借契約を締結するときでも、当該死について告知義務はない。

2 日常生活上使用する共用部分において自然死等以外の死があった場合、当該死の発生日から3年以内に賃貸借契約を締結するときは、当該死について告知義務がある。

3 居室内において自然死等以外の死があった場合、当該死の発生日から3年以内に隣の部屋について賃貸借契約を締結するときは、当該死について告知義務がある。

4 居室内で発生した事件により人が死亡し、当該死の発生日から3年を経過した場合は、それが社会的に影響のある事件であったときでも、賃貸借契約を締結する際、当該死について告知義務はない。

B **問6** 賃貸住宅の管理の実務に関する次の記述のうち、最も適切なものはどれか。 [R3-6]

1 賃借人の入れ替えに伴う鍵交換のタイミングは、新しい賃借人が決定した後ではなく、従前の賃借人が退去したときが望ましい。

2 空室は、劣化や傷みをできるだけ防ぐため、室内に立ち入ることは望ましくない。

3 共用部分の清掃に関し、年間の清掃計画と定期点検計画を賃借人に事前に知らせることは、賃貸住宅管理業者の重要な役割である。

4 建物共用部分の廊下や階段に賃借人の私物が放置されている場合、賃貸住宅管理業者は発見後、直ちに自らその私物の移動や撤去をする必要がある。

（問）正解 **2**　　　　　　　　　　　　　 Ⓐ 4つの肢すべて **重要**
⑤

1　×　3年以内なので告知が必要。新たに賃借人が入居していればよい、という
　　　ものではない。

2　○　3年以内なので告知する。正しい。

3　×　隣の部屋であれば告知する必要はない。

4　×　社会的影響のある事件であれば3年経過していても告知する。

（問）正解 **3** Ⓑ 肢1、4が **重要**（2、3は一般常識で判断できるだろう）
⑥

1　×　鍵の交換は、新しい賃借人が決定したタイミングで行うのが望ましい。内
　　　見者等にコピーされる可能性があるからだ。

2　×　室内に入り、劣化状況を確認し、適切な補修を行う。空気の入れ替えが大
　　　切であることを考えても、室内への立ち入りが必要とわかるはずだ。

3　○　例えば、定期点検でエレベーターが使用できない、ということもある。入
　　　居者である賃借人は当然、知っておきたい情報だ。共用部分は管理業務の
　　　範囲外だが、使用規則や清掃計画、点検計画は伝える必要がある。

4　×　私物の所有者に撤去してもらう必要がある。管理業者が「自ら」撤去する
　　　のはだめだ。他人の物を勝手に動かしてはならない。

第**8**章　管理業務の実施に関する事項

A **問7** 「原状回復をめぐるトラブルとガイドライン（再改定版）」（国土交通省
住宅局平成23年 8 月。以下、各問において「原状回復ガイドライン」と
いう。）に関する次の記述のうち、不適切なものの組合せはどれか。

[R 5 - 9]

（ア）　原状回復ガイドラインによれば、賃借人が天井に直接つけた照明器具の
ビス穴の跡の原状回復費用は、賃借人の負担とはならない。

（イ）　原状回復ガイドラインによれば、飼育ペットによる臭いの原状回復費用
は、無断飼育の場合を除き、賃借人の負担とはならない。

（ウ）　原状回復ガイドラインによれば、賃借人が設置した家具によるカーペッ
トのへこみや設置跡の原状回復費用は、賃借人の負担とはならない。

（エ）　原状回復ガイドラインによれば、台所、トイレの消毒の費用は、賃借人
の負担とはならない。

1　ア、イ
2　ア、ウ
3　イ、エ
4　ウ、エ

A **問8** 原状回復ガイドラインに関する次の記述のうち、不適切なものはいくつ
あるか。

[R 5 -10]

（ア）　賃借人が 6 年間入居後、退去の際に壁クロスに落書きを行った場合、賃
借人の負担は残存価値の 1 円となる。

（イ）　賃借人の過失により襖紙の張り替えが必要となった場合、6 年で残存価
値 1 円となるような直線を想定し、負担割合を算定する。

（ウ）　賃借人の過失によりフローリング床全体の張り替えが必要となった場
合、経年変化を考慮せず、賃借人の負担となる。

（エ）　賃借人の過失によりクッションフロアの交換が必要になった場合、経年
変化を考慮せず、賃借人の負担となる。

1　1つ
2　2つ
3　3つ
4　4つ

正解 **1**　　　 A　4つの肢すべて（重要）

（ア）　×　「賃借人が天井に直接つけた照明器具のビス穴の跡」は、通常の使用を超えるような使用による損耗・毀損にあたる（通常は、あらかじめ設置された証明器具用コンセントを使用する）。原状回復費用は賃借人負担となる。

（イ）　×　飼育ペットによる臭いの原状回復費用は賃借人負担。

（ウ）　○　生活する以上、家具の設置は当然のこと。その結果生じたカーペットのへこみや設置跡は、通常使用の範囲内。賃借人の負担とはならない。

（エ）　○　消毒は日常の清掃と異なり、賃借人の管理の範囲を超えている。賃借人の負担とはならない。

以上より、不適切なものの組み合わせはアとイであり、正解は1となる。

問8 正解 **4**　　　　A　4つの肢すべて（重要）

（ア）　×　経過年数を超えた設備であっても使用できるものを賃借人が故意・過失で破損させた場合には、原状回復費用は賃借人の負担となる。壁クロスへの落書きもこれにあたる。1円だけ負担すればよいのではない。

（イ）　×　襖紙は消耗品であり、減価償却資産とはならない。賃借人の過失によるものなので、経過年数を考慮せず張替え費用を負担することになる。

（ウ）　×　フローリング全体を張り替える場合は、経過年数を考慮する。

（エ）　×　賃借人の過失なので、原状回復費用は賃借人負担。通常使用により劣化していたクッションフロアは、6年で残存価値が1円になるような直線（または曲線）をもとに負担割合を算定する。

以上より、不適切なものはア、イ、ウ、エの4つであり、正解は4となる。

第8章　管理業務の実施に関する事項

「原状回復をめぐるトラブルとガイドライン（再改定版）」に関する次の記述のうち、適切なものはいくつあるか。 ［R 4 -10］

（ア） 借主の負担は、建物、設備等の経過年数を考慮して決定するものとし、経過年数による減価割合は、償却年数経過後の残存価値が10％となるようにして算定する。

（イ） 中古物件の賃貸借契約であって、入居直前に設備等の交換を行っていない場合、入居時点の設備等の価値は、貸主又は管理業者が決定する。

（ウ） 借主が通常の住まい方をしていても発生する損耗であっても、その後の借主の管理が悪く、損耗が拡大したと考えられるものは、借主が原状回復費用を全額負担する。

（エ） 経過年数を超えた設備等であっても、継続して賃貸住宅の設備等として使用可能なものを借主が故意又は過失により破損した場合、借主は新品に交換する費用を負担する。

1　なし
2　1つ
3　2つ
4　3つ

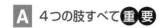

問9 正解 **1**

A 4つの肢すべて 重 要

（ア） ×　償却年数経過後の残存価値は1円になるように算定される。10%ではない。

（イ） ×　原状回復GLでは、賃借人の負担割合を、グラフを使って算定する。中古住宅の場合、何%からグラフをスタートさせるかは、契約当事者が入居時点の状態を確認のうえ、協議して決める。貸主、管理業者が一方的に決定するのではない（実際以上に、価値が高いものにされてしまうおそれがある）。

（ウ） ×　賃借人の管理が悪いため、経年変化・通常損耗以上に価値が下落した部分（下図の②）は賃借人の負担。しかし経年変化・通常損耗に該当する部分（下図の①）は賃貸人の負担。借主（賃借人）が全額負担するのではない。

（エ） ×　使用可能なものを賃借人が故意又は過失により破損した場合は、賃借人には原状回復義務がある。しかし、使用可能だった状態にもどせばよい（それに相応する費用を負担すればよい）。中古品を壊したのだから、新品に交換する義務まではないのだ。

以上より、適切なものはなしであり、正解は1となる。

●費用負担の考え方

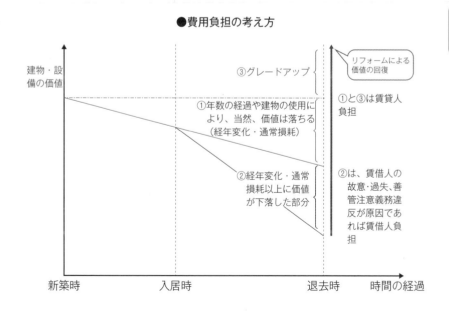

A **問10** 「原状回復をめぐるトラブルとガイドライン（再改訂版）」（国土交通省平成23年8月。以下、各問において「原状回復ガイドライン」という。）に関する次の記述のうち、最も適切なものはどれか。 [R3-9]

1 賃貸借契約書に居室のクリーニング費用の負担に関する定めがない場合、賃借人が通常の清掃を怠ったことにより必要となる居室のクリーニング費用は賃貸人負担となる。

2 賃貸借契約書に原状回復について経年劣化を考慮する旨の定めがない場合、賃借人が過失により毀損したクロスの交換費用は経過年数を考慮せず、全額賃借人負担となる。

3 賃貸借契約書に原状回復費用は全て賃借人が負担する旨の定めがあれば、当然に、賃借人は通常損耗に当たる部分についても原状回復費用を負担しなければならない。

4 賃貸借契約書に賃借人の帰責事由に基づく汚損を修復する費用について賃借人負担とする旨の定めがない場合であっても、賃借人がクロスに行った落書きを消すための費用は賃借人の負担となる。

A **問11** 原状回復ガイドラインに関する次の記述のうち、適切なものはどれか。 [R3-10]

1 壁クロスの毀損箇所が一部分であっても、他の面と色や模様を合わせないと商品価値が維持できない場合には、居室全体の張り替え費用は賃借人負担となる。

2 フローリングの毀損箇所が一箇所のときは、居室全体の張り替え費用を賃借人の負担とすることはできない。

3 畳の毀損箇所が1枚であっても、色合わせを行う場合は、居室全体の畳交換費用が賃借人負担となる。

4 鍵の紛失に伴う鍵交換費用は、紛失した鍵の本数に応じた按分割合による額又は経過年数を考慮した額のいずれか低い額による。

正解 4 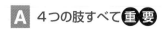 **A** 4つの肢すべて **重要**

1 × 賃借人が「通常の清掃を怠った」のが原因の汚れであれば、クリーニング費用は賃借人負担となる。

2 × クロスは6年で残存価値1円と考える。「経過年数を考慮せず」「全額賃借人負担」というのは誤り。

3 × 通常損耗分も賃借人負担とする特約も有効。しかし特約の必要性、費用の妥当性、賃借人が負担を認識している、といった要件を満たす必要がある。「当然に」賃借人負担となるわけではない。

4 ○ 賃借人の落書きは、故意による破損。消すための費用は賃借人負担だ。

 正解 2 **A** 4つの肢すべて **重要**

1 × 毀損したクロスの変換費用の負担は㎡単位が原則。ただし、賃借人が毀損させた箇所を含む1面分までは賃借人負担とすることできる。「居室全体の張り替え費用は賃借人負担となる」というのは誤り。

2 ○ フローリングの部分補修は㎡単位が原則。

3 × 畳の交換は1枚単位が原則。

4 × 賃借人が鍵を紛失したのならば、交換費用は賃借人負担だ。「紛失した鍵の本数に応じた按分割合」といったもっともらしい表現にまどわされないこと。紛失したのが1本だけでも鍵交換しなければ意味がない。例えば、3本の鍵のうち1本紛失したので、賃借人の負担は1/3というのは理屈に合わない、というのはちょっと考えればわかるであろう。

A **問12** 宅地建物取引業者の障害者に対する対応に関する次の記述のうち、「国土交通省所管事業における障害を理由とする差別の解消の推進に関する対応指針」（平成29年3月）に照らし、誤っているものはどれか。

[R 5 −41]

1 宅地建物取引業者が障害者に対して「火災を起こす恐れがある」等の懸念を理由に仲介を断ることは、不当な差別的取扱いに該当しない。

2 宅地建物取引業者が物件広告に「障害者お断り」として入居者募集を行うことは、不当な差別的取扱いに該当する。

3 宅地建物取引業者が、合理的配慮を提供等するために必要な範囲で、プライバシーに配慮しつつ、障害者に障害の状況等を確認することは、不当な差別的取扱いに該当しない。

4 宅地建物取引業者が障害者に対して障害を理由とした誓約書の提出を求めることは、不当な差別的取扱いに該当する。

正解 **1**

1 ×　障害者だからといって「火災を起こす恐れがある」と決めつけ、仲介を断
　　　るのは不当な差別的な扱いにあたる。

2 ○　障害者であるだけで、入居募集を断るのは不当な差別的な扱いにあたる

3 ○　障害の状況に即した物件を紹介するために、プライバシーに配慮したうえ
　　　で障害の状況を確認することは必要な行為だ。

4 ○　障害を理由とした誓約書の提出を求めることは、不合理だ。不当な差別的
　　　な扱いにあたる。

第**8**章 管理業務の実施に関する事項

問13 個人情報の保護に関する法律（以下、本問において「個人情報保護法」という。）に関する次の記述のうち、誤っているものの組合せはどれか。

[R 4 -42]

（ア） 個人情報取扱事業者が個人情報を取得する場合は、利用目的をできる限り特定して通知又は公表する必要があるが、要配慮個人情報でない限り、本人の同意を得る必要はない。

（イ） 個人情報取扱事業者が、個人データを漏えいした場合、不正アクセスによる場合であっても、本人の数が1,000人を超える漏えいでない限り、個人情報保護委員会に報告する義務はない。

（ウ） 個人情報取扱事業者が委託先に個人データを提供することは、それが利用目的の達成に必要な範囲内であっても、個人データの第三者提供に該当するため、本人の同意を得る必要がある。

（エ） 取り扱う個人情報の数が5,000人分以下である事業者であっても、個人情報データベース等を事業の用に供している者には、個人情報保護法による規制が適用される。

1　ア、ウ
2　ア、エ
3　イ、ウ
4　イ、エ

正解 3 　　　　　　　　　　　　**A** 4つの肢すべて**重要**

- **（ア）** ○　要配慮個人情報の取得には、法令に基づくなどの例外をのぞき、事前に本人の同意を必要とする。要配慮個人情報でないのであれば、利用目的をできる限り公表して特定すれば足りる。
- **（イ）** ×　報告の対象は、①要配慮個人情報の漏洩等、②財産的被害が発生するおそれがある漏洩等、③不正アクセス等故意による漏洩等、④1,000人を超える漏えい等　の4つだ。不正アクセス（③）であれば、1,000人以下の漏洩であっても報告が必要だ。
- **（ウ）** ×　個人情報取扱事業者はあらかじめ本人の同意を得ないで、個人データを第三者に提供してはならない。しかし個人情報取扱事業者が「利用目的の達成に必要な範囲内で委託先に個人データを提供する」ことは第三者提供には該当しない。本人の同意を得る必要はない。
- **（エ）** ○　近年の法改正によって個人情報の数の下限が廃止され、個人情報保護法の規制が個人情報データベース等を事業の用に供している者の全てに適用されるようになった。

以上より、誤っているものの組合せはイとウであり、正解は3となる。

第8章 管理業務の実施に関する事項

相続税及び贈与税に関する次の記述のうち、最も不適切なものはどれか。 [R 5 -45]

1 贈与に関し相続時精算課税制度を選択すると、この制度により令和 5 年に贈与を受けた場合、その贈与を受けた財産は相続財産に加算されることになるが、その加算される金額は贈与時の評価額と相続時の評価額のいずれか低い金額とされる。

2 被相続人の子がその相続に関して相続放棄の手続をとった場合、その放棄した者の子が代襲して相続人になることはできない。

3 相続税の計算上、法定相続人が妻と子供 3 人の合計 4 人である場合、遺産に係る基礎控除額は3,000万円＋600万円×4 人＝5,400万円となる。

4 小規模宅地等の特例により、相続財産である貸付事業用宅地等については、200㎡までの部分について評価額を50％減額することができる。

 不動産の税金に関する次の記述のうち、正しいものはどれか。 [R 3 -45]

1 サラリーマン等給与所得者は会社の年末調整により税額が確定するので、通常は確定申告をする必要はないが、不動産所得がある場合には、確定申告により計算・納付をしなければならない。

2 不動産所得の計算において、個人の場合、減価償却の方法は定率法を原則とするが、「減価償却資産の償却方法の届出書」を提出すれば定額法によることも認められる。

3 賃貸不動産購入時のさまざまな支出のうち、不動産取得税や登録免許税、登記費用、収入印紙等はその年の必要経費とすることができるが、建築完成披露のための支出は建物の取得価額に含まれる。

4 不動産所得の収入に計上すべき金額は、その年の 1 月 1 日から12月31日までの間に実際に受領した金額とすることが原則であり、未収賃料等を収入金額に含める必要はない。

正解 1 肢2、3、4が基本知識。

1 × 贈与時の評価額が加算される。

2 ○ 相続放棄した場合には、代襲相続はできない。

3 ○ 基礎控除は3,000万円＋（600万円×法定相続人の人数）。

4 ○ 貸付事業用宅地の相続税は、200㎡以下の部分について、評価額は50％減額される。

 **正解 1** Ａ 肢1、2、4が**重要**

1 ○ 給与所得の他に不動産所得があるのならば、確定申告する。不動産所得で利益が出ているのであれば所得税、住民税を支払う必要があるからだ。

2 × 個人の場合、定額法が原則だ。本肢は定額法と定率法が逆になっている。

3 × 建築完成披露のための支出を建物の取得原価に含めることはできない。

4 × 未収賃料も収入金額に計上する。

A 問16 保険に関する次の記述のうち、最も不適切なものはどれか。　[R3-49]

1　保険とは、将来起こるかもしれない危険（事故）に対して備える相互扶助の精神から生まれた助け合いの制度である。

2　賃貸不動産経営において最も活用される損害保険は、保険業法上、第一分野に分類される。

3　地震保険は、地震、噴火又はこれらによる津波を原因とする建物や家財の損害を補償する保険であるが、特定の損害保険契約（火災保険）に付帯して加入するものとされており、単独での加入はできない。

4　借家人賠償責任保険は、火災・爆発・水ぬれ等の不測かつ突発的な事故によって、賃貸人（転貸人を含む。）に対する法律上の損害賠償責任を負った場合の賠償金等を補償するものである。

B 問17 賃貸不動産経営の企画提案書の作成にあたっての物件調査や市場調査に関する次の記述のうち、最も不適切なものはどれか。　[R3-50]

1　物件の所在を特定する手段として、不動産登記法に基づく地番と住居表示に関する法律に基づく住居表示とがある。

2　「事業計画」の策定においては、建築する建物の種類・規模・用途、必要資金の調達方法、事業収支計画の3点が重要な項目である。

3　公的な土地の価格である固定資産税評価額は、公示価格の水準の6割程度とされている。

4　公的な土地の価格である路線価（相続税路線価）は、公示価格の水準の8割程度とされている。

正解 **2** 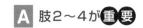 肢2〜4が**重要**

1 ○ 保険は相互扶助の精神から生まれた助け合いの制度だ。

2 × 損害保険は第2分野だ。

3 ○ 地震保険は、火災保険に付帯して締結される（地震保険単独では加入できない）。

4 ○ 借家人賠償責任保険（家財に関する火災保険の特約）は、火災等の不測の事故による賠償金等を補償するもの。賃貸借契約において、加入が条件とされることもある。

問17 正解 **3**  肢1、3、4が**重要**

1 ○ 登記では一筆の土地ごとに番号を振る（地番）。住居表示では街区ごとに番号を振っていく。

2 ○ 賃貸不動産経営の企画提案にあたっては、調査結果と収集した資料に基づき、事業計画を策定する。その際には、建築する建物の種類・規模・用途、必要資金の調達方法、事業収支計画の3点が重要な項目となる。

3 × 固定資産税評価額は、公示価格の水準の7割程度だ。

4 ○ 路線価（相続税路線価）は、公示価格の水準の8割程度だ。

30秒講義

賃貸不動産経営管理士は、「賃貸住宅管理業法」における「業務管理者」として、業務を管理し、従業員を監督することが求められる。倫理憲章、業務管理者としての業務内容を確認しておこう。

1 | 賃貸不動産経営管理士の役割・専門性

(1) 業務管理者と賃貸不動産経営管理士の関係

賃貸不動産経営管理士は、賃貸住宅管理業法上の「業務管理者」となる資格を有する。

覚えよう

■業務管理者になるには

① 協議会が行う賃貸不動産経営管理士試験・登録事業は、賃貸住宅管理業法上の「登録証明事業」にあたる。

② 協議会から証明書の発行を受けた賃貸不動産経営管理士は、賃貸住宅管理業法上の「業務管理者」に選任されるための要件を満たす。

③ 賃貸不動産経営管理士は、業務管理者に選任されるに際して、協議会から発行された証明書を、賃貸住宅管理業者に提出する。

補足説明 ....

● ①：「協議会」とは、一般社団法人賃貸不動産経営管理士協議会のことだ。

●「業務管理者として必要な知識能力を有する（＝2年以上の実務経験又は同等以上の能力がある）者である」と証明するのが登録証明事業だ。

(2) 業務管理者として行う事務

営業所等に置かれる**業務管理者**である賃貸不動産経営管理士は、以下の事項について、業務を管理し、従業員を監督することが賃貸住宅管理業法で定められている。

■契約内容の明確性に関する事項

①	管理受託契約の締結前の書面の交付及び説明	重要事項説明書、契約書に関し、書面記載事項の明確性、契約内容の法令への適合性、説明方法の妥当性等について指導・監督する
②	管理受託契約の締結時の書面（契約書）の交付	

■維持保全の実施に関する事項

③	賃貸住宅の維持保全の実施	実施方法・実施内容の妥当性、法令への適合性等について指導・監督する

■入居者の居住の安定、賃貸事業の円滑な実施確保のために必要な事項

④	家賃・敷金等金銭の管理	受領した家賃等の金銭の賃貸人への送金処理や経理処理の妥当性、管理方法の法令への適合性（財産の分別管理）等について指導・監督する
⑤	帳簿の備付け	管理受託契約に係る記録・文書の管理・保存状況の正確性、保存事項や保存方法についての法適合性等について指導・監督する
⑥	賃貸人に対する定期報告	定期報告に関し、報告事項・報告方法・報告の頻度等についての法適合性等について指導・監督する
⑦	秘密の保持	情報管理・個人情報保護の方法の妥当性等について指導・監督する
⑧	入居者からの苦情の処理	入居者からの苦情の受付方法や対応方法等の妥当性等について指導・監督する

••

- 前記業務の①（契約締結前書面交付・説明）、②（契約締結時書面交付）、⑥（定期報告）、⑧（苦情処理）については、業務管理者として選任されているか否かにかかわらず、賃貸不動産経営管理士が、業務を実施することが考えられる。

- 前記の業務④（金銭管理）、⑤（帳簿の備付け）、⑦（秘密保持）についても、賃貸不動産経営管理士が、中心的な役割を果たすことが考えられる。

(3) 特定転貸事業者が行う業務の管理・監督・実施

　特定転貸事業者が、賃貸住宅管理業者ではないこともありうる（したがって、業務管理者がいない）。その場合でも、賃貸不動産経営管理士が特定転貸事業者の業務を管理・監督することが望ましいとされる。

覚えよう

■特定賃貸借契約の適正化に係る措置

①	広告に関する事項	誇大広告等は禁止だ
②	勧誘に関する事項	不当な勧誘をしてはならない
③	特定賃貸借契約の締結前の書面の交付及び説明	いわゆる重要事項説明書の交付及び説明のことだ
④	特定賃貸借契約成立時の書面の交付	いわゆるマスターリース契約書のことだ
⑤	書類の閲覧に関する事項	業務及び財産状況を記載した書面を備え置き、閲覧させる

■特定転貸事業者と賃貸住宅管理業の登録との関係

特定賃貸借契約により賃貸住宅の維持保全を行っているのであれば、管理業務に該当する。

賃貸住宅の維持保全業務を行う	200戸以上	賃貸住宅管理業に該当➡業務管理者を設置
	200戸未満	管理業者には該当しない➡業務管理者の設置は不要。
維持保全業務を行わない		

過去問出題例

1. 賃貸不動産経営管理士は業務管理者として、管理受託契約重要事項説明書の交付、維持保全の実施、家賃、敷金、共益費その他の金銭の管理、帳簿の備付け、賃貸人に対する定期報告、入居者からの苦情の処理に関する事項等を自ら実施する役割を担っている。（R3-43-1）

   解答 × 業務管理者は、管理業者の業務を管理し、従業員を監督するのが役割だ。必ずしも自らが実施しなければならないわけではない。

2. 賃貸住宅管理業者は、従業者証明書の携帯に関し、業務管理者に管理及び監督に関する事務を行わせなければならない。（R4-30-イ）

   解答 × 賃貸住宅管理業者の遵守事項のうち、「従業者証明書の携帯・提示」は業務管理者として行う事務（管理・監督する業務）に含まれていない。

3. 賃貸住宅管理業者は、その業務上取り扱ったことについて知り得た秘密の保持に関し、業務管理者に管理及び監督に関する事務を行わせなければならない。（R4-30-ウ）

   解答 ○ 「秘密の保持」は業務管理者として行う事務（管理・監督する業務）だ。

4. 業務管理者ではない賃貸不動産経営管理士は、管理受託契約の締結前の書面の交付（法第13条）及び管理受託契約の締結時の書面の交付（法第14条）に関する事務を行うことはできない。（予想）

解答 × 業務管理者以外の者でも書面の交付はできる（業務管理者は、事務の管理・監督を行う）。業務管理者であるか否かを問わず、賃貸不動産経営管理士自らが、これらの業務を直接実施する担い手となることが期待されている。

5. 賃貸住宅管理業法3条が定める登録義務の要件を満たしていない特定転貸事業者（サブリース業者）は、業務管理者の設置が義務付けられていないため、賃貸不動産経営管理士が業務を管理・監督することはない。（予想）

解答 × 特定転貸事業者（サブリース業者）の業務についても、賃貸不動産経営管理士が業務を管理・監督することが望ましいとされる。

(4) 賃貸借関係の適正化を図るための役割

賃貸借関係の適正化を図るために、管理業者が行うべき業務についても、賃貸不動産経営管理士が、管理・監督をし、又は自ら実施することが期待される。

覚えよう

■具体的な事務

① 賃貸借関係の適正化を図る	家賃等の収納／家賃等の改定への対応／未収納家賃への対応／契約更新／定期建物賃貸借の再契約／契約終了時の敷金精算／原状回復の範囲の決定／明渡しの実現
② 転貸借契約時の適正な手続きの確保	（転貸借契約の）契約締結前の重要事項説明書面の交付及び説明／契約締結時の書面交付

補足説明

● ②転貸借の適正化：宅建業者が仲介等をしない場合において、転借人に対する重要事項説明書面の交付及び説明や、契約締結時の書面交付という役割が期待されている。

(5) 新たな政策課題の解決等

　賃貸不動産経営管理士には、賃貸不動産経営・管理の専門家として、重要な政策課題や新しい賃貸住宅の活用のあり方等につき、所属する管理業者に助言をし、実際の業務の管理・監督または実施を担うなど、当該課題の解決等に向けて積極的に関与することが期待される。

覚えよう

■賃貸不動産経営管理士に期待される役割

①	住宅セーフティネットにおける役割	住宅扶助費等の**代理納付制度**や**残置物の取扱い**について賃貸人に理解を求めることなどを通し、**住宅確保要配慮者**が安心して暮らせる賃貸住宅の提供に一定の役割を果たす
②	民泊（住宅宿泊事業）における役割	住宅宿泊事業法に関する国交省のガイドラインでも、住宅宿泊管理業者の登録における法令適合性に関し、「申請者が個人である場合には、賃貸不動産経営管理士資格制度運営規程に基づく登録を受けていること」としている
③	空き家対策（空き家の賃貸住宅化）における役割	空き家所有者に対し、賃貸物件化による空き家の有効活用の助言、賃貸借に係る情報・ノウハウの提供、入居者の募集、賃貸物件の管理等の引受けなどの助言・提言等を通し、空き家問題の解決に一定の役割を果たすことが期待される

④ 残置物処理等に係る役割	● モデル条項※を理解し、所属する管理業者が解除事務受任者・残置物事務受任者となった場合には、自らが実際の実務にあたり、賃借人の相続人の利益にも配慮しながら、適切に対応する
	● 賃貸人に対しても、モデル条項の活用等を助言し、残置物リスクを最小限に抑えつつ、単身高齢者に対する積極的な賃貸住宅の提供を図ることによって、賃貸人の賃貸住宅経営に資するとともに、単身高齢者の賃貸住宅への入居の促進にも一定の役割を果たす

※モデル条項＝国交省・法務省が公表した「残置物の処理等に関するモデル契約条項について」のこと

過去問出題例

1 賃貸不動産経営管理士は、住宅確保要配慮者が安心して暮らせる賃貸住宅の提供に一定の役割を果たすことが期待される。住宅確保要配慮者に対する賃貸住宅の供給の促進に関する法律（住宅セーフティネット法）に基づき登録された賃貸住宅（セーフティネット住宅）とは、あらゆる住宅確保要配慮者の入居を常に拒まない賃貸住宅である。（R2-5-1　改）

解答　× セーフティネット住宅とは、住宅確保要配慮者であることだけを理由に入居を拒むことはない住宅のことである。常に拒まないわけではない（合理的な理由があれば入居を拒むこともできる）。

2. 住宅確保要配慮者が安心して暮らせる賃貸住宅の提供に、賃貸不動産経営管理士が一定の役割を果たすことが期待される。（予想）

解答　○ 賃貸不動産経営管理士は、高度な専門能力と経験等を有する者として、政策課題の解決等に向けて積極的に関与することが期待される。住宅セーフティネットにおける役割もその一つだ。

(6) 賃貸不動産経営を支援する業務

　経営支援のため、下記の書類を作成する。責任の所在を明確にするために、賃貸不動産経営管理士が記名するとともに、賃貸人に対し説明することが望ましい。

■支援業務

①	予算管理	予算と実績の差異を把握。予算達成が厳しくなった場合には、原因を分析し、収益の向上と必要経費の削減からの対応策を検討し、賃貸人に提言していく
②	物件状況報告書（改善提案書）の作成	利益の安定化・増加のため、とるべき方策をまとめ、物件状況報告書を作成して賃貸人に提案する
③	長期修繕計画書（10年～30年程度）	長期修繕計画を作成し、賃貸人に適時適切な修繕の実施を提案することで賃貸不動産経営を支援する

過去問出題例

1. 賃貸不動産経営管理士が賃貸不動産経営を支援する業務として予算計画書、物件状況報告書や長期修繕計画書を作成した場合には、専門家としての責任の所在を明確にするために文書に記名するとともに、賃貸人に対して口頭で説明することが望ましい。（R5-43-1）

　　解答　○　専門家としての責任の所在を明確にするために、文書に記名するとともに、賃貸人に対して口頭で説明することが望ましい。

2. 賃貸不動産経営管理士は、管理受託している賃貸不動産について、5～10年程度の将来について、いつ、何を、どの程度、どのくらいの費用で修繕するかを示す長期修繕計画を作成して賃貸人に提案することにより、賃貸不動産経営を支援する役割を担うことが期待される。（R5-43- 4）

　　解答　×　長期修繕計画の対象期間は10～30年程度。5～10年程度ではない。

覚えよう

■コンプライアンス

賃貸不動産経営管理士には、コンプライアンスと倫理が求められる。

①	基本的人権の尊重	人権問題に関心を持ち、賃貸住宅管理業界全体の社会的役割の実現と人権意識の向上に努めなければならない
②	独立したポジションでのコンプライアンスと道徳、倫理の確立	独立した第三者的な立場で、高度な知識と経験に基づき、不動産の契約関係に携わることが求められる
③	説明責任と業務の透明性の担い手	独立した立場でのより一層高度な説明責任と業務の透明性が求められていることに留意する
④	利益相反行為の禁止	相手方（居住者）の利益に資する一方で、委託者（所有者）の利益に反する行為や反するおそれのある行為は、利益相反（利害衝突）に該当し、することができない
⑤	賃貸住宅をめぐるすべての関係者との信頼関係の構築	所有者・居住者・投資家等、さまざまな利害関係者との間に確かな信頼関係を構築していかなければならない
⑥	管理業界との信頼関係の構築	賃貸住宅管理業に対する社会的信用を傷つけるような行為や、社会通念上好ましくない行為をしてはならず、自らの能力や知識を超える業務を引き受けてはならない
⑦	秘密を守る義務	職務上知り得た秘密については、正当な理由がないときには、他に漏らしてはならない

‖‖‖‖‖‖‖‖‖‖‖‖‖‖‖‖‖‖‖‖‖ **過去問出題例** ‖‖‖‖‖‖‖‖‖‖‖‖‖‖‖‖‖‖‖

1. 賃貸不動産経営管理士は、日ごろから人権問題に関心を持ち、自社の他の従業者に対しても積極的に指導等を行うなどして、賃貸住宅管理業界全体の社会的責務と人権意識の向上に努めなければならない。（予想）

　解答 ○　賃貸不動産経営管理士に求められるコンプライアンス①基本的人権

の尊重による。

2. 賃貸不動産経営管理士は、当事者間で利益が相反する場合において、相手方の利益に資する一方で、委託者の利益に反する行為や反するおそれのある行為は、することができない。（予想）

> **解答** ○ 賃貸不動産経営管理士に求められるコンプライアンス④利益相反行為の禁止による。

2 | 賃貸不動産経営管理士「倫理憲章」

賃貸不動産経営管理士の社会的地位の向上、社会的信用の確立と品位保持、資質の向上を図るため、賃貸不動産経営管理士「倫理憲章」が制定されている。比較的出題が多いところだが、理念的な内容なので一通り目を通しておけば得点しやすいはずだ。

覚えよう

■倫理憲章

①	公共的使命	公共的使命を常に自覚し、公正な業務を通して、**公共の福祉**に貢献する
②	法令の遵守と信用保持	賃貸不動産管理業界の社会的地位をより向上させるよう業務を遂行する
③	信義誠実の義務	直接の依頼者以外の関係者に対しても、信義に従い誠実に対応することが必要
④	公正と中立性の保持	直接の依頼者である賃貸不動産所有者等に対し、**他の関係者（賃借人等）の立場に十分配慮**した対応を求めることも必要となる場合がある
⑤	専門的サービスの提供および自己研鑽の努力	広範で高度な知識の習得に努め、不断の研鑽により常に能力、資質の向上を図る
⑥	能力を超える業務の引き受け禁止	自らの能力や知識を超える業務を引き受けてはならない
⑦	秘密を守る義務	**正当な理由なく職務上知り得た秘密を漏らしてはならない**

● ④：「常に（もっぱら）依頼者（賃貸人）の立場に立って対応する」と問題文にあれば誤り。常に**公正中立**な立場で職務を行うことが求められている。

● ⑦：退職した後も守秘義務がある。

■■■■■■■■■■■■■■■■■■■■■■■ **過去問出題例** ■■■■■■■■■■■■■■■■■■■■■■■

1. 賃貸不動産経営管理士は、常に依頼者の立場で職務を行い、万一紛争等が生じた場合には、誠意をもって、その円満解決に努力しなければならない。（H30-38-ウ）

   解答 × 「常に依頼者の立場で職務を行い」という部分が誤り。賃貸不動産経営管理士は、常に**公正で中立**な立場で職務を行わなければならない。

2. 秘密を守る義務とは、職務上知り得た秘密を正当な理由なく他に漏らしてはならないことであり、賃貸不動産経営管理士の資格証を有している限りにおいて、守らなければならない義務とされる。（H29-38-ア）

   解答 × 「賃貸不動産経営管理士の資格証を有している限りにおいて」という部分が誤り。退職等により**職務を離れた後も守秘義務**がある。

3. 公正と中立性の保持に関しては、依頼者に対する信義誠実義務や、利益相反行為の禁止の観点から、常に依頼者の立場に立って対応することが必要である。（H28-2-4）

   解答 × 「常に依頼者の立場に立って対応する」というのが誤り。他の関係者（賃借人等）にも配慮した**公正で中立**な立場で職務を行わなければならない。

－ MEMO －

賃貸不動産経営管理士に関する次の記述のうち、最も適切なものはどれか。 [R 5 –42]

1 一般社団法人賃貸不動産経営管理士協議会が行う賃貸不動産経営管理士試験は、業務管理者に必要とされる知識及び能力を有すると認められることを証明する事業（登録証明事業）に係る登録試験に位置づけられている。

2 家賃の改定への対応、家賃の未収納の場合の対応事務については、業務管理者に選任された賃貸不動産経営管理士が行うことが賃貸住宅管理業法で義務付けられている。

3 家賃、敷金、共益費その他の金銭の管理、帳簿の備え付け、秘密保持に関する事項については、業務管理者に選任された賃貸不動産経営管理士が自ら行うことが賃貸住宅管理業法で義務付けられている。

4 契約終了時の債務の額及び敷金の精算の事務、原状回復の範囲の決定に係る事務、明渡しの実現について、業務管理者に選任された賃貸不動産経営管理士が行うことが賃貸住宅管理業法で義務付けられている。

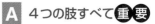 4つの肢すべて **重要**

1　○　賃貸不動産経営管理士試験は、登録証明事業に係る登録試験だ。賃貸不動産経営管理士の登録を受けた者は、2年以上の実務経験があれば業務管理者になれる。

2　×　業務管理者は、賃貸住宅管理業者の業務について管理・監督することが求められている。家賃の未収納の場合の対応事務について、業務管理者（に選任された賃貸不動産経営管理士）が行うことを義務付けられているわけではない。

3　×　業務管理者は、賃貸住宅管理業者の業務について管理・監督することが求められている。金銭の管理、帳簿の備え付け、秘密保持に関する事項について、業務管理者（に選任された賃貸不動産経営管理士）が行うことを義務付けられているわけではない。

4　×　業務管理者は、賃貸住宅管理業者の業務について管理・監督することが求められている。契約終了時の債務の額及び敷金の精算の事務について、業務管理者（に選任された賃貸不動産経営管理士）が行うことを義務付けられているわけではない。原状回復の範囲の決定に係る事務、明渡しの実現については、法定の管理監督業務の中にも入っていない。

賃貸不動産経営管理士が行う業務に関する次の記述のうち、最も不適切なものはどれか。 [R2-4]

1 賃貸物件の入居希望者が若い夫婦であったので、入居審査のため、子供をつくる予定がないことを確認した。

2 賃貸物件の入居希望者から、入居を希望する居室内で死亡した人がいるかと質問されたところ、3年前に死亡した人がいたので、いると答えた。

3 賃貸物件の入居希望者から、騒音や振動に関して紛争を起こしたことのある入居者がいるかと質問されたところ、該当する入居者がいるので、いると答えた。

4 賃貸物件の前面道路で発生した交通事故の捜査に関し、警察から照会を受けたので、賃貸物件に設置している監視カメラのデータを提供した。

正解 1 **B** 文章を読み考える、という意味ですべての肢が**重要**

1 ✕ 子供をつくる予定はプライベートな問題だ。賃貸不動産経営管理士は社会通念上好ましくない行為を行うべきではない（倫理憲章②法令の遵守と信用保持）。

2 ○ 契約締結に重要な影響を及ぼすことにはきちんと回答する必要がある。なお、国土交通省により「宅地建物取引業者による人の死の告知に関するガイドライン」が策定されている。

3 ○ 重要な事項についての情報提供・説明は賃貸不動産経営管理士の義務だ（倫理憲章③信義誠実の義務）。

4 ○ 警察からの照会に回答することは、正当な事由にあたる。倫理憲章⑦秘密を守る義務には違反しない。

POINT | 知識そのものを問うのではなく、知識を基に考えさせる問題は今後も増えていく。落ち着いて考えれば必ず正解できる（紛れのある問題は出題されない）。

第9章 賃貸不動産経営管理士

問3 賃貸不動産経営管理士に期待される役割に関する次の記述のうち、最も不適切なものはどれか。 [R 4 -45]

1 賃貸不動産の経営管理の専門家として、重要な政策課題や新しい賃貸住宅の活用のあり方につき、所属する管理業者に助言をして制度設計を進め、実際の業務の管理監督や実施を担うなど、当該課題の解決等に向けて積極的に関与する。

2 「住宅確保要配慮者に対する賃貸住宅の供給の促進に関する法律」を踏まえ、住宅扶助費の代理納付制度や残置物の取扱いに係る契約上の取扱いなどを貸主に対して説明して理解を求め、住宅確保要配慮者が安心して暮らせる賃貸住宅の提供に役割を果たす。

3 空き家所有者に対する有効活用の助言、賃貸借に係る情報やノウハウの提供、入居者の募集、賃貸管理の引受けなどの助言を通じ、空き家所有者が安心して賃貸不動産経営に参画できる環境を整備し、空き家問題の解決に役割を果たす。

4 所属する管理業者が「残置物の処理等に関するモデル契約条項」（法務省・国土交通省令和3年6月公表）に基づく解除事務受任者・残置物事務受任者である場合において、賃貸借契約中に借主が死亡した際の契約関係の処理につき、借主の相続人の意向による影響を排除する立場で関与する。

正解 **4**　　　　　 肢4が **重要**

1　○　賃貸不動産経営管理士には、賃貸不動産経営・管理の専門家として、重要な政策課題や新しい賃貸住宅の活用のあり方等につき、所属する管理業者に助言をし、実際の業務の管理・監督又は実施を担うなど、当該課題の解決等に向けて積極的に関与することが期待される。

2　○　賃貸不動産経営管理士には、住宅扶助費等の代理納付制度や残置物の取扱いについて賃貸人に理解を求めることなどを通じ、住宅確保要配慮者が安心して暮らせる賃貸住宅の提供に一定の役割を果たすことが期待されている。

3　○　賃貸不動産経営管理士には、空き家所有者に対し、賃貸物件化による空き家の有効活用の助言、賃貸借に係る情報・ノウハウの提供、入居者の募集、賃貸物件の管理等の引受けなどの助言・提言等を通し、空き家問題の解決に一定の役割を果たすことが期待されている。

4　×　賃貸不動産経営管理士には、残置物の処理について、委任者（借主の相続人を含む）の意向、残置物の性質、価値及び保存状況その他の事情を考慮して、自ら委任事務を処理することが期待される。「借主の相続人の意向による影響を排除する」というのは誤りだ。

問4 賃貸住宅に係る新たな政策課題に関する次の記述のうち、最も不適切なものはどれか。 [R 3 -48]

1 賃貸不動産経営管理士は、所属する賃貸住宅管理業者の積極的な指示がある場合に限り、重要な政策課題や新しい賃貸住宅の活用のあり方について制度設計を進め、実際の業務の管理及び監督や実施を担う等により、課題解決に関与する。

2 賃貸不動産経営管理士が有する賃貸借契約や賃貸不動産管理に関する専門性は、住宅宿泊事業で必要となる専門性と親和性があることから、賃貸不動産経営管理士は、住宅宿泊事業における専門家としての役割を担う資質と能力を有している。

3 賃貸不動産経営管理士は、空き家所有者に対し賃貸借に係る情報、入居者の募集、賃貸住宅の管理の引受けについて助言や提言をすることにより、空き家所有者が安心して賃貸不動産経営に参画できる環境を整備し、空き家問題の解決のために役割を果たすことが期待される。

4 賃貸不動産経営管理士は、住宅扶助費の代理納付制度や残置物の処理に係る契約上の取扱い等を賃貸人に説明することを通じ、住宅確保要配慮者が安心して暮らせる賃貸住宅の提供のための役割を果たすことが期待される。

 問5 賃貸不動産経営管理士に求められるコンプライアンスに関する次の記述のうち、最も不適切なものはどれか。 [R 4 -46]

1 日頃から人権問題に関心を持ち、人権意識を醸成して自らの専門性を発揮するとともに、貸主に対しては差別が許されないことを十分に理解してもらい、自社の他の従業員に対して積極的に指導を行うなどして、賃貸住宅管理業界全体の社会的役割の実現と人権意識の向上に努めるべきである。

2 賃貸不動産経営管理士は、関係する法令やルールを遵守することはもとより、賃貸住宅管理業に対する社会的信用を傷つけるような行為や社会通念上好ましくない行為をしてはならないが、情報化社会の進展を背景として、自らの能力や知識を超える業務を引き受けることも認められる。

3 管理業者が、貸主からの委託を受けて行う管理業務は法律的には代理業務にあたることから、管理業者はもとより賃貸不動産経営管理士も当事者間で利益が相反するおそれに留意する必要がある。

4 所属する管理業者から、賃貸不動産経営管理士としてのコンプライアンスに基づけば選択するべきではない管理業務の手法を要請された場合、その非を正確な法令知識等に基づいて指摘するなど、高度の倫理観に基づき業務を行うべきである。

正解 1　　　　　　　　　　**C** 各肢の意味がわかればよい

1 ×　「所属する賃貸住宅管理業者の積極的な指示がある場合に限り」、というのが誤り。積極的に関与することが期待される。

2 ○　住宅宿泊事業法施行要領（ガイドライン）によれば、賃貸不動産経営管理士の登録を受けている者も、住宅宿泊管理業の契約実務に伴う業務に2年以上従事したと同等の能力があるとされる。

3 ○　賃貸不動産経営管理士は、空き家オーナーに対する最良のアドバイスができるよう研鑽することが期待される。

4 ○　住宅扶助費等の代理納付制度や、残置物の取扱いなどを説明することで、住宅確保要配慮者との契約に対する賃貸人の不安を払拭することも、賃貸不動産経営管理士に期待される。

 正解 2　　　　　　　　　　**A** 4つの肢すべて**重要**（基本知識）

1 ○　賃貸不動産経営管理士には、「基本的人権の尊重」が求められる。貸主や自社の他の従業員に対して啓蒙、指導を行うなどして、賃貸住宅管理業界全体の社会的役割の実現と人権意識の向上に努めるべきである。

2 ×　賃貸不動産経営管理士「倫理憲章」では、「能力を超える業務の引受け禁止」を定めている。

3 ○　賃貸不動産経営管理士には、「公正と中立性の保持」も求められる。相手方（居住者）の利益に資する一方で、委託者（所有者）の利益に反する行為や反するおそれのある行為は、利益相反（利害衝突）に該当しかねないことに留意しなければならない。

4 ○　賃貸不動産経営管理士には、「独立したポジションでのコンプライアンスと道徳、倫理の確立」が求められる。

第**9**章

賃貸不動産経営管理士

問6 賃貸不動産経営管理士「倫理憲章」に関する次の記述のうち、不適切なものはどれか。 [R 1 -38]

1 公正と中立性の保持に関しては、自己の所属する管理業者の直接の依頼者に対し、他の関係者の立場に十分配慮した対応を求めることも必要となる場合がある。

2 信義誠実の義務に関しては、自己の所属する管理業者の直接の依頼者に対してはもちろんのこと、他の関係者に対しても、同様に、信義に従い、誠実に対応することが必要である。

3 法令の遵守と信用保持に関しては、賃貸不動産管理業界全体の社会的信用より自己の所属する管理業者の信用獲得を優先し、自己の所属する管理業者に対する社会的信用を傷つける行為や社会通念上好ましくないと思われる行為を特に慎むべきである。

4 秘密を守る義務に関しては、自己の所属する管理業者を退職して、当該賃貸不動産の管理に携わらなくなった後も、引き続き負うべきものである。

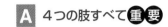

1 ○ 賃貸不動産経営管理士には、公正と中立の保持が求められる。時には、直接の依頼者である賃貸不動産所有者等に対し、他の関係者（賃借人等）の立場に十分配慮した対応を求めることも必要となる場合がある。

2 ○ 直接の依頼者以外の関係者に対しても、信義に従い誠実に対応することが必要だ。

3 × 賃貸不動産管理業界の社会的地位をより向上させるよう業務を遂行する。「業界全体の社会的信用より自己の所属する管理業者の信用獲得を優先」するのではない。

4 ○ 退職した後も守秘義務がある。

さくいん

408

著者プロフィール

中村喜久夫（なかむら・きくお）
明海大学不動産学部教授、不動産鑑定士、賃貸不動産経営管理士
（株）リクルート住宅情報事業部情報審査課長等を経て、独立。（株）不動産アカデミーを設立し、宅建試験をはじめとする各種資格試験対策講義、企業研修等を担当した。
リクルート勤務時代より賃貸業界とは関連が深く、賃貸管理業界の最大の業界団体である（公財）日本賃貸住宅管理協会の監事を務める。多くの管理業者にて研修活動を実施するほか、令和元年以降は「賃貸不動産経営管理士講習」（5問免除講習）の講師を担当している。
著書には「不動産広告表示の実務」（週刊住宅新聞社）「スッキリわかる宅建士」「すごい講師の伝え方」（以上ＴＡＣ出版）などがある。

令和6年度　賃貸不動産経営管理士講習（5問免除講習）のご案内

（一社）賃貸不動産経営管理士協議会の指定を受けた実施団体が、一定の指針に則った学習過程（講習）を行います。同講習を修了することによって賃貸不動産経営管理士試験において、修了年度とその翌年度の試験50問のうち5問が免除されます。

実施要領

学習内容	①概ね2週間の事前学習、②スクーリングによる1日の講習
日程	令和6年7月24日（水）〜9月20日（金）　※予定
会場	全国主要都市　※下記検索窓参照
講習時間	9：00〜17：30（8：50受付開始）
受講申込期間	会場ごとに異なる　※下記検索窓参照
使用教材	令和6（2024）年度版「賃貸不動産管理の知識と実務」

詳しくは、こちらにてご確認ください。

賃貸管理士　免除講習　🔍

2024年度版　スッキリうかる賃貸不動産経営管理士
テキスト＆重要過去問

（旧書籍名：スッキリうかる賃貸不動産経営管理士 テキスト＆重要過去問一問一答
2021年度版　2021年9月6日　初版　第1刷発行）
2024年6月30日　初版　第1刷発行

著　　者	中　村　喜　久　夫	
発　行　者	多　田　敏　男	
発　行　所	TAC株式会社　出版事業部	
	（TAC出版）	

〒101-8383
東京都千代田区神田三崎町3-2-18
電　話 03 (5276) 9492（営業）
FAX 03 (5276) 9674
https://shuppan.tac-school.co.jp/

イラスト	佐　藤　雅　則
組　　版	株式会社　グ　ラ　フ　ト
印　　刷	株式会社　ワ　コ　ー
製　　本	株式会社　常　川　製　本

© Kikuo Nakamura 2024　　　Printed in Japan　　　ISBN 978-4-300-10935-9
N.D.C. 673

賃貸不動産経営管理士

無駄なことは省き、効率よく合格をつかみ取る！

TACオリジナルテキスト使用

本試験出題傾向対応

総合本科生 全26回

Input・Outputともに「基礎」と「直前」の2段階で構成され、無理なく合格レベルに導いていく安心万全コースです。

基礎INPUT	基礎OUTPUT	直前INPUT	直前OUTPUT	直前OUTPUT
基本講義 全17回	**基礎答練** 全2回	**直前30論点集中講義** 全3回	**直前答練** 全3回	**全国公開模試** 全1回

▶開講日

教室講座	渋谷校｜5/ 8(水)10:00〜 6/19(水)14:00〜 池袋校｜6/24(月)19:00〜 7/ 4(木)19:00〜 8/ 5(月)19:00〜★ 新宿校｜7/31(水)13:30〜 8/ 7(水)10:00〜
ビデオブース講座	順次視聴開始
Web通信講座	順次教材発送　順次配信開始

★途中回までビデオブース・Web受講し、上記日程で教室講座へ合流します。
　詳細はホームページの日程表をご覧ください。

通常受講料
（教材費・消費税込）
¥110,000

カリキュラム等の
詳細はこちら

8/1申込受付開始

速修本科生 全13回

短期間に必要最小限のInput学習とOutput学習をすることによって、効率的に合格を目指す短期集中コースです。

基礎INPUT	直前OUTPUT	直前OUTPUT
速修講義 全9回	**直前答練** 全3回	**全国公開模試** 全1回

通常受講料
（教材費・消費税込）
¥55,000

カリキュラム等の
詳細はこちら

速修本科生は、2024年8月1日申込受付開始です。

さらに便利に！ 3つのデジタルサービス！

1 デジタル教材

動作環境や詳細等はコチラから！▼

対象コース 各本科生、直前完全パック、直前30論点集中講義

対象教材 基本テキスト、直前30論点レジュメ

PCはもちろん、スマホ、タブレットなどで教材を見ることができ、いつでもどこでも学習が可能になります。また、デジタル教材ならではの便利な機能が満載です！

検索機能

調べたいワードをすばやく検索できます。検索結果の一覧から、瞬時に確認したいページに遷移できるので、重要キーワードを軸とした横断学習にも効果を発揮します。また、ワードでの検索だけでなく、目次機能を実装しており、目次から瞬時に確認したい項目を開くこともできます。

アノテーション機能

しおりやマーカー機能に加え、メモ書きや矢印等の図形も書き込めます。マーカー、図形の書き込み、しおりなどはブックマーク機能で一覧表示が可能になっており、一覧から瞬時に該当のページに遷移することもできます。

※動作環境や利用方法につきましては、TAC賃貸不動産経営管理士講座ホームページをご覧ください。
※申込コースによりご提供教材は異なります。受講コースに付属しない教材のデジタル教材は閲覧できません。

2 Webトレーニング

対象コース 各本科生

トレーニング（過去問題集）をTAC WEB SCHOOL上で解くことができます。もちろんスマホ・タブレット端末にも対応しています。通勤・通学中や休憩時間などの隙間時間に過去問を解いて効率的に学習しましょう。

3 Web答練・Web模試

対象コース 各本科生、直前完全パック、直前答練パック

基礎答練、直前答練、全国公開模試の問題をTAC WEB SCHOOLマイページ上で解答することが可能です。欠席時や自宅学習時の答案提出の利便性がアップ！もちろん、成績判定も行います。

※ご利用方法はTAC WEB SCHOOLマイページにてご案内いたします。
※マークシートとWeb提出どちらか一方のみ提出可能です。両方で提出された場合は、どちらか一方のみを成績処理いたします。
※答練・模試の成績表は、マイページ上にPDFファイルでUPいたします。郵送サービスは実施しておりません。成績表閲覧方法等の詳細はお申込み後にご提供する「受講ガイド」をご覧ください。

選べる学習メディア

- 📖 教室講座
- 📺 ビデオブース講座
- 💻 Web通信講座

Web講義フォロー標準装備

2023年合格者の声

北村倫伸さん　　**総合本科生**

Webでしたが講師は私個人に語りかけるように話してくださり、質問には即座に回答いただけるなど、受講生に寄り添う温かい講義をしていただきました。大きな目標に対する大切な羅針盤のような存在でありました。

割引制度

割引対象コース 2024年合格目標 TAC賃貸管理士
入門総合本科生、総合本科生、速修本科生

◆ **再受講割引制度** ◆ **受験経験者割引制度**
◆ **宅建業従業者割引制度**

各種割引の割引対象者・割引ご利用のために必要なもの・その他各種注意事項については
TAC賃貸不動産経営管理士講座ホームページをご覧ください。

賃貸不動産経営管理士

直前対策シリーズ

ポイント整理やアウトプット対策など、直前期の総仕上げに最適！

直前完全パック 全7回　　Web講義フォロー 標準装備！

📖 教室講座
渋谷校・新宿校・池袋校　9月・10月開講

📹 ビデオブース講座
9月より視聴可能予定

🖥 Web通信講座
9月配信開始予定

| カリキュラム | ●直前30論点集中講義3回
●直前答練3回
●全国公開模試1回 |

通常受講料 **¥33,000** (教材費・消費税込)

(注) 全国公開模試を別途お申込みいただく必要はございません。

直前答練パック 全4回　　Web講義フォロー 標準装備！

📖 教室講座
渋谷校・新宿校・池袋校　10・11月開講

📹 ビデオブース講座
10月より視聴可能予定

🖥 Web通信講座
10月配信開始予定

| カリキュラム | ●直前答練3回
●全国公開模試1回 |

通常受講料 **¥20,900** (教材費・消費税込)

(注) 全国公開模試を別途お申込みいただく必要はございません。

直前30論点集中講義 全3回　　Web講義フォロー 標準装備！

📖 教室講座
渋谷校・新宿校・池袋校　9月・10月開講

📹 ビデオブース講座
9月より視聴可能予定

🖥 Web通信講座
9月配信開始予定

デジタル教材サービス対象

通常受講料 **¥14,300** (教材費・消費税込)

全国公開模試　11月上旬 会場実施 or 自宅受験

全国規模の模試で本試験を疑似体験！

Point1 本試験を徹底分析したTAC渾身の予想問題で予行練習！

Point2 Web解説講義で復習を徹底サポート！
解答解説冊子の他にWeb解説講義を無料配信いたします。間違えた箇所をしっかりと復習することで弱点補強
&実力アップにつながります。

Point3 オンライン提出できる「Web模試」サービスでより受験しやすく！
自宅受験（Web模試）の方は、全国公開模試の問題をTAC WEB SCHOOLマイページ上で解答することがで
きます。マークシートを郵送する手間が省け、より受験しやすくなりました。

2023年
合格者の声

松本正剛さん　　総合本科生

試験という独特の雰囲気の中、本試験と同じような環境で受けられるのは絶大なアドバンテージを
与えてくれるものでした。また試験後に何度も見直して最後には自分のものにするという意識を
もって臨みました。

※日程・受講料等の詳細は、2024年8月以降、TAC賃貸不動産経営管理士講座ホームページをご覧ください。

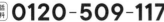

TAC出版 書籍のご案内

TAC出版では、資格の学校TAC各講座の定評ある執筆陣による資格試験の参考書をはじめ、資格取得者の開業法や仕事術、実務書、ビジネス書、一般書などを発行しています！

TAC出版の書籍

*一部書籍は、早稲田経営出版のブランドにて刊行しております。

資格・検定試験の受験対策書籍

- ❂日商簿記検定
- ❂建設業経理士
- ❂全経簿記上級
- ❂税 理 士
- ❂公認会計士
- ❂社会保険労務士
- ❂中小企業診断士
- ❂証券アナリスト

- ❂ファイナンシャルプランナー(FP)
- ❂証券外務員
- ❂貸金業務取扱主任者
- ❂不動産鑑定士
- ❂宅地建物取引士
- ❂賃貸不動産経営管理士
- ❂マンション管理士
- ❂管理業務主任者

- ❂司法書士
- ❂行政書士
- ❂司法試験
- ❂弁理士
- ❂公務員試験(大卒程度・高卒者)
- ❂情報処理試験
- ❂介護福祉士
- ❂ケアマネジャー
- ❂電験三種　ほか

実務書・ビジネス書

- ❂会計実務、税法、税務、経理
- ❂総務、労務、人事
- ❂ビジネススキル、マナー、就職、自己啓発
- ❂資格取得者の開業法、仕事術、営業術

一般書・エンタメ書

- ❂ファッション
- ❂エッセイ、レシピ
- ❂スポーツ
- ❂旅行ガイド (おとな旅プレミアム/旅コン)

書籍の正誤に関するご確認とお問合せについて

書籍の記載内容に誤りではないかと思われる箇所がございましたら、以下の手順にてご確認とお問合せをしてくださいますよう、お願い申し上げます。

なお、正誤のお問合せ以外の**書籍内容に関する解説および受験指導などは、一切行っておりません。**
そのようなお問合せにつきましては、お答えいたしかねますので、あらかじめご了承ください。

1 「Cyber Book Store」にて正誤表を確認する

TAC出版書籍販売サイト「Cyber Book Store」の
トップページ内「正誤表」コーナーにて、正誤表をご確認ください。

CYBER TAC出版書籍販売サイト
BOOK STORE

URL:https://bookstore.tac-school.co.jp/

2 **1**の正誤表がない、あるいは正誤表に該当箇所の記載がない ⇒ 下記①、②のどちらかの方法で文書にて問合せをする

★ご注意ください★

お電話でのお問合せは、お受けいたしません。
①、②のどちらの方法でも、お問合せの際には、「お名前」とともに、
「対象の書籍名(○級・第○回対策も含む)およびその版数(第○版・○○年度版など)」
「お問合せ該当箇所の頁数と行数」
「誤りと思われる記載」
「正しいとお考えになる記載とその根拠」
を明記してください。
なお、回答までに1週間前後を要する場合もございます。あらかじめご了承ください。

① ウェブページ「Cyber Book Store」内の「お問合せフォーム」より問合せをする

【お問合せフォームアドレス】

https://bookstore.tac-school.co.jp/inquiry/

② メールにより問合せをする

【メール宛先　TAC出版】

syuppan-h@tac-school.co.jp

※土日祝日はお問合せ対応をおこなっておりません。
※正誤のお問合せ対応は、該当書籍の改訂版刊行月末日までといたします。

乱丁・落丁による交換は、該当書籍の改訂版刊行月末日までといたします。なお、書籍の在庫状況等により、お受けできない場合もございます。
また、各種本試験の実施の延期、中止を理由とした本書の返品はお受けいたしません。返金もいたしかねますので、あらかじめご了承くださいますようお願い申し上げます。

(2022年7月現在)